四川大学哲学社会科学出版基金资助

中国符号学丛书 ◎ 丛书主编 陆正兰 胡易容

符号与传媒
Semiotics & Media

《周易》是人类最古老的符号系统

宇宙万物变化和吉凶祸福规律均寓于卦爻排列中

本书以现代符号学的方法

探究其意义生成、类别结构、思维逻辑与文化意义

《周易》的符号学研究

A Semiotic Study of *Zhouyi*

苏智 著

四川大学出版社

责任编辑:陈　蓉
责任校对:李施余
封面设计:米迦设计工作室
责任印制:王　炜

图书在版编目(CIP)数据

《周易》的符号学研究 / 苏智著. —成都：四川
大学出版社，2018.11
ISBN 978－7－5690－2557－6

Ⅰ.①周…　Ⅱ.①苏…　Ⅲ.①《周易》－研究
Ⅳ.①B221.5

中国版本图书馆 CIP 数据核字（2018）第 262254 号

书名　《周易》的符号学研究
　　　《Zhouyi》de Fuhaoxue Yanjiu

著　　者　苏　智
出　　版　四川大学出版社
地　　址　成都市一环路南一段24号 (610065)
发　　行　四川大学出版社
书　　号　ISBN 978－7－5690－2557－6
印　　刷　郫县犀浦印刷厂
成品尺寸　170 mm×240 mm
印　　张　13
字　　数　227 千字
版　　次　2018 年 12 月第 1 版
印　　次　2018 年 12 月第 1 次印刷
定　　价　46.00 元

◆读者邮购本书,请与本社发行科联系。
电话:(028)85408408/(028)85401670/
(028)85408023　邮政编码:610065
◆本社图书如有印装质量问题,请
寄回出版社调换。
◆网址:http://press.scu.edu.cn

目　录

绪　论

一、《周易》与符号学理论相结合的研究

《周易》本是一部先秦时期用于卜筮的书籍，经过历代的阐释，逐渐摆脱了神秘性，发展出体系周密的易学世界观，引领着中国几千年的哲学传统与文化。自汉代董仲舒独尊儒术之后，《周易》被尊为儒家的"五经之首"。魏晋玄风盛行，《周易》又位列"三玄"之一。宋明时期的哲学家无不热衷于对它的阐释，程颐、朱熹、张载、苏轼、王夫之等，中国历代几乎所有举足轻重的文化大家都有解读《周易》的文献传世。甚至道家、佛家也从各自的角度结合《周易》的思想来建构自己的哲学体系，《正统道藏》中就有对《周易》的专门论说。这些研究深入发展了易学理论，使《周易》的精神渗透到社会文化生活的各个方面，推动并使其在总体上被纳入一个包容整合的系统之中。由此可见，这部典籍对于中国哲学、历史乃至文化诸领域都可谓是意义非凡的。另一方面，易学的思想也在不断地阐释和演绎中积淀并丰富起来，最终发展为一门博大精深的学问。因此，易学的研究具有广度和深度，对探究中华传统文化的特点和推动其发展至关重要。

《周易》建构了中国最古老的宇宙符号模型，体现了上古先民对自身存在与环境的认知和表述。历代的相关文献多不胜计，然而随着现代西方学术传入中国，对《周易》的研究也逐渐突破了传统易学专注于象数和义理的局限。以《周易》自身的特点来看，这部典籍有一个错综复杂的符号表意系统，其中包含了多层次的图画和文字符号。符号学是专门研究符号表意的学问，具有丰富的理论传统和强大的可操作性。《周易》复杂而神秘的符号结构与现代符号学理论相结合，为当代易学研究开辟了新的视角和进路，也为中西方思想文化交

流提供了助力。

从符号学角度解读《周易》可以追溯到 17 世纪末。德国哲学家莱布尼茨发现了《周易》六十四卦的卦画符号与二进制数的排列具有相通性，这几乎是最早运用现代西方学术视角来分析《周易》符号特征的事例。20 世纪 80 年代，符号学伴随着诸多西方理论传入中国，在学术界掀起了研究的热潮，传统文化典籍的符号学研究也逐渐开展起来。然而以现有资料来看，对《周易》符号表意的探索虽然从 80 年代后期就已开始，研究成果却并不多。王明居的专著《叩寂寞而求音——〈周易〉符号美学》将研究的着眼点放到了美学上，系统论述了《易经》符号美学范畴的意象论、逻辑判断、二律背反、生命意识、太极论、阴阳刚柔论、方圆论、中和论等，在做美学研究的同时也对《周易》哲学思维以及表意方式进行了独到的阐释。詹石窗的专著《易学与道教符号揭谜》，将《周易》中的卦符与道教符号系统相比照，揭示两者之间相互沟通的关系，研究的思想具有创新性。徐瑞于 2013 年出版的《〈周易〉符号学概论》专章陈述符号学的历史和发展流变，深入阐释《周易》的文本特征与符号思维，分别论证《周易》中"象""数"等体系的符号关系，并佐之以《河图》《洛书》的结构分析，论证思路较为开阔。截至笔者定稿，《周易》符号学研究最新的专著是李定于 2017 年出版的《符号学视野下的易学》，从字源学和文献学等角度提出易卦本于指掌的假说，利用六合空间图式阐释卦象，进而分析了易学中的认知逻辑与美学。而就论文成果而言，在中国知网上以"周易符号""易学符号""易经符号"为主题进行联合检索，结果显示，2004 年以前每年的论文数量皆不足十篇。之后，虽然其总数依然只有三百多篇，但相关研究成果数量有了明显的上升趋势，可见运用西方符号理论来研究《周易》乃至传统文化正在逐步发展，近年来《周易》符号学研究已经受到了学术界的关注。这一现状也说明，这个领域的研究还远远不够，还存在巨大的探索空间。

该领域研究的论文成果中，一般认为陈良运《论〈周易〉的符号象征》是最早的，此文梳理了《周易》符号象征的形成过程，论证了符号象征具有多义性、自觉性、可变性和辩证性的特点，对文学艺术的发展具有深远影响。陈道德《论〈周易〉符号的象征意义》通过《周易》符号象征的语义关系建立了一个哲学阐释系统，论证了《周易》符号象征的广泛性、一致性和变通性。20世纪 90 年代后，俞宣孟《意义、符号与周易》深入发掘了《周易》的卦象符号具有的普遍表意功能，分析了符号与意义之间指称的任意性和卦爻符号表意的理据性问题。陈道德《论卦爻符号的起源及〈周易〉的意义层面》和《〈周易〉——古代中国的符号宇宙》，这两篇论文依照卦象与所指对象物、卦象与卦爻辞、《易传》与卦爻文辞图像，将《周易》的表意关系分为三个意义层面，结合皮尔斯符号学理论探究《周易》符号系统的元语言结构，拓展了该领域的研究路径。李先焜《论〈周易〉的符号学思想》从符号学的视角切入研究，将《周易》作为中国符号学传统的发源，探究其中蕴含的语义学和语用学原理，对《周易》中立象尽意、分类推衍、言行关系以及修辞方法等诸多问题展开了全面论说。孟华《周易阴阳符号与二进制算术符号比较》对比了《周易》符号与二进制算术符号这两种不同的文化代码，分析二者的规则及其背后东西方深层文化构造原则的差异，极具启发意义。

2000 年以后，每年刊出关于《周易》符号学方面的论文开始增多。2012年祝东发表于《符号与传媒》的文章《拟诸形容，象其物宜——易学符号思想研究的回顾与发展》，将《周易》符号学的研究方向作了如下的分类："纵观学界对易学符号学的研究，主要从四个方面展开，即易学符号思想研究、《周易》的语言符号学研究、《周易》的符号美学研究、《周易》身体符号学研究。"[①]此文的论述层次分明，反映了该领域研究的基本状况和格局。由于祝东在此文中已对当时的重要成果作了梳理和归类，故相同论文笔者此处不再赘述。以下分析皆以近几年的成果列举一二。

探究易学符号思想是研究的侧重点。前文中所引述 20 世纪的论文成果，包括徐瑞的博士论文《〈周易〉符号结构论》等，皆属于此类，不胜枚举。柳倩月《古代中国的文化编码自觉——以〈周易〉为例》也从符码的角度，将"卦爻象"作为文化编码和解码的关键，认为《周易》主要遵循了"立象尽意"的思维模式，并为中国文化的"象"思维特征奠定了基础。金志友的博士论文《易道基本符号系统研究》，以"现代哲学与自然科学的研究方法和学术理路"，最大限度地"呈现"易学研究"一切现象"的"全面彻底的全息系统整体的世界观和方法论"。[②]论文分别阐释了太极、阴阳、三才、五行、四象、八卦等

---

①　祝东：《拟诸形容，象其物宜——易学符号思想研究的回顾与发展》，《符号与传媒》，2012 年秋季刊，第 115～123 页。

②　金志友：《易道基本符号系统研究》，中央民族大学博士论文，2015 年，第 Ⅱ 页。

一系列的易学符号观念和结构关系，并融入了伏羲八卦、河图、洛书等易卦排布图式，综合推演出易道基本的符号系统，启发性很强。

从语言符号学角度来研究《周易》的传统由来已久。周山《〈周易〉的文本结构及其言说方式》考察文本表意的言说方式，属于语用学研究。文章论证了阴阳爻的符号性和《周易》表意的类比思维，并指出象与辞比喻的意义言说方式给中国文化带来了深远影响。陈玮《论〈周易〉哲学的语用推理》更多关注符号表意中的语境因素，从《周易》占卜的实际应用出发，认为所占得卦义的最终指向来源于卦符、筮辞和语境因素的共同影响。其中语境包括占域、问卦者、时势、背景、易者等诸多因素，这些都在卜筮取义中具有不可忽视的作用。此文结合语言学专业理论，从语用角度考察《周易》占例，见解独到。

在易学的符号美学研究方面，谢金良《关于〈周易〉与美学的若干思考》对《周易》美学思想结合语言符号的特性作了相关研究，从"易"与"美"的互释引入分析，认为《周易》趋吉避凶的思想乃是一种模式化的审美思维，易学与美学是互通的，打破学科界限在研究中极为重要。苏保华、王椰林《从符号学角度看玄学美学之"言""书""意""象"》运用符号学探究美学问题，从"书不尽言，言不尽意"出发，结合玄学家王弼的"尽意莫若象，尽象莫若言"，提出了所有的"立象"都属于人类符号活动，在论述中将"象"的性质进一步划分，对"言""书""象""意"等关系展开了阐释。

《周易》身体符号学近年来的成果主要以张再林的研究为代表。2013年发表于《江海学刊》的《再造"太极图"——重构中国传统哲学理论体系的一点设想》沿着他一直以来的身体符号学研究思路，提出"要使一种以'身'为本而非以'思'为本，体用并重、道体与器用兼综的中国本体论的理论图式得以生动展示"。要以身体为本，进行哲学理论向自然的回归与反思，重新建构太极图式。"惟有这一新'太极图'图式的真正推出，才能使中国哲学理论以一种'返本开新'的方式，在昂首走向现代世界的同时，真正实现向自己古老的而又充满活力的传统的历史回归。"① 同年，张再林的另一篇论文《从〈周易〉的"交道"到〈周礼〉的"象征性交换"》则从《周易》基本符号"爻"谈起，认

---

① 张再林：《再造"太极图"——重构中国传统哲学理论体系的一点设想》，《江海学刊》，2013年第3期，第5页。

为"爻"之本义为阴阳之交。阴阳之交体现在身体上则意味着"男女之交"，这是生命的不息，也是自然运转的天道。故而，社会也从这种自然中习取了一种自然的生命交往方式，"周礼的'礼尚往来'与其说是一种抽象的物的属性的交往，不如说是一种不无具体的人的生命的交往"①。张再林的这种研究方法为长期以来的易学研究打开了新思路，在哲学上有别于西方传统的逻辑本体论，提供了一种回归本真的思考方式。

除了以上四个研究方向，近年来其他方向的研究也有拓展和进步，较突出的是《周易》伦理符号思想研究。西方的伦理符号学是苏珊·佩特丽莉和奥古斯都·庞齐奥在 2006 年提出的。随着符号学研究的发展，伦理符号学日益成为研究的一个热点。由于文化背景不同，中西方的伦理思想具有极大差异。不少学者关注到这个问题，从而展开了对中国传统伦理符号思想的研究。杜海涛《伦理符号学与〈周易〉符号伦理思维》在对比西方伦理符号学的基础上，分析了《周易》中"象思维"的推理模式，提出《周易》符号伦理思维是一种象思维形式，具有完整性、感通性和非主客性特征。《周易》伦理学范畴包含天地万物之间的秩序、责任和交流。祝东、王小英《中国符号学传统与社会伦理重建——中国古代伦理符号思想研究的进路》在符号学的视域下重新界定了传统文化中的伦理内涵，梳理了现代伦理符号学的发展，指出了中国传统伦理符号学思想研究的方向和重要意义。

由于篇幅有限无法尽述，以上所引述论文仅能选取相关方向中较典型成果，难免挂一漏万。从这些文献分析中可以发现，当今学术界已经越来越关注《周易》的符号学研究，相关成果不仅是数量，而且在理论互通性、思路延展性以及论证深入性等方面都有了逐步提升的发展态势。但就现今研究的总体状况而言，问题同样很明显。首先，成果依然比较有限，论文数量虽有增加，但总量仍不多，专著则只有寥寥几本而已。其次，研究关注的问题和角度较为分散，《周易》符号思想还不能建构出全面系统化的理论。此外，现有成果的分析深入程度不同，很多问题还有进一步探讨的空间。总之，《周易》符号学研究是一个较为年轻但具有重要意义的学术课题，今后该领域势必会成为易学乃

① 张再林：《从〈周易〉的"交道"到〈周礼〉的"象征性交换"》，《符号与传媒》，2014 年春季刊，第 173 页。

至中国传统文化研究的创新着眼点。

二、本书的研究思路和意义

本书力图通过对《周易》经传符号体系解读，分析《周易》卦爻系统中的符号思维逻辑，归纳《周易》符号表意和修辞特征以及文本结构中的叙述功能，从而探析符号表意背后的文化特质和精神内涵。从符号学的视角入手，一方面结合西方哲学和认知语言学的相关理论，另一方面紧密关联中国传统易学和伦理文化，共同构成《周易》符号学的研究。总体思路和框架如下：

第一章，《周易》符号系统的意义生成。本章结合皮尔斯符号三分的理论体系，试图从《周易》符号表意的外围入手，解读《周易》符号的意义生成过程。根据皮尔斯理论中关于符号"三性"的讨论，《周易》中的三类符号：卦画、卦辞和《易传》，分别体现了符号中再现体、对象和解释项的三分特征。在《周易》的表意活动中，三类符号共同作用于认知，并且此三类符号在文本系统内部能够形成一个完整的意义自我诠释过程，意在通过对表意过程的探析，分析《周易》符号意义生成的多元性及其表意机制中的元语言规则。

第二章，《周易》的符号类别特征与理据性。本章集中讨论《周易》符号中卦画、卦辞和《易传》三类符号的表意和修辞特点，融合皮尔斯与莫里斯等人的符号学理论进一步分析《周易》符号的符形、符义与符用性质。卦画由图像构成，卦辞和《易传》则是文字，这些符号在符形上体现出质符、单符和型符的特征；在符号与对象的关系上则趋向像似、指示和规约符号的特点；在符用方面，卦画体现为符号的呈位，卦辞体现为述位，而《周易》符号衍义中却不能给予《易传》终极阐释，也因此不能体现为论位，这正是《周易》表意的元语言特征。《周易》符号在表意中获取理据性，符号随着概念比喻、反讽、象征等修辞效果产生的理据性变化，也是本书要探究的问题。

第三章，《周易》符号系统的结构分析。本章考察《周易》符号的结构系统，结合索绪尔与巴尔特等人的双轴理论，并从卦与爻符号的排布特点探究《周易》符号表意的多层次系统元语言。索绪尔的双轴理论由雅各布森的符号修辞特点生发，提出符号双轴聚合关系和组合关系体现了修辞中的隐喻与转喻特征。《周易》符号从基本的爻画、卦画和卦象等诸方面反映出聚合关系中的隐喻性和阐释漩涡问题，爻位和卦序的排列则反映出组合关系以及文本叙述中的回旋跨层。另外，本部分也将结合符号学中的文化"标出项"，深入探讨《周易》符号崇阳抑阴、贵中等思想。

第四章，《周易》表意思维的认知逻辑。本章研究《周易》符号系统中的思维逻辑和认知特点。结合叙述学理论，分析《周易》文本的话语范式，讨论其中的语言逻辑思维和符号语用特征。《周易》中的"联想""取象"以及"类比"等认知方式皆是其符号系统建立的关键性思维，本书将从文本和实际卜筮操作解读等方面分析其中的逻辑特点，并探究《周易》符号阐释"同喻多边"和叙述跨界等问题。

第五章，《周易》阐释中的文化意义。本章从文化符号学的模塑观念入手，结合洛特曼符号模塑和马克思主义意识形态等相关理论，探讨《周易》符号结构的模塑体系构成与特点，对符号文化的深层建构与社会意识观念问题作深入研究，重新审视传统文化的生成与变革。在不同的文化语境下，对《周易》中的符号意义会出现不同解释。在时间语境变化中，《周易》符号阐释格外强调随时性特点，正所谓"知几其神也"。同时，在空间向度上也建构了阐释主体的符号自我。而在伦理语境中，由于儒家价值观念融入，《周易》文本字里行间无不强调"道德"作为符号表意的重要维度，从而影响吉凶阐释的意图定点。本书探索《周易》符号系统的文化意义，也将对《周易》文本阐释中的社群问题和传统意识形态作出分析。

本书在着重阐释《周易》中传统符号思想的同时，也将中国的符号思想融入世界符号学研究的话语中，从而为拓展符号学理论体系作出努力。符号是用来传递意义的，任何意义的交流传递必须通过符号进行。中国先哲并没有创造一门具有现代意义的"符号学"，意义的交流却始终伴随人类社会。西比奥克倡导"全球符号学"，但这个"全球"命题中缺少了中国传统符号思想。中国传统文化和西方理论方法之间的互动是当代人文学术中最富有创意又最为困难的课题之一。李幼蒸认为，中国学术是一切非西方学术传统中最长久和最具连续性者；在所有西方的"异他者"中，中国学术在实质和形式两方面都具有明显的"异质性"；学术全球化趋向要求西学主流理论必须在扩展的文化视野中对其传统学术运作基础和方式进行合理化重组，在此任务中现代化了的中国传统文化和学术研究必为第一重要的参照对象。① 这至少说明了中国传统文化在现代理论研究中具有不可忽视的价值，对于完善当今学术系统起着重要作用。

现代符号学理论很大程度上受益于西方哲学，哲学也是人类文化精神最本质的建构。对中国符号学的探究要从全新的角度深入传统文化内在哲学精神。唯有如此，在中西方符号学思想交流中，不同的哲学精神才能在彼此的关联对照中被再度阐释，从而更为全面和深刻地观照人类文化价值判断。其意义不仅在于打破中西之间的文化隔阂，也在于促使当代学术朝全球化迈出关键性的一步，并为当今世界的伦理价值建设提供助力。而重建系统的中国符号学，探索中国古代经典中的符号表意特点，用现代视角重新审视传统文化，既有利于对当今社会中传统精神的再度体认，亦是中西文化对话的新开端。

本书涉及《周易》研究、符号学理论以及语言哲学等多个领域。《周易》内容涵盖文化生活的诸多方面，又是一部哲学性极强的著作，对其理论发展和思想传统进行梳理研究，必然是一个挑战。相关资料的查找搜集、核实厘定影响着本书研究范畴的清晰性和研究结论的准确性。笔者年轻学浅，错漏之处敬请专家同仁批评赐教，不胜感激。

---

① 李幼蒸：《理论符号学导论》，北京：中国人民大学出版社，2007 年版，第 778 页。

第一章　《周易》符号系统的意义生成

《周易》经传参合本出现于汉代，自此以后，《易传》的学术价值被提高到几乎与"经"并驾齐驱的地位。今人研究《周易》一书往往包含了"经""传"两部分。《易经》由六十四卦的卦名、卦画以及卦爻辞组成。《易传》相传是孔子所作，但大多数学者认为其是孔门后学的集体成果，成书于春秋战国时代。历史上，《易传》连同其他解读《易经》的著作共同积淀出中国悠久的易学传统。因此，《周易》也是中国哲学与文化的发展源头。文本是符号的集合，而符号又被认为是携带意义的感知。① 在分析《周易》文本的过程中，探寻其意义的建构，必然要从最基础的意义单位——符号的意义生成来进行。

第一节　《周易》表意体系的划分与符号特点

"sign"一词从拉丁文"signum"演变而来，意为"符号"，翻译成中文有时也被译为"指号"②。皮尔斯在其对符号的分析中，将符号表意的过程划分为"再现体""对象"以及"解释项"三个要素。索绪尔将符号的表意分为"能指"和"所指"。而皮尔斯的"再现体"指的是符号能够被感知的部分，相当于索绪尔的"能指"。索绪尔的"所指"在皮尔斯那里被分为了"对象"和

---

① 赵毅衡：《符号学：原理与推演》，南京：南京大学出版社，2011年版，第1页。

② 在一些中文译著中，"sign"被翻译为"指号"，如罗兰、周易翻译莫里斯《指号、行为和语言》，其中"sign"被翻译为"指号"，"sign vehicle"被翻译为"指号媒介物"，"symbol"被翻译为"符号"。而在有些译著中，将"sign"翻译为"符号"，"symbol"翻译为"象征"。为了尽量避免翻译差异造成的困扰，本书引用的译著如将其翻译为"指号"，则引文尊重原来的译法，但在论述中仍用"符号"一词来代替英文"sign"及其译文"指号"。对于"符号"和"指号"的译法差异，后文不再另作区别。

"解释项"两个部分。符号所代替的是"对象",至于符号所引发的思想,则被称为符号的"解释项"。譬如,"桌子"这个符号,从符号的被感知的形象来说,可以是中文汉字"桌子",也可以是英文的"table",或者仅仅是一张画着桌子的图画,这些都可以作为符号再现体。符号指代的对象当然就是"桌子"这个事物。而关于"桌子"所引发的一系列思考则被认为是符号的解释项。那么,《周易》作为一个表意文本是如何完成其意义传达的呢?下面将围绕《周易》中的言、象、意关系与皮尔斯的符号学观点展开讨论。

通过研究可以发现,《周易》符号系统内部有其自身所特有的一些性质,而正是这些特性,给《周易》表意规则带来了极大影响,并与传统意义分析中的言、象、意等概念关系密切。

一、《周易》表意系统的分类与符号的可再分性

《周易》的表意系统是相当庞杂的,要探究其特点,对符号进行一番归类和分析相当必要。就《周易》本身而言,可将其作为一个特殊的文化符号。而《周易》这部著作也是由不同类型的符号共同建构出来的。简单地说,大致可以将《周易》分为卦画(包括卦名)、卦辞和《易传》三个部分,它们主要由图画与文字构成。从三个部分的关系来看,卦画作为《周易》表意的特定符号,是最直观的意义传达;卦辞是对卦画所指事物的直接表述;《易传》则针对卦画,有时候也结合卦辞的表述,对卦义进行阐释和生发。以《周易》中的首卦《乾》为例,将两个"☰"的卦符进行叠合就组成了六十四卦中的《乾》卦,这就是卦义最基本的载体。卦辞说"元亨利贞",这是对《乾》卦卦画所指的直接描述,从卦辞中即可看到《乾》卦所指向的基本精神和象征对象。《易传》中的《彖》与《象》说"大哉乾元,万物资始,乃统天"以及"天行健,君子以自强不息",这些都是对卦画以及卦辞"元亨利贞"的具体论说。因此,笔者将《周易》的表意系统划分为卦画(含卦名)、卦辞和《易传》三个部分。

卦画是《周易》表意中最原初的组成部分,是运用图像对意义进行的直观表达。整部《周易》共有六十四个卦画,这些卦画之间在阴阳爻的排列上有内在联系,共同构成了《周易》对事物规律言说的总体。从卦画自身来看,作为整体符号中的次级符号,其内部还可以继续划分出下一层的次级符号。因为,

每一卦的卦画都由六个爻画组成，而爻又有阴与阳的区别，阴爻与阳爻具有不同的性质和意义。"立天之道曰阴与阳"①，总体来讲，阴和阳是《周易》对事物诠释的基本概念。阴阳的基本概念在卦画中表现为阴爻与阳爻，并且，《周易》中的阴爻与阳爻本身都可以脱离卦画来阐释，具有相对完整的意义域。按照卦画生成的规律，"《易》有太极，是生两仪。两仪生四象，四象生八卦"②，爻画的不断叠合便形成了新的符号组合体。将两个阴爻与两个阳爻以两两重合的方式进行自由组合，就会得到同阴同阳或阴阳交替总共四种不同的排列方式。这就是四象在卦画中的表现形态，通常被称为老阴、老阳、少阴、少阳等。爻画进一步叠加，三个阴爻与三个阳爻的自由组合就会形成乾、坎、艮、震、巽、离、坤、兑八个三画的卦画符号。最后，将八经卦再进一步两两相重就得到了全部《周易》的六十四个卦画符号。

《乾》的卦画六爻皆是阳爻，阳爻具有刚健进取的意义，因此《乾》卦的表意中也具有奋进与自强不息的精神，这显然与其内部六个阳爻的意义有必然联系。又如《泰》卦，卦画为上坤☷下乾☰，其卦义"亨通之极"。八经卦中的乾与坤分别代表了天与地，《易传》中说"天地交，泰"③，体现了乾坤两卦卦义在《泰》卦卦义阐释中的重要作用。同时，卦辞还说"小往大来"，在《周易》的元语言规则中，阳为大，阴为小；阳上升，阴下降，构成《泰》卦上卦的坤是由三个阴爻组成的，构成下卦的乾却是由三个阳爻组成的，根据它们所处的位置与运动的态势，就产生出天地交泰的一种局面。这也说明了不仅构成复卦的八经卦，就连构成了经卦的爻画，其意义同样可以作用于《泰》卦卦画的最终解释。由此可知，《周易》卦画符号具有可再分的性质，且再分后的每一个次级符号都可以在《周易》整体表意规则下构成完整的意义结构。反过来讲，每一个次级符号的意义都会作用于上一级符号表意，从而影响卦画符号的整体意义表达。

卦辞是对卦画所指物最简明、最直接的表述。《周易》所指对象本身并非

---

① （魏）王弼、（晋）韩康伯注，（唐）孔颖达正义：《周易正义》，（清）阮元校刻《十三经注疏》，上海：上海古籍出版社，1997年版，第93页。

② （魏）王弼、（晋）韩康伯注，（唐）孔颖达正义：《周易正义》，（清）阮元校刻《十三经注疏》，上海：上海古籍出版社，1997年版，第82页。

③ （魏）王弼、（晋）韩康伯注，（唐）孔颖达正义：《周易正义》，（清）阮元校刻《十三经注疏》，上海：上海古籍出版社，1997年版，第28页。

是客观存在的物质性实体，而是事物发展变化中的一种理念。索绪尔认为，符号的对象不是个别的事物，而是事物的抽象概念。实际上，我们日常生活所见的事物变化中无不体现这种抽象概念规则。卡西尔说，"人是使用符号的动物"①，这也正说明人具有高度的抽象思维能力，可以反观生活，将理念性的事物作为符号对象来认识。同样，《周易》的卦辞是一种对象性描述，其中出现的物质实体甚至也可被看作所指抽象概念的再现体。例如，《坤》卦卦辞："坤：元、亨，利牝马之贞"，《坤》卦的卦画所指具有柔顺贞正的精神，这是事物发展规律中一种特有的理念。卦辞在用语言直接说明的同时，将牝马作为具有此种发展态势的代表来再现《坤》卦的精神特性。又如《屯》卦卦辞为"屯：元、亨、利、贞。勿用有攸往，利建侯"，也是对《屯》卦卦画所指概念的直接描述。《屯》卦的卦画为上坎☵下震☳，是在《周易》六十四卦中继《乾》《坤》两卦之后的第三卦，意为刚柔始交，世道初创，因而显现出艰难之象。在这种境遇中是不利于君子有所往的，而应该安宁世事，故宜建侯，使万物得主，突破事物初始的艰涩。这同样是对事物状态与规律的举例说明。卦辞是由语言建构出来的，运用语言符号的意义相互规约，最终描述出了卦画所指对象的整体形象。语言符号本身处于组合与聚合之中，而语言符号的使用直接关系到描述的准确度，因此对于卦辞语言符号的解读也直接影响着卦画的意义阐释。此外，将抽象的理念作为对象，其本身在语言规约中具有的不确定性也会直接影响符号的阐释向度。

《易传》被用来集中阐释卦画意义，虽然有时也针对卦辞进行论说，但是卦辞本身即是对卦画表意对象的描述，因而归根结底是对卦画符号的解读。作为"十翼"的《易大传》主要是一种文字性著述。但从易学发展来讲，历代《周易》研究中出现诸多种类的《易传》都反映了不同角度、不同哲学背景下的认识。这些阐释性文本在文字基础上加入了图表、数理等媒介，可以说是由语言、逻辑乃至心象符号共同建构的。不同解易系统可以在理论上相互补充。同时，这些系统往往也存在哲学传统上彼此分歧、意见不一的现象，这更是对生存观念以及事物规律性的多重理解。理学派与气学派的易学传统就各不相同。理学派的代表程氏认为道和阴阳是有区别的，道应该是无形的，阴阳属于

---

① （德）恩斯特·卡西尔：《人论》，甘阳译，上海：上海译文出版社，1992年版，第34页。

气的领域，气是有形的，所以不能称为道。而气学派的奠基人张载却认为气是无形的，阴阳二气相互推移形成了万物的变化。无形之气与有形之物间相互转化，这个生生不息的过程就是道。① 正是《易传》的各类阐释拓展了《周易》解读的元语言规则，不同规则间相互影响，不断争辩和论述，也积淀出了中华悠久而深厚的易学文化。

由此可知，《周易》表意三大系统的内部也是可以进行再度划分的，尤其是卦画再分后的次级结构具有完善的系统性，这就使《周易》符号表意相对于一般符号表意有非常大的区别。就从上文提到的卦画符号来讲，六十四卦的卦画内部可以再次划分出爻画以及八经卦卦画，每个子系统都有其自身完整的表意结构，并与卦画系统的最终表意相互作用和影响。而日常生活中的符号，比如一幅美术作品，同样是由线条构成并通过视觉体验来完成表意的一个整体性符号，但这个符号的内部不具有表意规则下的可再分性。因为，画中的线条组合最终构成了画卷的整体，这个整体效果直接指涉一个相关对象和意义阐释。其中任何独立的笔触都是单一的线条勾勒，它们本身的意义不能简单叠加构成画卷的整体意义。并且，单一的线条意义也不会对画卷整体意义产生实质性影响。画卷意义的解释规则是作用于其整体效果的，而与其内部的任何单一符号不具有实质上的相关性。在欣赏梵·高名画《向日葵》的时候，人们并不一定要关注画面上每个单一线条的意义，而图画所要传达的体验却在整体的笔触勾勒和色彩搭配中突显出来。正如洛特曼所指出的："符号与客体之间的关系是'同型'。为了产生这种'同型'关系，艺术就必须有个'最小空间对应'，即能表意的最小单位。这个'最小单位'有时大到整个艺术作品。"② 而《周易》卦画这种符号内部的可再分性使其具有了再度阐释的能力，这在符号表意中有着非常重要的意义。

从上文论述可见，《周易》的符号系统是由卦画（含卦名）、卦辞与《易传》三个部分所构成的。三个部分彼此分立，其符号内部又具有可再分性，并且每个表意子系统依然具有表意独立性。同时，子系统内次级符号的意义解读可以直接影响上一级符号的意义阐释。因而，相对于其他类型的符号文本，

---

① 朱伯崑：《周易知识通览》，济南：齐鲁书社，1993年版，第321～325页。
② （苏联）尤里·洛特曼：《叙述文本结构》，收录于《符号学文学论文集》，赵毅衡编，天津：百花文艺出版社，2004年版，第143～150页。

《周易》在表意中显现出更为复杂的特点。

二、《周易》三大系统的符号特征与言、象、意关系

《周易》的符号系统特征对建构其意义起着至关重要的作用。上文说到的《周易》中卦画、卦辞以及《易传》均可以在系统内部进行意义结构的再次划分。而从三类符号的具体性质来讲，又可以看出它们与言、象、意这三个范畴有着明显的对应关系。

龚鹏程认为，"言—意—象"的关系，可以说是《易经》构成的基本原理。它要说的道理（意），都不是直接用语言来说明，而是采用卦爻方式，拟象物宜的，故是"立象以尽意"。整个《易经》就是一套立象尽意的系统，因此《系辞下》说："是故易者象也。"① 《周易》最基本的表意符号是由卦画和卦名所组成的，按照卦画的内部划分，其阴阳的爻画与八经卦等单卦的卦画皆具有相对独立的意义，而这些符号的表意都是通过直观的图形和画符完成的，这也是源于传统表意研究中"象"的概念。《周易》作为一个符号系统，如果只是停留在文辞表意上，那与其他的符号文本并无多少差别。《周易》符号体系之所以复杂，一个很重要的因素就是立象尽意模式的引入。

顾明栋在《〈周易〉明象与现代语言哲学及诠释学》中对"象"的概念进行了探讨："象"在狭义上指"卦象"（六爻八卦的象征）、"爻象"（阳爻和阴爻的象征）；广义上的"象"指"物象"（象征自然现象：天、地、山、河、雷、风、火等）和"事象"（象征社会现象：社稷、战争、饥荒、婚姻、离婚等）；更广义的"象"可指"意象"（神经刺激、心理图像、用言语表达物体、动作、情感、思想、观念、思维状态、任何感觉经验或超感觉经验等）。② 李先焜则把"象"总体划分为两大类，即客观存在的事物和卦爻的象。③ 姑且不论何种划分更为严谨，"象"的意义具有多重性是确定的。"象"本身即使指向具体的物象，其最终的表意也不是以关涉物为指归，物此时是作为进一步意指

---

① 龚鹏程：《文化符号学导论》，北京：北京大学出版社，2005 年版，第 75 页。

② 顾明栋：《〈周易〉明象与现代语言哲学及诠释学》，《中山大学学报》（社会科学版），2009 年第 4 期，第 3 页。

③ 李先焜：《论〈周易〉的符号学思想》，《湖北大学学报》（哲学社会科学版），2004 年第 6 期，第 643 页。

的符号而存在，用以作为对生活中的一系列事实变化的模拟。就其实际功能而言，"象"所扮演的依然是表意之再现体的角色。分析《周易》符号体系的意指过程，先要明确"象"的多重性及其作为符号的意指作用。正所谓"意以象尽，象以言著"①，其中的"象"正是指这套由卦画及其卦名象征所构筑的符号系统。

那么，《周易》卦画符号系统何以表意？这正是《周易》符号意指模式的核心问题，其关键是"象"思维的引进。"象"思维实际上是一种隐喻思维，《周易》卦画、爻画是以符号的形式来对宇宙万物循环变化的规律进行一场比喻式的概括。韩康伯注云："托象以明义，因小以喻大。"② 成中英曾说，《易经》哲学是语言与思维相结合的最完整的体系。③ 吴利琴则在《论〈周易〉中的隐喻认知》中阐述了"象"思维的问题，并为其下了一个描述性的定义："象"思维是一种"悟性"思维，是"象以尽意"的诗意性思维。要做到物我两忘，既不受客观限制，又不受主观束缚，让思维具有混沌性和模糊性。④ 这听起来似有些过于玄妙，其实是让我们尽可能摆脱思维定式的束缚，以感受来取代思考，以体悟来认知《周易》隐喻的巨大承载能力。《周易》文本要求读者以一种隐喻和想象的思维方式来进行阅读，要从象符号中感受到其意指引入的情状，将简单的象符号具化为可感的物象与意象，又要用理性对感受到的象加以思考判断，抽象出物象中隐含的规律。入乎其内，出乎其外，才能对符号的意指有所把握。也正因如此，《周易》符号体系的复杂性表现在"象"思维侧重于心灵感受的特点。维特根斯坦在《逻辑哲学论》中说："确实有不能讲述的东西。这是自己表明出来的；这就是神秘的东西。"⑤ 分析哲学采用科学研究的方法研究语言符号行为，将逻辑思维的对象进行了区分。我们可以用语言说清楚的是事实，而感受性和评估性的事物是不能用语言进行准确表述的。《周易》的"象"思维却用了一整套以感悟为依托的符号系统去进行具有实践

---

① （魏）王弼：《王弼集校释》，北京：中华书局，2009 年版，第 609 页。
② （魏）王弼、（晋）韩康伯注，（唐）孔颖达正义：《周易正义》，（清）阮元校刻《十三经注疏》，上海：上海古籍出版社，1997 年版，第 89 页。
③ 成中英：《中国语言与中国传统哲学思维方式》，收录于《中国思维偏向》，张岱年、成中英等著，北京：中国社会科学出版社，1991 年版，第 198 页。
④ 吴利琴：《论〈周易〉中的隐喻认知》，《学术界》（双月刊），2009 年第 4 期，第 163 页。
⑤ （英）路·维特根斯坦：《逻辑哲学论》，郭英译，北京：商务印书馆，1962 年版，第 97 页。

意义的表意，这也是《周易》玄妙难测之所在。毕竟《周易》最初是一本应用于卜筮的实践性极强的书，"象"符号作用于感受而导致表意的准确度难以把握，这也为占卜的释义留下了更多的空间和余地。

哲学在探究事实性的同时或许不应该轻易忽视人类的感性、悟性等认知能力和价值判断之类带有主观性的命题，这些皆是我们在日常生活中会随时触及的，也是文学、艺术、美学等各种人文领域最根本的立足点。如若不然，人文学科的研究将失去其本身性质而逐渐与一般的科学研究合为一流。《周易》通过卦画以及卦名形成一种形象乃至意象上的符号建构，将"象"思维引入，是调动人类感悟能力进行表意行为的一种有效实践。易象无所不包，立象尽意的理念与中国传统哲学中的"道"相结合，既本于"道"又阐明"道"，也使其从实用走向了哲学理念的层域，建立了中国哲学中最古老而传统的宇宙图式。

《周易》的卦辞是由语言文字组成的，对卦画的意义指向进行解说，在言、象、意关系中充当了"言"的角色。整部《周易》中，卦辞解释是以语言为单位符号对卦画的直接解说。同时，卦画也可以被认为是对卦辞所指物意义进行的图像符号表意。而《周易》意义阐释的作用主要还是在《易传》中得到了真正发挥。《易传》由语言构成，是上古先贤对《周易》卦义的解说，是《周易》表意集中针对意义构筑的体系。按照上文所说的符号构成与内部划分来看，无论是卦画、卦辞还是《易传》都是由不同次级再现体所搭建的符号系统。按照此三者的不同性质和特征，总体上可以将其与象、言、意做一个对应。通过言、象、意关系，我们也可以进一步考察《周易》这三大符号系统之间的意义阐释。《易传》对卦画进行解读，将卦画意义与卦辞所指向的对象有机结合起来，使人们可以更明晰地看到卦画与卦辞间的必然联系。从这种角度来讲，至少在《周易》表意系统中，言、象、意之间是互释互证的，不能完全拆开来看，片面地阐释会消解符号表意的内涵。前文所述，《乾》卦六爻皆阳爻，以象躬行天道，君子以自强不息的精神，其卦义直接主导每一爻的意义阐释。九三爻的爻辞说："君子终日乾乾，夕惕若厉，无咎。"从一个阳爻如何能够联系到君子的进德修业呢？这就存在着卦画与卦辞之间的意指跳跃。首先，九三阳爻是处于《乾》卦下卦中最上爻的位置，要在《乾》卦的整体卦画中才能确立九三这一爻所代表的意义。而从对天道的言说转移到君子进德修业，按照《易传》中《系辞》的解释，六爻中的三爻与四爻本为人道，所以从对天地的变化转到了对人事的劝导。《文言》曰："'君子终日乾乾，夕惕若厉，无咎。何谓也？'子曰：'君子进德修业。忠信，所以进德也；修辞立其诚，所以居业也。知至至之，可与几也。知终终之，可与存义也。是故居上位而不骄，在下位而不忧。故乾乾因其时而惕，虽危无咎矣。'"① 通过《系辞》《文言》等一系列《易传》文本对九三爻辞与爻画的解释，原本看似风马牛不相及的图像与对象之间的逻辑关系得到了完整体现。这也就说明《周易》表意系统中，卦画、卦辞与《易传》同言、象、意之间可以形成整体上的对应关系，并且三者之间在阐释中相互印证，不能偏废，共同构成了一个意义完整的表达体系。

由此可见，《周易》符号系统内部可以简明地划分出卦画、卦辞与《易传》三个子系统。三个系统自身的特性又大致可以与象、言、意分别对应。从言、象、意关系来看，"象"的符号表意正是通过"意"对"象"的阐释得以充分体现的。而在语言的统摄之下，"言"与"意"之间互释的同时又进一步促成了"象"与"言"的结合，使符号在"意"的多重阐释下完成与对象的沟通。

第二节　符号系统与皮尔斯的意义三分理论

陆机《文赋》曾言："恒患意不称物，文不逮意。"② 钱锺书在《管锥编》中对这段话进行了分析："'文'者，发乎内而著乎外，宣内以象外；能逮意即能'称物'，内外同而意物合矣。"③ 同时，他还将"意""文""物"三者与西方符号学中表意图示进行对比，并指出中国古代典籍里的相关理论，诸如《墨子》中的"名""实""举"，《文心雕龙》中的"情""事""辞"，以及陆贽在《奉天论赦书事条状》中提出的"言""心""事"皆有异曲同工之妙。西方表意研究中的"思想""符号"和"所指示之事物"三者之间呈鼎足之势，中国典籍中上述列举的对象皆可与之分别对应。"'思想'或'提示'，'举'与

---

① （魏）王弼、（晋）韩康伯注，（唐）孔颖达正义：《周易正义》，（清）阮元校刻《十三经注疏》，上海：上海古籍出版社，1997年版，第15页。

② （晋）陆机：《陆机文集》，上海：上海社会科学院出版社，2000年版，第11页。

③ 钱锺书：《管锥编》，北京：生活·读书·新知三联书店，2007年版，第1863页。

'意'也,'符号','名'与'文'也,而'所指示之事物'则'实'与'物'耳。"① 这些都已涉及符号三分,与皮尔斯的意指三分理论有许多暗合之处,下面作更为深入的探讨。

文—物—意　　　　　　《文赋》

名—实—举　　　　　　《墨子》

辞—事—情　　　　　　《文心雕龙》

言—事—心　　　　　　《奉天论赦书事条状》

符号—所指事物—思想　　　皮尔斯三分理论

一、皮尔斯的符号三性与《周易》的符号性质

《周易》的言、意、象的确很容易与皮尔斯的符号意指三分关联起来,那么,它们之间到底是什么关系呢?西方传统的符号学思想不乏对事物指称关系各因素的探究。公元 2 世纪,著名怀疑论者塞克斯都·恩披里柯在《反数学家》中就曾有过相关论述:"斯多噶学派说的三样东西联系在一起:所指、能指和事物。其中能指是声音……所指是揭示出来的、依赖我们的思想而存在并被我们掌握的事物;野蛮人虽能听到发出的声音,却不能理解它的意义。而事物就是外界的存在……三件东西里有两件是有形体的:声音和事物;一件是无形的,这就是表示的意义实体,或表达的意义(lekton),它只能是真实的或虚假的。"② 这里的"所指"与索绪尔能指与所指二分法中的所指有相似的意义,但更大的区别是其将对象作为一个独立的因素提出来,这就在实质上与皮尔斯的符号意指三分(再现体、对象和解释项)更为接近。

皮尔斯认为,现象是指以任何方式、任何意义呈现于我们心中的全部事物的整体,而与它们和真实的事物相符与否没有关系。研究的对象是现象的形式

---

① 钱锺书:《管锥编》,北京:生活·读书·新知三联书店,2007 年版,第 1863~1864 页。

② 转引自(法)茨维坦·托多洛夫:《象征理论》,王国卿译,北京:商务印书馆,2004 年版,第 11 页。

因素。① 同时，"这里有一种事物的存在方式，它存在于第二个客体如何存在之中。我把它称为第二性。……第一性这种存在方式存在于主体的真实存在之中，与其他任何事物无关。……第二性的未来事实具有一种决定性的普遍性格，我把它称之为第三性"②。按照他的观点，事物一般可以分为三类。"第一类的范畴包括现象的许多性质。……现象成分的第二个范畴包括现实的事实。……现象成分的第三个范畴由我们称之为法则的东西所构成。法则或普遍事实，作为普遍事物，与性质的潜在世界有关；作为事实，它又与现实性的现实世界有关。"③引用约翰·迪利在其《符号学基础》中的解释，"第一性存在不参指任何其他存在形式，例如用单价关系规定的单子或个别实体；第二性存在，参指另一物，但没有第三个参指物，所以是只能用二价关系规定的实体；第三性存在是至少有两个参指物的存在形式，故用三价关系规定。符号属于第三性"④。或者可以换一种简明的表达，第一性之所以是第一性，因为它不依赖任何其他事物。符号的"第一性"即"显现性"，质符与任何其他事物没有联系，是"首先的，短暂的"。第二性要与别的东西发生联系，所以是第二性。当符号形成一个要求接收者解释的刺激，就获得了"第二性"成为"坚实的，外在的"单符，能够表达意义。第三性是第一性与第二性之间的中介。在第二性的基础上，"我们就会对于我们所看到的事物形成一个判断，那个判断断言知觉的对象具有某些一般的特征"⑤。

事实上，我们或许可以从现象直观和认识过程的角度来理解符号三性。皮尔斯说："意识的真正范畴是：第一，感觉，可以被瞬间包含的意识，关于质的被动意识，不认识与不分析；第二，关于对意识领域的干扰的意识、抵抗感、外部事实感、另一事物感；第三，把时间连接起来的综合意识、学习感、

---

① （美）皮尔斯：《皮尔斯文选》，涂纪亮等译，北京：社会科学文献出版社，2006 年版，第 167 页。

② （美）皮尔斯：《皮尔斯文选》，涂纪亮等译，北京：社会科学文献出版社，2006 年版，第 169～170 页。

③ （美）皮尔斯：《皮尔斯文选》，涂纪亮等译，北京：社会科学文献出版社，2006 年版，第 170～171 页。

④ （美）约翰·迪利：《符号学基础》，张祖建译，北京：中国人民大学出版社，2012 年版，第 1 页。

⑤ 赵毅衡：《符号学：原理与推演》，南京：南京大学出版社，2011 年版，第 120 页。

思维。"① 这种描述在某种程度上与对现象直观的感受和认知相通。赵毅衡先生在第七届全国"外国文论与比较诗学研究会"年会的发言中曾提出，获得意义的初始过程，称为"形式直观"，所谓"初始"，就是第一步，即皮尔斯所谓"第一性"。意义活动并不停留在这一步，意义的积累、叠加，构成"认识记忆"，也就是"第二性"；意义的深化，构成"理解"与"筹划"，这也就是皮尔斯所说的"第三性"。这样解读皮尔斯的三性也就更为清晰明了，便于理解。上文提到皮尔斯的表意三分式，即将符号表意划分为再现体、对象和解释项。② 皮尔斯说："指号或图像是第一者（first），它与那个被称为它的对象（object）的第二者（second）形成一个真实的三个一组的关系，以致决定了那个被称之为它的解释者（interpretant）的第三者（third），与它的对象必须相同的三个一组关系。"③ 这也就可以与其三性的理论相对应。再现体是符号的介质，也就是所谓的对现象的形式再现，我们可以通过本质直观来把握它，这也就是符号的第一性；对象包括了现实的事实，符号要被解释并与对象相联系，反映的是符号的第二性；解释项是通过分析符号再现与现实的关系所达到的一种具有普遍性的理解，因此是与符号第三性对应。

在《周易》文本的三类符号构成中，卦画主要来源于观物取象。祝东在《先秦符号思想研究》一书中说："象是为了传递意义的，而言则是为了明象的，要想有效传递意义，莫若取象，而要明象则必须借助于语言，读者从语言（卦辞爻辞等）中去了解象，再从象中寻求其喻指的意义，得象忘言，得意忘象，其落脚点在于得意……"④ 从中我们可受到启发，卦画是作为符号再现体而得以体现的，这就与皮尔斯的第一性相合。《周易》这个符号文本也正是从卦画符号对事物的再现中彰显出来的，从对卦画之象的本质直观进而联系到对象以及阐释的意义。尚秉和说："凡易辞无不从象生。韩宣子适鲁，不曰见《周易》，而曰见《易象》与《鲁春秋》，诚以易者象也。象也者，像也。言万

---

① （美）皮尔斯：《皮尔斯文选》，涂纪亮等译，北京：社会科学文献出版社，2006 年版，第 188 页。

② 赵毅衡：《形式直观：符号现象学的出发点》，《文艺研究》，2015 年第 1 期，第 19 页。

③ （美）皮尔斯：《皮尔斯文选》，涂纪亮等译，北京：社会科学文献出版社，2006 年版，第 278 页。

④ 祝东：《先秦符号思想研究》，成都：四川大学出版社，2014 年版，第 29～30 页。

物难多，而八卦无不象之也。"① 从这一方向来看，卦画与符号再现体之间是存在相通性的。卦辞是对现实的表达，体现出了符号与现实世界中事物的关联性。在我们直观卦象的同时，卦辞将与卦画符号相关的事物联系起来。因此，卦辞在性质上贴近皮尔斯所谓的符号"第二性"，在皮尔斯的表意三分式中与"对象"一项相对应。要说明的是，一些学者认为卦辞由语言构成，而语言本身也是一种符号表达，所以将卦辞与对象相对应似乎过于牵强。笔者并不否认语言符号乃至卦辞的符号性质，而关于二者的对应问题后文会有更详细的论证。《易传》很明显是在形象直观与事物联系的基础上得出的普遍性思考，与卦画和卦辞呈现了一种三价的关系。《易传》与皮尔斯的第三性相通，也正是对《周易》卦画和卦辞的一系列解释，它与表意三分式中的解释项相对应，这一点就很好理解了。如《晋》卦，卦画为䷢，离上坤下，象征光明出于地上。这是图像的直观表意，是符号的"第一性"。卦辞曰："晋：康侯用锡马蕃庶，昼日三接。"康侯被赐以众多的车马和蕃庶，并受到天子的宠幸，一日之内被多次接见，这是现实中晋升的情状。卦辞的描述将卦画与现实联系在一起，卦辞扮演了符号"第二性"的角色。《彖》中说："明出地上，顺而丽乎大明，柔进而上行。"② "明出地上"是对卦画意义的阐释，坤为地，离为火，为光明，因此是光明出于地上的景象。坤又有柔顺之意，在此则是以柔顺上行贵位，显明康侯为臣之美。又如《临》卦，卦画符号为坤上兑下，是泽上有地之象，卦画符号同样给人以形象直观。卦辞云："至于八月有凶"，这是将《临》卦所表达的意义与现实事物相关联，依然属于符号"第二性"的范畴。《彖》曰："临，刚浸而长，说而顺，刚中而应。大亨以正，天之道也。"③ 在这一例子中，《易传》联系卦画与卦辞作出了规律性的解释，属于符号的"第三性"。

二、卦辞与对象的对应关系

相比卦画与《易传》在三分式中的对应状况，卦辞与对象之间的对应关系

---

① 尚秉和：《周易尚氏学》，郑州：中州古籍出版社，1994 年版，第 387 页。

② （魏）王弼、（晋）韩康伯注，（唐）孔颖达正义：《周易正义》，（清）阮元校刻《十三经注疏》，上海：上海古籍出版社，1997 年版，第 49 页。

③ （魏）王弼、（晋）韩康伯注，（唐）孔颖达正义：《周易正义》，（清）阮元校刻《十三经注疏》，上海：上海古籍出版社，1997 年版，第 35 页。

似乎不大清晰，确有应当说明之处。《系辞》中有对卦辞的描述："是故卦有大小，辞有险易。辞也者，各指其所之。"① 前文也说过，卦辞是由语言组成的符号系统，与言、象、意中的言相对应。但卦辞的组成与具体的事物相关，表达一个整体的概念，语言符号在其中起关联指示的作用。也就是说，卦辞首先是符号，只是这类符号更偏重与对象的关联性，体现了皮尔斯三性理论中的"第二性"。同时，对象是否指向具体的物，这个问题向来有争议。皮尔斯提出了"再现体""对象"与"解释项"三分的理论。而索绪尔在《普通语言学教程》中区分了"能指"与"所指"的概念。他的"所指"与皮尔斯理论中的"对象"很具有可比性。索绪尔认为，意指是通过符号得以实现的，而符号则是在"概念"和"形象"这两个术语之间确立某种关系。语言学符号是包括了一个概念和一个声响形象的"两面性心理实体"②。这也就说明，索绪尔的所指实际上指向概念，而不是单纯的物。朱熹的《大学章句序》中说，"事物"，不一定是物，而是"物、事也"。③ 至少在朱熹的定义中，事物是由事和物两方面构成的。对象指向的是事物，也就不仅仅单指客观存在的物。这个意思，维特根斯坦说得更清楚。他在《名理论》中说："世界是事实的总集，不是物的总集。"④ 世界是由事实所构成的，事实有些是物质性的，有些却不是，只是其中大部分有物质表现。近年符号学研究的相关著述中，关于对象的问题也有不少学者讨论过。丁尔苏就对这一问题有过非常明确的表述："皮尔斯符号三元组合的最后一项'指称对象'。许多人将它与实证主义语义学中的'被指称物体'等同起来，这是对皮尔斯符号定义的一种误解。按照皮尔斯的解释，符号媒介代表'某样东西'，这样东西既可以是我们的感官能够察觉到的物体，也可以是我们想象中的存在。换句话说，符号不仅被用来表征现实世界中的事物，而且常常脱离现实生活的束缚，变得与'实在'的物毫不相干。"⑤ 因此，在《周易》中，卦辞指向了对象，而这些对象中有相当一部分表现的是事件过程或者抽象的事物。以《蹇》卦的卦辞为例，"蹇：利西南，不利东北。利见

---

① （魏）王弼、（晋）韩康伯注，（唐）孔颖达正义：《周易正义》，（清）阮元校刻《十三经注疏》，上海：上海古籍出版社，1997年版，第77页。

② （瑞士）索绪尔：《普通语言学教程》，高名凯译，北京：商务印书馆，1980年版，第102页。

③ （宋）朱熹：《四书章句集注 上》，杭州：浙江大学出版社，2012年版，第1~6页。

④ （英）路·维特根斯坦：《名理论》，张申府译，北京：北京大学出版社，1988年版，第19页。

⑤ 丁尔苏：《符号学与跨文化研究》，上海：复旦大学出版社，2011年版，第32页。

大人，贞吉"。其中所列的乃是现实中一些事件和状况，而非具体实在的对象物。从后天八卦的四方卦位排列规则来说，东北方位是艮卦，西南方位是坤卦。艮卦为山，多崎岖；坤卦为地，因而平坦。《蹇》卦所处之时世道多艰，所以行往平坦之地才能脱去险难，故利西南不利东北。在险难之时唯有大德之人坚守正道才有利于化解险难，所以说"利见大人，贞吉"。再看《蹇》卦的综卦《解》卦，其卦辞曰："利西南。无所往，其来复，吉。有所往，夙吉。"因《解》卦是解难济险，施利益于众的卦，因此不说"不利东北"，道理与《蹇》卦是一样的。这是将卦画所指与具体的事物情况相关联，卦辞在此描述了抽象的事物进程。

从某种角度上看，对象与符号的性质似乎有些界限不清。卦辞指向的对象不是物，只是以物作为载体，表现抽象的道理。如此来看，卦辞的符号性似乎更强了。这里恐怕也需要说明符号与对象的区别。对象的载体是事物，而事物本身也可以作为符号的再现形式。如果事物是符号的再现形式，也同样可以为解释者提供本质直观。但是，符号相对于客观存在的事物具有更明显的片面性。也就是说，符号之所以是符号，只是因为要表达意义。符号在表意的同时要求解释者必须关注它所表达意义的那一个方面，而忽视其他的方面。当事物作为符号的载体时，我们关注的只是它在具体意义活动中的表现。比如，我们可以把一辆急速行驶而来的汽车作为一个符号，我们关注的只能是汽车的重量和速度足以对路人造成致命伤害。此时的汽车只是一个运动的物体，而对于汽车本身的外观与品牌等诸多因素，我们就可以将其忽略了。但是，如果汽车这一具体事物作为一个对象载体，纵然我们可以将其作为符号来进行本质直观，但可以从更多的方面来进行直观，从而打破符号本身的限制。《周易》的卦画本身是符号，因为在《周易》符号系统的元语言规则中已经对卦画的性质与阐释角度进行了具体限定。无论如何，对卦画符号的阐释都无法偏离最根本的元语言规则，它不可以被直观为具体的事物，还原为几条或断或续线条的排列组合。这不是纯科学的数学问题，阐释注定会偏离意图定点，在文化意义上是无效的。但卦辞所指对象中，作为载体的各类事物虽然也在整体结构控制之中，元语言的限制程度却已经大大降低，而具体事物的非片面性使阐释在更多的方面得出合理的结果。《周易》也正因为这一性质，扩大了其无限衍义的发散程度，增加了意义的涵盖性与互证性。例如《复》卦的卦辞曰："反复其道，七日来复，利有攸往。"卦象所关联的是具体事物，因此其阐释的角度具有多维特点。"七日来复"一句，历来的解释也不相同。褚氏、庄氏认为此指并非七日而是七月，以日代月是要表明变化迅速。《易纬》和郑康成等人则认同"六日七分"的说法。① 从这个例子中可以发现，事物所携带的意义是具有丰富性的。

此外，从《周易》文本自身的特点来看，卦画、卦辞和《易传》三个部分相互指涉，在文本中形成了一个完整的阐释过程。至于这个阐释过程中三者的互释关系，在后文分析其元语言规则时会具体论述。而这个过程中，卦辞所充当的是表意三分式中"对象"的角色。事实上，《周易》所指的对象是概念性的，或者说是一种抽象的、放之四海皆准的规律。要使其得到有效的表达就必须为之找到一种客观存在的事物作为对象载体。因此，《周易》的卦辞描绘的是具体的事物，但这些事物又是概念的载体。说到底，卦辞所指的对象同样指向型符而不是单符。胡塞尔现象学指出："被设定为现实的事态，就其是一种个别的现实事态而言，就是一种事实；然而就其是一种本质一般性的个别化而言，就是一种本质的必然性。"② 卦辞符号总是以所指中的个体形式出现，表现为《周易》三类符号系统自指关系中的对象，其本质上要表达的意义是一种概念性的规律，这就是皮尔斯理论中的第三性，也是《易传》所要说明的东西。

综上所述，《周易》中卦画、卦辞与《易传》三种符号彼此独立，又具有相互阐释、相互联系的统一性。从对表意过程的分析中，可以发现《周易》符号系统三分与皮尔斯符号学表意中的三分式具有某种程度的相通关系。结合上一节中讨论过的《周易》与言、象、意的关系，在以上论证基础上可以初步得到一个《周易》表意的三分关系式：

象—卦画—第一性—再现体
言—卦辞—第二性—对象
意—《易传》—第三性—解释项

---

① （魏）王弼、（晋）韩康伯注，（唐）孔颖达正义：《周易正义》，（清）阮元校刻《十三经注疏》，上海：上海古籍出版社，1997年版，第38页。

② E. D. Hirsch. *Validity in Interpretation*, New Haven: Yale University Press, 1967, P. 218. 本书中外文文献引用处，若无特别注明，均为笔者翻译，下不赘注。

即，象、言、意三者与《周易》中三个符号子系统以及皮尔斯表意三分式存在着分别对应的关系。

第三节　符号系统的意义建构与阐释有效性

《周易》文本的表意遵循着一系列复杂的元语言规则。"元语言"这一名词在符号学的分析中常常出现，要了解元语言，首先要清楚"符码"的概念。"在符号表意中，控制文本形成时意义植入的规则，控制解释时意义重建的规则，都称为符码。"① 而所谓"元语言"，就是文本中符码的集合，也就是符号意义建构与解释的规则集合。这些规则构成了一个整体的系统环境，对符号的阐释与意义的生成起着至关重要的作用。《周易》的符号无论针对何种类别的事物进行判断都会得出合理的阐释，这一特点可以在卜筮时非常普遍而充分地体现出来。朱熹说："其他经，先因其事，方有其文。如《书》言尧舜禹汤伊尹武王周公之事，因有许多事业，方说道这里。若无这事，亦说不到此。若《易》只则是个空底物事。未有是事，预先说是理，故包括尽许多道理。看人做甚事，皆撞着他。"② 这也是这部著作之所以广为流传并被奉为经典的原因。要研究《周易》的表意，很有必要来分析一下，《周易》元语言规则如何保证其多元阐释的有效性。

首先，我们很明确《周易》的符号来自观物取象。《易传》中说："圣人有以见天下之赜，而拟诸形容，象其物宜，是故谓之象。"③ 圣人作《易》时，先从自然之中获取信息，建构出卦画符号所组成的象来判断吉凶祸福。从最基本的卦画符号——爻画来看，《周易》只有阴爻和阳爻两种表现形式，正所谓"易一阴一阳"④。《周易》的基本法则认为一切事物的存在和变化都出于阴阳及其变易。阴爻和阳爻两种符号是《周易》的表意基础，也是意义层次进一步建构中的分子构成。爻画即独立的被阐释对象，同时也构成系统，并在系统中

---

① 赵毅衡：《符号学：原理与推演》，南京：南京大学出版社，2011年版，第224页。

② （宋）朱熹：《朱子语类》，黎靖德编，北京：中华书局，1994年版，第1631页。

③ （魏）王弼、（晋）韩康伯注，（唐）孔颖达正义：《周易正义》，（清）阮元校刻《十三经注疏》，上海：上海古籍出版社，1997年版，第79页。

④ 佚名：《易纬·乾凿度》卷上，《武英殿聚珍版丛书》本，第6页。

呈现出不同的吉凶状态,影响着卦象的整体表意。"是故《易》有太极,是生两仪。两仪生四象,四象生八卦。八卦定吉凶,吉凶生大业。"① 这一规则在朱熹的《伏羲八卦次序图》(如图 1-1 所示)中表现得最清楚②:

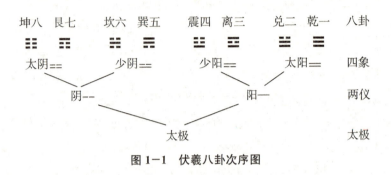

图 1-1　伏羲八卦次序图

　　此图展现了通过爻画的层次叠加来组成卦画用以呈现吉凶之象的过程。《周易》总共有六十四个卦画,这些复杂的卦画组合通过各种方式变化,多角度地阐释,在语境分析中可以对探寻万事万物的发展提供指导。每个卦画由八经卦中的两卦叠合组成。八经卦又是在四象——太阴、少阴、太阳、少阳的基础上添加一个爻画组成。四象就是阴爻与阳爻两两互组所形成的符号变位。进一步简化,所有的卦画符号和次级符号的根本点要归于两仪所指称的阴爻与阳爻这两个基础符号。最终,邵雍把阴阳两仪同归于太极,太极也就是阴阳未分之前的混沌状态。无独有偶,或许表达上有差别,但皮尔斯也认为,"太初"存在着一种没有时间也不可描述的混沌,但最好把它理解为一个由感觉和众多彼此不相关的"发生"所构成的混沌。③ 总之,阴阳两仪是区分混沌的开端,阴爻与阳爻的符号既是意义的原初分节,也在结构的最低层次上对整体意义做根本性统摄。陈良运同样也认为,"卦象是将自然变化中的抽象规律具象为观念符号,由观念符号组合出揭示吉凶的卦象,再由卦象生发出各种精神意义而

　　① (魏)王弼、(晋)韩康伯注,(唐)孔颖达正义:《周易正义》,(清)阮元校刻《十三经注疏》,上海:上海古籍出版社,1997 年版,第 82 页。

　　② 朱伯崑:《易学哲学史(第二卷)》,北京:昆仑出版社,2005 年版,第 134 页。

　　③ (英)保罗·科布利:《劳特利奇符号学指南》,周劲松、赵毅衡译,南京:南京大学出版社,2006 年版,第 109 页。

定大业"①。"立象以尽意"②，抽象出阴与阳两个基本的观念符号。"设卦以尽情伪"③，则是阴阳符号分别组成了八经卦，进而构成《周易》的六十四卦。"系辞焉以尽其言"④ 是对卦画符号的意义进行新一轮的阐释和生发，在《易传》中进行显义或隐义的多义组合。"变而通之以尽其利"⑤，在形而下的基础上发掘出符号中的实用意义。而"鼓之舞之以尽其神"⑥，则在于说明符号形而上的精神意义，其象征之功用。

　　《周易》卦画意义的建构，具有自上而下和自下而上两个过程。圣人在对世间万物进行本质直观后，运用一种抽象的思维总结出万物具有阴与阳两种性质，这是一种自下而上的过程。托姆认为图式是对实体之间基本的时空相互作用的抽象再现。阴阳爻是对事物和宇宙原理的最初认识，从单纯的物象上升到各种事物的本质特性，而对本质进一步抽象形成了种属类别，最终也将世界的纯粹本质抽象为阴与阳。《易传》中说："天尊地卑，乾坤定矣。卑高以陈，贵贱位矣。动静有常，刚柔断矣。方以类聚，物以群分，吉凶生矣。"⑦ 可见，在《周易》的符号分节中存在着乾坤、贵贱、动静、刚柔等一系列二元对立，每一种对立都是对相关事物进行直观和思考之后得出来的抽象本质。从天地的对立，圣人感受到了其中的性质差异，将其抽象为乾与坤两种不同的概念；从高山低谷的空间对峙，圣人感受到自然与社会等级间的同构关系，从而认为贵贱分明的等级制度同样是对天地自然的效法，证明了社会关系的合理性；从物体的运动与静止的对立中，圣人同样看到了物理间的能量变化带来的一系列效应，总结出了刚与柔两种不同事物属性。但圣人并不满足于此，而是从乾坤、

---

　　① 陈良运：《论〈周易〉的符号象征》，《哲学研究》，1988 年第 3 期，第 60 页。
　　② （魏）王弼、（晋）韩康伯注，（唐）孔颖达正义：《周易正义》，（清）阮元校刻《十三经注疏》，上海：上海古籍出版社，1997 年版，第 82 页。
　　③ （魏）王弼、（晋）韩康伯注，（唐）孔颖达正义：《周易正义》，（清）阮元校刻《十三经注疏》，上海：上海古籍出版社，1997 年版，第 82 页。
　　④ （魏）王弼、（晋）韩康伯注，（唐）孔颖达正义：《周易正义》，（清）阮元校刻《十三经注疏》，上海：上海古籍出版社，1997 年版，第 82 页。
　　⑤ （魏）王弼、（晋）韩康伯注，（唐）孔颖达正义：《周易正义》，（清）阮元校刻《十三经注疏》，上海：上海古籍出版社，1997 年版，第 82 页。
　　⑥ （魏）王弼、（晋）韩康伯注，（唐）孔颖达正义：《周易正义》，（清）阮元校刻《十三经注疏》，上海：上海古籍出版社，1997 年版，第 82 页。
　　⑦ （魏）王弼、（晋）韩康伯注，（唐）孔颖达正义：《周易正义》，（清）阮元校刻《十三经注疏》，上海：上海古籍出版社，1997 年版，第 75～76 页。

贵贱、动静、刚柔等一系列的本质属性中再次抽象出了更为纯粹的本质，也就是阴阳。无论针对何种二元对立的概念，我们都可以将其中最根本的主导因素归因为阴与阳之间的对立变化。

在抽象出阴与阳两个符号之后，《周易》文本中的一系列复杂的卦画组合便在阴阳意义的基础上表达世界的多样性，其中的符号之间的排列与联系也反映了数学规律中的合理性。四象符号是阴阳符号的两两组合，八卦在四象的基础上添加一层阴阳符号，六十四卦又将八经卦之间所有的排列组合都囊括了进去。因此，在符号的不断叠加构成中，符号所指示的意指对象也经历着这种关联变化。虽然，符号的对象可以伸展到各个领域内，但是在符号所代表对象的性质上，也无不在阴与阳两类意义范畴的控制之内。胡塞尔认为："任何事实都包含一种实质性的本质组成因素，任何属于包含在其内的纯粹本质的本质真理都必定产生一种法则，所与的诸单一事实，像任何一般可能的事实一样，都受此法则约束。"① 这样，生活中不同性质的具体事物之间相互组合的诸种可能也就在《周易》的卦画符号中得到应有的体现。《周易》通过阴阳爻符号的排列、经卦的组合以及错综繁复的卦位变化将现实生活中的各类事物都置于符号的统摄之下。"圣人作《易》之初，盖是仰观俯察，见得盈乎天地之间，无非一阴一阳之理。有是理则有是象，有是象，则其数便自在这里。"② 故而，《周易》的卦画符号在数理和卜筮方面成就了其合理与完备。

从另一个方向来看，在《周易》的表意中，一切原型之源是阴阳符号。要将万物按照性质特点归类到不同的符号属性中，从而在《周易》符号系统的解读中得出合理的阐释，这是符号表意形成中由意识主导的一个自上而下的规约过程。从具体物象来抓住本质，再由纯粹本质的符号——阴与阳来进行符号再现，从事物的某一方面相关进行符号指代，这也体现出符号表意的片面性。所谓符号表意的片面性是指符号解释者必须关注符号所表达意义的某一个方面，而忽视其他的方面。正如前面的章节曾提到过，人们将一辆急速行驶而来的汽车作为一个符号，那么，关注的焦点必然是汽车的重量和速度，因为这足以对路人造成致命伤害，而此刻汽车本身的外观与品牌等其他方面的意义就被忽略

---

① （德）胡塞尔：《纯粹现象学通论 纯粹现象和现象学哲学的观念Ⅰ》，李幼蒸译，北京：中国人民大学出版社，2004年版，第95页。

② 余敦康：《汉宋易学解读》，北京：华夏出版社，2006年版，第492~493页。

了。而当事物作为符号与阴阳相联系时，解释关注的焦点也必须集中在事物具有阴阳特性的一个方面。《乾》卦纯阳，《坤》卦纯阴，是阴阳对比的极端体现。《乾》卦以龙为喻。孔颖达认为，《周易》卦辞中的龙指的就是阳气，龙灵异于他兽，可潜则潜，可见则见。《坤》卦以牝马为喻。韩康伯注《坤》卦说："马在下而行者也，而又牝焉，顺之至也。"① 也就是说，《乾》卦取龙之升腾变化；《坤》卦取牝马的下行和顺。可见这种分类和比喻实际上关注的是事物与符号性质相关的一个侧面。又如《说卦》中论到《乾》卦时，首先就说乾为马，又说震为龙，那么八卦的类属似乎就出现了混乱。之所以乾可以表示马，所取的是马具有动势，而行地无疆的特点，这与《乾》卦"天行健，君子以自强不息"的品格相通。龙能兴云致雨，自然就和《震》卦的雷象关联。因此，符号本身的意义指向是确定的，事物是用自己的一方面特点来关联符号的意义。但事物本身是丰富完整的个体，具有多维度的侧面展现。自上而下地将符号意义与事物的某个侧面结合，从而将具体事物按照其某种特征进行类属划分，这固然可以保证从符号阐释中得出一定的意义，同时保证了事物与符号结合出一种整齐美观的形式，但其中也必然存在模糊与牵强的成分。如《说卦》中说："震为足，巽为股，坎为耳，离为目，艮为手，兑为口。"② 《正义》是这样解释的："'震为足'，足能动用，故为足也。'巽为股'，股随于足，则巽顺之谓，故为股也。'坎为耳'，坎北方之卦，主听，故为耳也。'离为目'，南方之卦，主视，故为目也。'艮为手'，艮既为止，手亦能止持其物，故为手也。'兑为口'，兑，西方之卦，主言语，故为口也。"③ 上述解释即使可以自圆其说，但为何选取此一事物的此方面而不选取其他事物，从这个问题上讲，这种关联并不一定是必然的。但根据事物的性质采取这一系列分类后，《周易》的符号便可在对具体事物的阐释中畅行无阻了。因为卦画符号的意义是范畴指向的，阐释的元语言压力必然使事物的某一个方面性质与之对应，从而便可以融入《周易》的意义阐释系统之中。

---

① （魏）王弼、（晋）韩康伯注，（唐）孔颖达正义：《周易正义》，（清）阮元校刻《十三经注疏》，上海：上海古籍出版社，1997年版，第17页。

② （魏）王弼、（晋）韩康伯注，（唐）孔颖达正义：《周易正义》，（清）阮元校刻《十三经注疏》，上海：上海古籍出版社，1997年版，第94页。

③ （魏）王弼、（晋）韩康伯注，（唐）孔颖达正义：《周易正义》，（清）阮元校刻《十三经注疏》，上海：上海古籍出版社，1997年版，第94页。

阴阳符号是从万物的本质特征中进一步抽象出来的更为纯粹的本质，因此阴阳包含了万物之性，万物皆有阴阳之分。阴阳是万物的基础，又从根本上统摄世间万物，自然可以无所不包。《系辞下》云："其称名也小，其取类也大，其旨远，其辞文，其言曲而中，其事肆而隐。"① 但正因如此，阴阳符号过于抽象，以至于与具体事物在意义指涉方面已经有了一定的距离。概念越抽象越具有包容性，但也就牺牲了自身内容的生动性，而逐渐简化为空泛的概念。所以说，《周易》符号系统中具有"空"的性质。前文引用了朱熹的话"若《易》则只是个空底物事"，这正是《周易》符号系统可以阐释一切的奥秘所在。禅宗讲究不立文字，以心传心。老和尚常常打哑谜，从一句看似无甚关系的话中让人悟出个中道理。其实，这与《周易》的符号阐释方式是一样的。卦画符号只是通过几条或断或续的线段排列而成，即使对爻画的阴阳意义有所了解，但若不通过卦辞以及《易传》的一系列指引，对于这些符号恐怕还是难以把握其表意的重点所指为何物。即便卦辞等为其划出了一定的意义指涉范畴，卦义的阐释还是具有极大的空间。符号与其表面的指涉物之间不具有紧密的联系，而只逐渐被解构为一个空泛的形式。因其空泛，故而解释者必然在元语言的压迫下在其中放入各种意义。形式本身看似最无意义，则其所指也就不会执着于为一个与事物密切相关的方向所指引，而是具有高度的发散性。"此所谓理定既实，事来尚虚，存体应用，稽实待虚。所以三百八十四爻而天下万事无不可该，无不周遍，此易之用所以不穷也。"②

在实际进行卜筮时，卦画符号的最终意义是通过自下而上抽象出的符号意义范畴，连同自上而下事物被符号分节产生的性质类别，在元语言的作用下进行双向沟通才得以确立的。阐释者会遵循卦画符号本身所规定的意义范畴，结合事物实际的性质和规律，在具体的语境状况下，对事物发展的吉凶态势作出判断，以确立意图定点。譬如《讼》卦，乾上坎下，卦辞曰："讼，有孚，窒惕，中吉；终凶，利见大人，不利涉大川。"③《正义》解释为："凡讼者，物

---

① （魏）王弼、（晋）韩康伯注，（唐）孔颖达正义：《周易正义》，（清）阮元校刻《十三经注疏》，上海：上海古籍出版社，1997年版，第89页。

② （宋）朱熹：《朱子语类》，黎靖德编，北京：中华书局，1994年版，第1683页。

③ （魏）王弼、（晋）韩康伯注，（唐）孔颖达正义：《周易正义》，（清）阮元校刻《十三经注疏》，上海：上海古籍出版社，1997年版，第24页。

有不和，情相乖争而致其讼。……被物止塞，而能惕惧，中道而止，乃得吉也。"① 又《象》曰："言中九二之刚，来向下体而处下卦之中，为讼之主，而听断狱讼，故讼者得其'有孚，窒惕，中吉'也。"② 这段话是说，争讼是因性情不和造成的。争讼不是通达之道，中途会遇到窒塞，这样会引起当事者的惕惧，如果知道惕惧就该适可而止，不应将争讼继续下去，这样才吉利。《讼》卦的意义大致如此，它要表达的是圣人在相争这一事件中悟出的道理。之所以选择乾上坎下的卦画形式作为《讼》卦意义的再现符号，首先要看八经卦中乾与坎的意义范畴。乾代表天，坎代表水。《讼》卦《象》曰："天与水违行。"地球按自西向东的方向自转，若以地球为参照物，天空仿佛在向西转动，因此说"天道西转"。我国的总体地势西高东低，水多从西边流向东边，这是"水流东注"。天与水的运动方向相反，相违而行，象征了人之间的乖戾不和。可见，卦画的选择考虑了经卦本身的意义范畴。不仅如此，阳爻处于下卦中位，中位是表达卦义的核心位置。阳爻具有刚健的性质，因此，九二的阳爻在《讼》卦中扮演了"听狱断讼"的角色，因其刚健有为，必然能得到信任，故而吉祥。九二爻处于卦画的二位，从时间上也代表了争讼处在中间阶段。若此时中止争讼便可获得吉利，这体现了卦辞中"中吉"的意义。这是卦义中阴阳基础符号意义作用的体现。若以此卦来求问婚姻可知：讼者，两者相争，不能决绝，其婚姻必然不顺。这便将貌似与所问之事无关的《讼》卦与婚恋结合了起来。此外，具体的释义结果根据实际的语境状况还有所不同。如果求问的人已经结婚，那么其夫妻时常意见不合，多发争执。因此，双方要学会相互包容，家庭才能和睦。如果求问的人处于恋爱中，那情况也与上一种大致相同。若不能彼此谦让体谅，怕是难免分手。如果求问的人还是独身，《讼》卦依然可以作出合理解释。《讼》卦的卦辞中说"利见大人"，此种情况中的大人应指父母、叔伯等长辈，婚姻之事需要他们的帮助才可成就。因此求问者的另一半需要由长辈介绍撮合，若想自由恋爱恐怕希望不大。可见，阐释卦义最终要充分考虑卜问事物的特殊性，还要结合当时人和环境的各种状况给出最合理的

---

① （魏）王弼、（晋）韩康伯注，（唐）孔颖达正义：《周易正义》，（清）阮元校刻《十三经注疏》，上海：上海古籍出版社，1997年版，第24页。

② （魏）王弼、（晋）韩康伯注，（唐）孔颖达正义：《周易正义》，（清）阮元校刻《十三经注疏》，上海：上海古籍出版社，1997年版，第24页。

解释。

综上所述，《周易》符号系统最初通过自下而上的观物取象确立了基本的意义范畴。阴爻和阳爻是最本质的表意符号，其他的符号组合在此基础上生成新的意义范畴。同时，在具体的释义中，所卜问事物的具体性质会依据所卜卦画符号固有的意义范畴做自上而下的意指归类，最终结合具体的语境得出有效诠释。在这一系列的过程中，元语言的压力总是可以成功地将抽象符号的意义范畴与具体事物的某种特性融通一处，进而完成符号对事物发展态势的解读。因此，《周易》的卜筮总是有求必应，符号的意义也就包罗万象了。

第四节　符号系统的无限衍义与多层次元语言

《周易》表意的复杂性部分体现于其符号的巨大包容性。《周易》表意过程中的无限衍义和多层次的元语言规则也是其得以完成表意的重要因素。从符号的性质一步步深入《周易》表意的研究，会发现符号的衍义规则与阐释中意义多变的复杂关系。

一、《周易》符号系统无限衍义的形成

元语言反映了符号文本的表意规律，一般说来也就是文本的符码结构。符号文本的形成首先是一个编码的过程，解释主体对文本的阐释则是解码。从符码的性质出发可以将文本划分为强编码文本和弱编码文本。所谓的强编码文本是指词典或电报密码这一类型的文本，这些文本要求阐释必须达到编码者的意图定点，不允许解码者过度阐释，否则得出的意义结果就是失效的。相反，弱编码文本对意义结果没有强制规定，往往是解码者的自圆其说便可作为有效阐释，为解码提供了极大的意义空间。《周易》符号文本虽然往往强调圣人仰观俯察、立象尽意，但从其符号的编码性质来看，它依然是一部弱编码文本。正如上一节论述中所提到的，《周易》表意符号自身具有一定的意义范畴，并在某一方面特性上与对象某种片面性质相联系，从而将对象分类并囊括于符号意义范畴之内，为意义的方向提供指引。仍以《说卦》为例，"巽为木，为风，

为长女，为绳直⋯⋯"① 巽是顺的意思，因木可以通过工匠的手艺改变曲直，所以为木；风可在上摇动树木，所以又为风；《巽》卦的初爻为阴爻，中爻和上爻皆为阳爻，阴爻象征女性，故为长女；因为号令施行如同风行天下，所以《巽》卦有号令之意，这也和用绳子去量直木头有相通之处，故《巽》卦又为绳直。也就是说，巽所对应的诸多事物皆是其某一片面的特性与《巽》卦的意义范畴相关，故而可以划归于一类。由此可见，阐释具有发散性，为符号解码留下余地。《周易》文本的这种弱编码性，造就了其符号阐释的多向性，这也是其分岔衍义乃至无限衍义形成的重要因素。

　　"分岔衍义"和"无限衍义"也是在考察符号意义变化时的重要概念。在皮尔斯的理论中，符号表意是要有接受者的，在接受者心里，每一个解释项都可以变成一个新的再现体，构成无尽头的一系列相继的解释项。巴尔特说："一个符号，或称一个表现体，对于某人来说在某个方面或某个品格上代替某事物。该符号在此人心中唤起一个等同的或更发展的符号，由该符号创造的此符号，我们称为解释项。"② 这也就是说，符号在接受者的理解中呈现出解释项，但解释项同时也必须是符号，因为任何意义的表达必然要以符号作为载体。回头再来看巴尔特的话，在接受某一符号的过程中，如果这个符号带给某人的感受不同于其他某些人，其心中被唤起的新的解释项符号也同样是不同于他人的。由此，不同的解释项被进一步作为符号再现体而再度诠释的过程中，得出的意义也必将渐行渐远。这就是在表意过程中的某一定点中出现了分岔的现象，意义的分岔最终指向了相异的阐释路径，这也就是符号表意的"分岔衍义"过程。同样，在符号表意的过程中，再现体被诠释为解释项，解释项在进一步诠释中又成为新的再现体，表意过程中的转换没有停滞，符号意义的阐释也就没有尽头。皮尔斯说："解释项变成一个新的符号，以至无穷，符号就是我们为了了解别的东西才了解的东西。"③ 譬如，"太阳"的符号，首先让人关联到一个发热的恒星天体。"发热天体"作为一个符号，又可以阐释出给地球

---

　　① （魏）王弼、（晋）韩康伯注，（唐）孔颖达正义：《周易正义》，（清）阮元校刻《十三经注疏》，上海：上海古籍出版社，1997 年版，第 95 页。

　　② （法）罗兰·巴尔特：《符号学历险》，北京：人民大学出版社，2008 年版，第 192 页。

　　③ Peirce, *Charles Sanders*. Collected Paper. Cambridge （Mass.）: Harvard University Press, 1931—1958, Vol. 2. P. 303.

带来了生命与温暖。"生命与温暖"又衍生出了母亲的解释义。这样，"母亲"作为新的再现体又可以进一步生发意义的解读（如图1-2所示）。正因为一个符号的意义需要另一个符号来解释，这个新的符号又会产生另一个解释项，如此绵延下去，因此我们永远无法穷尽一个符号的意义。这个过程就是符号表意中的"无限衍义"，无限衍义没有尽头，最终会涵盖文化全体。《周易》中的弱编码符号系统之所以被称为是一部"空底物事"，从符号学的角度来讲，与符号阐释中的无限衍义可谓息息相关。

太阳（符号）——→ 发热天体┌（解释项）
　　　　　　　　　　　　└（符号）——→ 生命与温暖┌（解释项）
　　　　　　　　　　　　　　　　　　　　　　　　└（符号）——→ 母亲

图1-2　"太阳"符号表意过程中的转换

宋代的陈骙在《文则》中曾言："《易》之有象，以尽其意；《诗》之有比，以达其情，文之作也，可无喻乎？"[①] 同样，朱熹在解释《诗经》赋比兴时说："赋者，敷陈其事而直言之；比者，以彼物比此物也；兴者，先言他物以引起所咏之辞。"[②] 正如《关雎》开头："关关雎鸠，在河之洲。"起到的就是比兴的作用，先以鱼鸥水鸟的鸣叫来起兴，同时坚贞的鱼鸥又是对君子淑女高洁情感的比喻，奠定了《诗经》"乐而不淫、哀而不伤"[③] 的基调。以"关关雎鸠"为比兴，实际上也起到了立象尽意的效果，即通过河洲间水鸟鸣叫的意象进行联想，给予了思维极大的想象空间。《诗经》中的比兴同样是一种弱编码符号，在作用上同《周易》的卦象有着异曲同工之妙，因此人们一般也认为《周易》的符号表意是一种诗性的表意，意图定点具有开放性，言有尽而意无穷。著名比较文学学者弗朗索瓦·于连曾说："诗的言语使思维的进程改变方向，而不是强压，它轻轻地蜿蜒而行。它并不提供确定、清晰的意义，它以弥漫的方式向它激励的情感显示，而不是以指令方式指名道姓自我表现。因为它并没有固定的内容（终止的、滞结的，但也表现任意什么锋芒的内容），它同样不可能

---

① （宋）陈骙：《文则》，北京：中华书局，1985年版，第7页。
② （宋）朱熹：《诗集传》，北京：中华书局，2011年版，第4页。
③ 杨伯峻译注：《论语译注》，北京：中华书局，2009年版，第30页。

遇到抵抗，依靠其灵活、散漫的无限的流程而侵入意识：这样它能够偷偷地左右意识的方向——但是以更加全面、连续因而也就更加有效的方法。"① 正是诗性表达具有灵动迂回的特点，使《周易》符号的表意可以依据解码者的不同直观感受和思考而呈现出分岔衍义乃至无限衍义的特点。胡塞尔认为："无限的不完善性乃是'物'和'物知觉'间相互关系的不可取消的本质的一部分。如果物的意义是由物知觉的所与性决定的，那么意义必然要求这样一种不完善性，而且必然使我们诉诸可能知觉的连续统一的关联体，这些知觉从任何选择的方向开始，以一种系统地和严格的规则的方式展开于无限多个方向中，即无限展开于永远被一意义统一体支配的每一方向中。"② 直观的不同结果必然导致符号意义在某一位置出现岔路。定点的不同也会导致思维方向以及解码的程度出现差异。同样的符号可以从不同的侧面出发来进行解码，这样的表意甚至能够以无限衍义的方式进行下去。《贲》卦六五爻曰："贲于丘园，束帛戋戋，吝，终吉。"孔颖达依据王弼的注释，将此句解释为：丘园是质素之处，非华美之所。若能施饰，每事质素，与丘园相似，"盛莫大焉"。主张为国之道，不尚奢华之意。但也有其他儒者将这句话解释为装饰丘园以招募贤士，与王弼的注解大相径庭。③ 这句充满诗意的卦辞并没有对阐释的意义结果作出严格限定。在不同的符号接受者那里，每一个解释项又会继续变成新的符号再现体，从而阐释会一直进行下去，这便形成了符号的无限衍义。最初的解码分歧可能会令此后一系列的阐释结果彼此渐行渐远。

二、多层次元语言规则造就复杂的意义阐释

符号在表意中会关涉对象和解释项，对象是符号文本直接指出的部分，而解释项却是需要再度解释、不断延伸的部分。"解释项不仅能够延伸到另一个符号过程，解释项必须用另一个符号才能表现自己。"④ 就如"太阳"这个符

---

① （法）弗朗索瓦·于连：《迂回与进入》，杜小真译，北京：生活·读书·新知三联书店，1998年版，第58页。

② （德）胡塞尔：《纯粹现象学通论 纯粹现象和现象学哲学的观念Ⅰ》，李幼蒸译，北京：中国人民大学出版社，2004年版，第141页。

③ （魏）王弼、（晋）韩康伯注，（唐）孔颖达正义：《周易正义》，（清）阮元校刻《十三经注疏》，上海：上海古籍出版社，1997年版，第38页。

④ 赵毅衡：《符号学：原理与推演》，南京：南京大学出版社，2011年版，第104页。

号，其对象就是客观存在的恒星天体，但是解释项可以延伸到"温暖"，并继续延伸到与"温暖"这个符号相关的解释项"母亲"等。这个符号意义的推演过程就是无限衍义。只要符号的意图定点不明确，符号的无限衍义就不会终结。《周易》的符号表意存在自身的特点，其观物取象的符号建构方式以及无限衍义的表意效果都在文本中有充分体现。而从符号表意的规则上看，《周易》中的元语言依然独具特色。

首先，《周易》本身包含了符号阐释中的必要成分，在文本内部即规定了符号的阐释方式。如前文所述，《周易》的符号系统大致由卦画、卦辞和《易传》三个主要部分构成。这三个组成部分的性质可以与皮尔斯表意理论的三性相通，并与符号再现体、对象与解释项的表意三分式一一对应。按照符号解码的一般过程来说，解释者通过再现体关联到对象，并经过分析得出合理的解释项。《周易》三个部分中，卦画起到了再现体的作用，解释主体通过对卦画形象的直观进而由其关联到事物；而卦画所关联的事物又直接在卦画所配卦辞中给出明确的表示；《易传》是结合对象的联系对符号进行阐释得出的结果，也确然就是符号的解释项。因此，《周易》的表意依据一般符号的阐释过程，是从卦画关联到卦辞，并在这种联系和推论中得出《易传》所要阐释的内容。也就是说，在《周易》的文本中，三个系统之间构成了完整的符号表意关系，符号的再现、对象和解释项均在同一文本中得到充分体现。可见，《周易》文本具有符码指向性，元语言的各项规则在文本中已经有了充分的规定。卦画、卦辞与《易传》之间具有表意指向的相关性，构成了释义中的一个完整闭合的意指系统，并在统一文本中得以体现。《小畜》的卦画为巽上乾下。卦辞曰："小畜，亨。密云不雨，自我西郊。"从卦画的符号上可以看出，上卦为阴卦，下卦为阳卦。阳气欲上行，为阴卦所蓄止，但巽卦阴柔，不足以止物，故而只能成为小蓄之势。阴阳二气不足以相薄故不成雨，只是密云集聚于西郊之上而已。乾卦在八卦方位上属于西北，故云自我西郊。卦辞已将卦画中所指示的事物尽皆写明，关联明确。《彖》曰："小畜，柔得位而上下应之，曰'小畜'。健而巽，刚中而志行，乃亨。'密云不雨'，尚往也；'自我西郊'，施未行也。"① 阴阳有相合相应的特点，六四爻阴爻得位，又是全卦唯一的阴爻，因此上下阳爻均与其相应，所以说"柔得位而上下应之"。阳气向上，故尚往，《小畜》卦不足以畜止，故密云不雨，所施未行。《象》曰："风行天上，小畜。君子以懿文德。"② 若风行天下，则号令可施行。今风行于天上，所以是施未行也，这便是对卦画的一种意象图解。因为行为无法实施，故君子也只能美其文德而已，这是不足取的。从中可知，《易传》的诸多解释展现了卦画所表示的意义，卦辞对象的由来以及卦义的寓意与社会生活的关系，是透过直观与思考所得出的一种普遍性规律（如图 1—3 所示）。

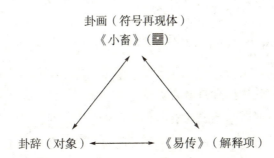

卦画（符号再现体）
《小畜》（䷈）

卦辞（对象）◄──────► 《易传》（解释项）

"小畜，亨。密云不雨，自我西郊。" "风行天上，小畜。君子以懿文德。"

图 1—3 《小畜》卦的表意过程

在《周易》三大组成相互阐释的基础上，三个系统内部还可以再度分层，即出现了跨层次诠释。从整部《周易》来看，卦画系统、卦辞系统和《易传》系统构成了一个表意三分。尤其是《易传》中的《系辞》《说卦》《序卦》《杂卦》等，对《周易》符号性质与系统的建构有很详尽的解释。若从符号系统内部细分，则卦画、卦辞与《彖》和《象》联系紧密，构成了直接相关的表意三分体系。同样，卦的分层中，爻画、爻辞与《象》中的相关解释依然可以构成一个表意三分系统。此外《乾》《坤》二卦中的爻画、爻辞还与《易传》中的《文言》部分相参照。从元语言规则上讲，上一层系统的元语言规则必然会对

---

① （魏）王弼、（晋）韩康伯注，（唐）孔颖达正义：《周易正义》，（清）阮元校刻《十三经注疏》，上海：上海古籍出版社，1997 年版，第 26 页。

② （魏）王弼、（晋）韩康伯注，（唐）孔颖达正义：《周易正义》，（清）阮元校刻《十三经注疏》，上海：上海古籍出版社，1997 年版，第 27 页。

下一层次表意起规约作用。也就是说，我们在考虑一卦中爻辞的意义时，在对爻画与爻辞理解的基础上，必然要结合卦画、卦辞乃至《易传》中对卦义的阐释，才能进一步推知爻画的意指。或者，在卜筮中更多的是要先理解一卦的意义，然后再深入具体的爻画中去理解个别爻的意义。这也就表明，每一卦的意义规则乃至《周易》文本的整体结构规则必然在实际的阐释中发挥主导作用，这个不难理解。例如《坎》卦六三爻："来之坎坎，险且枕。"《正义》解释认为，六三爻处于两卦之间，六爻的《坎》卦中的上卦与下卦皆是八经卦中的坎卦，也就是两个坎的叠合。六三爻处于下卦之终，正遇上卦的坎卦，因此处于两个坎卦之间，"来之坎坎"。这也正与《坎》的卦辞中所言的"习坎"相应。可见，一爻画不可能脱离整个卦画而独立，否则就不具备应有的意义。《周易》符号系统具有极强的结构性，表意的元语言规则呈现出网状动态交织的特点，各组分间具有盘根错节的关系，可谓牵一发而动全身。这一特点在《周易》文本整体的元语言变化中体现得最为明显，这也是《周易》在历史发展中可以通过无限衍义建立不同哲学系统的根本原因。易学史上的诸多学者从不同的角度来进入文本，在符号阐释过程中提供了大量的论述，这些论述本身也进一步成为《周易》阐释的元语言规则。象数学派注重卦画符号与天文、历法、数理等关系，对符号的象数意义阐释尤多，以至于阴阳消息、五行、四象诸理论逐渐融入了《周易》符号系统的元语言规则。义理学派关注圣人之意，在阐释中更重视符号编码者的意图定点，建立了一套与社会伦理关系密切的元语言规则。随着学术的发展，《周易》的符号元语言规则不断积累。阐释的不断进行增强了《周易》的符码效应，并相互影响主导着符号的表意，《周易》的符号系统也就积淀出更加深厚的意蕴。

从理论上来讲，表意的终结是不存在的，无限衍义会一直进行下去。《周易》符号表意如果在具体占例的阐释中必然会针对语境，得出适宜而有效的意图定点。但仅从符号的意指关联来分析，表意完全可以发散并延续下去，最终将整个传统文化涵盖其中。并且，《周易》的无限衍义也并非仅仅指单一符号的发散性阐释，在很大层面上，《周易》的元语言规则的作用会造成释义的多重可能性。三大符号系统以及不同层次元语言规则之间往往会相互阐释，甚至在某种程度上解构符号意义。如《比》的卦辞曰："比：吉，原筮，元永贞，无咎。不宁方来，后夫凶。"卦义是能相亲比而得其吉，并且"两相亲比，皆须永贞，方得其吉"①。宁乐之时若能与人亲比，则不宁之方会悉皆归来。但亲比贵速，后来者会遭疏远，故而"后夫凶"。若从卦义来看，占卜得到《比》卦还是比较吉利的。《比》卦的六爻，其中四爻所示皆吉，但六三爻与上六爻有不利。尤其是上六爻，其爻辞曰："比之无首，凶。"② 首先，爻的表意受到其在卦画中位置的制约，卜筮中不存在脱离卦画的爻。因此，上六的爻位决定了此爻在该卦所处之时空关系中的具体位置。上六处于卦画末端，也就喻指了比之后夫，"后夫凶"，所以此爻之意不吉。卦画的符码规则以及整体的卦义主导着具体爻画的释义。但也说明，卦义与爻义并非绝对一致，这种现象在《周易》系统中还可找到很多。《比》卦上六中的凶险也是对《比》卦卦义之吉的一种消解，要从符号时空场域的动态关系和系统的诸多关联中找出符号的意义。德里达认为："延异中 a 这个字母所暗示的活动或生产力，指的是差异游戏的生成运动。后者不是从天上掉下来的，也没有被永远载入一个封闭的系统——一个共时与分类操作可以穷尽的静态结构。差异是转变的效应，从这一角度看，延异的中心思想与结构概念中静态的、共时的、分类的、非历史的主体不能相容。"③ 在他看来，符号的意义不存在固态静止或封闭的效应，在阐释符号的过程中必须加入历史的维度。符号的意义不仅要通过共时系统中的其他成分来获得，同时还要取决于具体语境的限制。符号在每一次被使用时，其系统的静态结构的标准成分都可能受到新语境的挑战或被其更改。所以，《周易》符号系统在具体的应用与学理研究中，意义的阐释总会在新的条件下生出新的游戏规则，符号的意图定点只有通过语境才能在实际运用中确立，这正如丁尔苏所说："这一网络是动态的、开放性的，延异的游戏就没有终结，任何人都不可能获得超越符号时空运动的终极意义。"④

综上，《周易》符号表意的意图定点确立受诸多因素的影响。符号表意的片面性与诗性的表达形式造就其文本弱编码的性质，进一步增强了无限衍义的效应。《周易》文本结构中，多层次的元语言系统也为符号的意义阐释增加了

---

① （魏）王弼、（晋）韩康伯注，（唐）孔颖达正义：《周易正义》，（清）阮元校刻《十三经注疏》，上海：上海古籍出版社，1997年版，第26页。
② （魏）王弼、（晋）韩康伯注，（唐）孔颖达正义：《周易正义》，（清）阮元校刻《十三经注疏》，上海：上海古籍出版社，1997年版，第26页。
③ （法）德里达：《有限公司》，巴尔的摩：霍布金斯大学出版社，1977年版，第27页。
④ 丁尔苏：《符号学与跨文化研究》，上海：复旦大学出版社，2011年版，第26~27页。

诸多复杂因素。而在实际应用中，符号意图定点的确立在充分考虑系统规则的
基础上，更受到时空语境因素的限制。

第二章 《周易》的符号类别特征与理据性

《周易》符号系统大致由卦画、卦辞和《易传》三个部分构成。如果细致分析，三种类型的符号又有着自身的不同特性，这些特性无不与符号表意的理据性息息相关。并且，《周易》中常见的符号修辞手段也反映出符号表意过程中的理据性变化。

皮尔斯的符号学中包含了多重的三分系统。在他的理论中，事物可以分为三性，表意模式也是由三个部分组成。除此之外，皮尔斯还在此基础上将符号表意三分式从不同的角度作了更为细致的三分。"指号有三种三分法。第一，就指号本身而言，它只是一种质、一种现实的存在物，或普遍法则；第二，就指号与其对象的关系而言，它存在于指号自身具有的某种性质中，或存在于与那个对象的某种关系之中，或存在于与解释者的关系中；第三，按照它的解释者把它表述为可能性的指号，或事实的指号，或理由的指号。"① 也就是说，从符号同各方面的关系来看，符号的内部还可以作出更加细致的划分。从符号与符号的关系、符号与对象的关系以及符号与解释者的关系出发可以将符号在三个维度上进一步划分出九个符号类别。同样，深入《周易》的符号系统，进一步分析各个符号的类别和属性，就会发现《周易》三分式与符号学的多重三分式之间，依然在一定程度上存在对应关系。并且，我们还可以从莫里斯的符形学、符义学和符用学的三分学说来深入研究。

---

① （美）皮尔斯：《皮尔斯文选》，涂纪亮等译，北京：社会科学文献出版社，2006 年版，第 279 页。

第一节　符号系统中的符形特征

语形学的概念来自莫里斯的符号学理论。莫里斯将符号学分为符形学、符义学与符用学三个系统。其中，符形学研究的是符号相互之间的符形关系。而符号和对象以及符号和解释项之间的关系则分别是符义学和符用学所关注的内容。符形学是符号学系统中最为发达的一个分支，莫里斯解释说："符形学问题包括感知符号、艺术符号、符号的实际使用，以及一般语言学。"[1] 它研究受符形规则支配的诸多符号与符号间的联合，核心是符号组合的形式方式问题。将莫里斯的符号学体系引入《周易》阐释，可以更有效地反映文本符号的系统性与结构完整性。

从符形、符义和符用三个系统来看，这种划分主要分别来自符号与符号、符号与对象以及符号与解释项之间的关系。而本章主要讨论的是《周易》文本中的成分作为符号的一些特征。也就是说，无论卦画、卦辞乃至《易传》，均可以被看作符号的再现形式，而《周易》的文本本身在整体上亦是一个符号载体。虽然这种研究在某种程度上与传统意义的莫里斯系统有些许差异，将核心内容确立为关注符号再现体的特性，但结合皮尔斯对符号进一步划分的理念，我们还是会发现，符号的多重三分式与莫里斯的三大符号系统之间存在明显的相关性。如前文所述，皮尔斯将符号意义的表达分成了再现体、对象与解释项三个部分。在此基础上，皮尔斯又从符号与再现体、符号与对象以及符号与解释项关系的三重维度入手，推进了符号的性质划分。从符号与再现体的维度来看，符号可以再次分为质符、单符与型符；从符号与对象的维度来看，我们考虑的是符号与对象之间的像似程度，这样就可以将符号再分为像似、指示与规约三种类型；从符号与解释项的维度来看，则可以将符号划分为呈位、述位与论位三种形式。虽然是针对符号特性的划分，其中亦很鲜明地反映出其划分原则与莫里斯三分系统的一致性。

皮尔斯的质符（qualisign）在意思上就相当于是符号的载体，是我们用以感知的符号形式。"一个质的指号是一种作为指号的质，除非它被具体化，否

---

[1]　赵毅衡：《符号学：原理与推演》，南京：南京大学出版社，2011年版，第172页。

则不能现实地充当一个指号；但是，它的具体化又与它作为指号无关。"① 而单符（sinsign）是指向某一个固定具体对象的符号。用皮尔斯的话说："单一的指号是一个作为指号的现实的存在物或事件，它只能通过自己的质成为这个样子，因而它包含了一个质的指号，或正确点说包含了几个质的指号。不过这些质的指号属于一个特别的类，通过被现实的具体化而成为一个指号。"② 我们所接触到的每一个具体的符号载体都是一个单符。型符（legisign）所指向的是符号的概念，是一种抽象思维的产物，"一个法则的指号是一个作为指号的法则，这个法则常常由人确立起来，每个约定的指号都是法则的指号。它不是单个的对象，而是一般的类型，这种类型在获得人们同意之后才有意义"③。这三类符号在皮尔斯的论述中有时又被称为质调符（tone）、个别符（token）与类型符（type），这三个名称似乎更好理解。同时，皮尔斯也认为质调符是一种"可能符号"，表达的是一种意义的潜在性质符只是符号现象品质的"显现"（appearance），它与其他任何事物都没有关系，它只是一种"可能性"。"除非它被实际化，否则它不能充当一个符号"；个别符才是"实际符号"，出现在我们与符号的亲密接触之中；而类型符应该算是一种"必定符号"，它强调了符号所具有的普遍性。因此，可以通俗地为这三个符号学概念做如下界定："质符"是符号质地上的载体形式，"单符"是某种符号形式的个别载体，"型符"是符号在观念类别上的一个属性载体。

在《周易》文本中，卦画、卦辞和《易传》这三类符号也同样具备了不同的特性。首先，卦画是由一系列图形线条建构的。这些或断或续的线条在其所组成的卦画符号之中，从某种程度上讲是具有一定的像似特征的。无论与其表达的对象有多少像似性，对于这类图画性符号，人们从认识规律上会本能地将其作为一种形象的图式来直观。至于其所表达的意义，更多的是通过符号的形式来建构的一种可能性。如前文所说，图像符号本身是通过立象尽意的方式来表达意义的。这种表达具有诗意性，是一种弱编码的符号。符号接收者通过对

---

① （美）皮尔斯：《皮尔斯文选》，涂纪亮等译，北京：社会科学文献出版社，2006 年版，第 279 页。

② （美）皮尔斯：《皮尔斯文选》，涂纪亮等译，北京：社会科学文献出版社，2006 年版，第 279 页。

③ （美）皮尔斯：《皮尔斯文选》，涂纪亮等译，北京：社会科学文献出版社，2006 年版，第 279 页。

其直观会从多重角度作出相关的解释，因此也具有意义的潜在性质。并且，从另一个方面来讲，《周易》中的阴阳符号在确立之初即被设定了一定的意义范畴。人们在对卦画符号进行直观的过程中，经验依然会引导其从卦画符号的阴阳交错中去体悟天地之气的杂然相感。结合卦名所配备的概念指向，接受者就会从中直观出符号所示意义的一些本质特征，反映出卦画符号所具有的抽象作用，展现事物变化的阴阳之理。同时，这也说明，卦画作为文本中的质符并不能充当现实中的符号，它所表现的是一种作为符号的质，而在实际中存在的是将其具体化后的单符。如《坎》《离》二卦，其卦画符号分别由两个三画的同类经卦叠合而成。《坎》卦，阴爻中包裹阳爻，虚空中暗藏着实体，象征着险陷。《离》卦中，阳爻中含着阴爻，火焰内焰温度大大低于外焰，卦画的形象是对火焰特质的抽象反映。从这两卦卦画本身的形象排列中即可直观到符号对象的相关质地，但卦画又并非具体事物本身的形象，而仅是两种不同性质特征的体现。这也正符合了朱熹等人的说法，"若《易》则只是个空底物事"。伏羲首创八卦符号，其最初只是一种图画式符号的表意，表达的是抽象的道理。图画的抽象性表达的是意义的质，解释分析中则需要接受者不断以最实际相关的具体事物来论证说明。

那么，被引用来说明卦画内涵的符号，则是以一种单符的形式来呈现。在《周易》的文本中，即以卦辞的形式补缀于卦画之后。每一个卦画图像在确立之后，其接受者在对其意义进行阐释的过程中必然引用具体的事物来进行相关的解释，否则卦画所述的抽象义理就不能得到彰显。每一次解释时，接受者都会给出具体的事物与形象进行一番比照说明。因此，同一个卦画符号的质符可能会在具体的解释中引出不同的单符。《周易》作为一部用于卜筮的实用性文本，其实，每一次具体的卜筮都是卜者结合当事人的状况来进行的一番卦画意义分析。当事人的状况则是相对于卦画的一个单符，因为每一个单符都会从某个维度包含卦画中质的内涵。《周易》的文本是以书面的形式确立的，因此其所选用的具体阐释符号也随着书面文本的性质得以固定。并且，圣人先贤们往往采用了最有说明性的例子——卦辞，来论证卦画符号的意义，通过历代对其内涵的不断挖掘逐渐奠定和丰富了这种相关阐释的理据性。如《蒙》卦卦辞所言："匪我求童蒙，童蒙求我。初筮告，再三渎，渎则不告。"从《蒙》卦的卦画与卦名的概念出发，卦辞给出了相关的提示。"匪我求童蒙，童蒙求我。"卦名既为"蒙"，则围绕卦画符号的解释也就必然要从与此关联的点出发，即针对"蒙"的概念对卦画的形状和其中的阴阳排列予以说明。在此，卦辞的解释选取了"童蒙"的意思。《正义》将"蒙"解释成"微昧暗弱"，"物皆蒙昧，惟愿相通"①。既然蒙昧，则需要解昧，于是便有了后面的"初筮告，再三渎，渎则不告"，要通过占筮方能决疑。这是从童蒙解惑的对立中来对卦画进行阐释，卦辞即为承载此意义的一个单符。卦辞是卦画在特定阐释向度上得出的意义载体，而从另一个角度上讲，卦辞作为一个单符，是一个现实的符号。现实的符号与实际事物息息相关，正如前文所说的那样，它具备事物对象的特征。事物具有丰满性，作为符号的事物体现的只是事物本身的一个方面，因此具有片面性。而事物作为单符也就可以具有多个质符的特征，只是单符在某个向度上与某一质符相联系。就如同皮尔斯论述质符与单符关系时所讲到的："整个现象宇宙似乎只是感性的质构成的。简而言之，我们只要留意其自身呈现在我们面前的每一个部分就行了，而不必理解它们之间的关系。……我们看到质的观念是现象的观念，是单子的部分现象。它与其部分或构成成分无关，不涉及其他任何东西。"②《蒙》卦卦辞即是从蒙昧与决疑的对立中来反映事物之间阴阳变化的关系，而并不与"童蒙"的其他问题相联系。质符的存在有赖于主体，它不过是从主体中直观到的一种想象，是万物中分离出的成分，只在自身中存在。因此，当我们思考它的孤立状态时，可以说它只不过是一种潜在性。皮尔斯认为："永恒事实就它是现实的而言，它的永恒性和普遍性只存在于它在每个个别的时刻存在于某处。"③ 因此，所谓的普遍意义是在质符与单符的统一中抽象得出的。

卦画与卦辞相互对应结合，其意义的阐释则最终体现在《易传》中。《易传》作为型符，是对卦画与卦辞意义的一种法则性指归。卦画与卦辞中的含义通过《易传》被建构和确立下来，《易传》乃是文本中的普遍法则符号。这种普遍意义的建构是人们对文本深层含义发掘提炼的结果，经过不断的论证，从

---

① （魏）王弼、（晋）韩康伯注，（唐）孔颖达正义：《周易正义》，（清）阮元校刻《十三经注疏》，上海：上海古籍出版社，1997年版，第20页。

② （美）皮尔斯：《皮尔斯文选》，涂纪亮等译，北京：社会科学文献出版社，2006年版，第180页。

③ （美）皮尔斯：《皮尔斯文选》，涂纪亮等译，北京：社会科学文献出版社，2006年版，第170页。

而得出的一种公认的较为恰当的解释。仍以《蒙》卦为例，紧接着卦辞给出的对象指向，《彖》对其意义作出了进一步的说明。《彖》曰："蒙，山下有险，险而止，蒙。……'匪我求童蒙，童蒙求我。'志应也。初筮告，以刚中也。再、三渎，渎则不告。渎，蒙也。"① 《蒙》卦的卦画为，艮上坎下，艮卦为山，坎卦为水，也象征险陷，所以说是山下有险，这是其卦画的直观意义体现。因为是蒙昧者求问于有识之士，因此谓之志应。有识之士为蒙昧之人决疑解惑，所以会对其所问之事予以解答，故"初筮告"。但再三求问，有识之士恐怕会使蒙昧之人陷入迷乱，故"渎则不告"。这是对卦画和卦辞意义的一种普遍认可的理解。《象》说："山下出泉，蒙。君子以果行育德。"② 这便是从以上对《彖》的理解中得出的对《蒙》卦意义法则性的描述。坎为水，故其象为"山下出泉"。"果行"对应"初筮"之意；"育德"对应"渎则不告"。君子当发此蒙道，若童蒙来问则以果决其行，告示蒙者；若寻常处众，则应隐默怀藏，不自彰显，以养育其德。这完全是从卦画的直观形象与卦辞的具体对象中抽象出来的事物道理与处事规则。可见，《易传》对卦画和卦辞作了充分的解释，并最终对其意义指向进行了充分的抽象理论提炼，具有普遍性与类型性的特点。在这个意义生成的过程中可以发现，《周易》文本的实质意义指向应当是事物运行变化的规律，用以指导人们的生活，为事物的状态、行事的尺度提供道理和依据。这也就是《易传》作为文本中的型符所给出的答案，从中反映了圣人创造《周易》的初衷。而作为单符的卦辞只是对卦画形象中反映的质的内容做一番现实事物的还原。将质符还原为现实事物的单符载体并不是目的，而是要在这个基础上进一步阐释其中的义理。单符所关联的事物只要能够反映出质符的意义，其具体为何种类型也就并不重要了。相反，型符才是《周易》这部文本表意的重点所在。通过对型符意义的加强与深度挖掘，人们所要把握的是事物背后的道理。王弼所说"得意忘言"，从这个角度上来讲，型符对意义的升华在某种程度上正是对单符事物关联的一种解构。然而，在探究文本隐含意义的过程中，只有将质符与单符相结合，意义实质才能蕴含于符号载体之

---

① （魏）王弼、（晋）韩康伯注，（唐）孔颖达正义：《周易正义》，（清）阮元校刻《十三经注疏》，上海：上海古籍出版社，1997年版，第20页。

② （魏）王弼、（晋）韩康伯注，（唐）孔颖达正义：《周易正义》，（清）阮元校刻《十三经注疏》，上海：上海古籍出版社，1997年版，第20页。

中。并且，从具体事物的丰富性里，符号接收者才能进行一种多角度的分析，从而阐释出更为全面和深刻的规律和道理。因此，质符、单符与型符在《周易》的表意中相辅相成，共同构筑了符号背后强大的意义系统。

从以上的论述中可以得出这样的结论：皮尔斯所划分出的质符、单符与型符这三种符号分别与《周易》文本中的三类符号系统相对应。即，在《周易》的表意中，卦画突显了符号中质符的作用，卦辞成为符号中单符的表现形式，而《易传》则往往在作用上近于偏重表意的型符。

第二节　符号系统中的符义特征

在莫里斯的符号学系统中，符义学指的是以符号意义的传达与解释为研究对象的一门学科。符号意义的核心关系是符号体系与世界的关系，体现到符号类型的划分中，我们也可以将皮尔斯的符号再现体与对象之间的关系与其结合，二者都体现了符号的形象品质与符号指涉的外部事件之间的某种联系。

皮尔斯在符号类型划分中所关注的是符号再现体用以指称对象所具有的理据性。他认为："存在三类指号，因为这里存在着指号、被意指的事物、在心中产生的认识这个三重联系。所以在指号和被意指的事物之间也许存在着单纯的理性关系，在这种情况下，指号就是一个图像；或者，也许有一种直接的自然联系，在这种情况下，指号就是标志；这里也许存在一种这样的关系——它存在于'心把指号和它的对象联系在一起的事实'之中，在这种情况下，指号就是一个名称。"[①] 根据符号与对象之间的理据关系，皮尔斯将符号分成了像似符号（icon）、指示符号（index）和规约符号（convention）三种类型。而莫里斯也曾经说过："就一个单一的指号能够指示仅仅一个单一的对象而言，这个指号就具有一种指引指号（index）的性质。如果一个单一的指号能够指示许多事物，那么它就可以通过不同的方式与那些说明它或限制它的应用范围的指号联合起来。如果一个单一的指号能够指示每一个事物，那么它就和每一个指号都发生关系，从而它有普遍的蕴含，即是说，它在语言中为每个指号所

---

① （美）皮尔斯：《皮尔斯文选》，涂纪亮等译，北京：社会科学文献出版社，2006年版，第274页。

蕴含。这三种指号将被叫做指引的指号（indexical sign）、描述的指号（chatacterizing sign）和普遍的指号（unversal sign）。"① 虽然名称不同，但从分析可知，莫里斯所说三种符号分别就是皮尔斯的指示、像似与规约这三个概念。三者的符号像似理据性呈现递减的趋势，前两种符号与其指涉对象之间存在理据性，而规约符号来自文化中的约定俗成。通过研究发现，《周易》的三个符号系统的理据性与上述三类符号有相关性。

一、卦画与像似符号

像似符号是与其指涉对象的理据性关系最强的一类符号，它们与对象之间具有形象上的相似性，因此很容易被用来代指对象事物。一般认为，像似符号在某种程度上具有图像的性质。在皮尔斯看来："图像是这样一个指号，它仅仅借助自己的特征去指示对象，不论这样的对象事实上存在还是不存在，它都拥有这种相同的特征。"② 也就是说，符号再现体与对象事实在形象上的相同特征是这类符号得以存在和表意的关键。日常生活中，我们频繁接触像似符号。购物的服装区域乃至超市宠物食品的标牌上画出的人物与动物形象皆是像似符号。

《周易》的表意与像似符号的运用有密切的关系。"子曰：'书不尽言，言不尽意。'然则圣人之意其不可见乎？子曰：'圣人立象以尽意，设卦以尽情伪，系辞焉以尽其言，变而通之以尽利，鼓之舞之以尽神。'"③ 如前文所说，《周易》表意的一大特点就是"立象尽意"思维的运用，其中卦画图像是像似符号的集中体现。《易传》中的《象》是对卦义的解释，这种解释也是围绕卦画图像来进行的。"圣人有以见天下之赜，而拟诸其形容，象其物宜，是故谓之象。"④ 也就是说，圣人通过对万物特征的模拟建构了象。伏羲所制的先天

---

① （美）莫里斯：《莫里斯文选》，涂纪亮等译，北京：社会科学文献出版社，2009 年版，第 92～93 页。

② （美）皮尔斯：《皮尔斯文选》，涂纪亮等译，北京：社会科学文献出版社，2006 年版，第 280 页。

③ （魏）王弼、（晋）韩康伯注，（唐）孔颖达正义：《周易正义》，（清）阮元校刻《十三经注疏》，上海：上海古籍出版社，1997 年版，第 82 页。

④ （魏）王弼、（晋）韩康伯注，（唐）孔颖达正义：《周易正义》，（清）阮元校刻《十三经注疏》，上海：上海古籍出版社，1997 年版，第 79 页。

八卦，最初只是由阴阳爻构成的单纯卦画符号。《系辞下》曰："是故易者，象也。象也者，像也。"① 因此，象来源于像似，而且极大程度上是指卦画符号具有像似性。一般认为，《周易》中大部分卦画符号在某种程度上属于像似符号。如《颐》卦的卦画，形似一个张开的口，故有饮食以颐养的意思。《鼎》卦的卦画，似一个鼎的形状，也是对外形的模仿。《离》卦的卦画，上卦和下卦都是八经卦中的离卦，三画的离卦上下皆是阳爻，中间一爻为阴爻，象征着火的外焰相对于内焰具有更高的热度，这也是一种对事物形象与特质的模拟。如果从像似的抽象程度来分析，卦画作为像似符号的类别还可以进一步划分。

皮尔斯又将像似性划分出三个级别，即形象式（imaginal）像似、图表式（diagrammic）像似和比喻式（metaphorical）像似。图像式像似指的是一种构造上的像似。所谓构造上的像似，即像似不仅体现于符号对事物外形的模拟上，更着重于表现对象事物各个部分之间的关系。这类像似符号在《周易》卦画中占有相当一部分，如上文说的《颐》卦、《鼎》卦，还有诸如《噬嗑》卦、《夬》卦等。《噬嗑》卦呈现了咀嚼的形象，《夬》卦的卦画则是模仿书契的外观，"上古结绳而治，后世圣人易之以书契，百官以治，万民以察，盖取诸夬"②。这些卦画都是从外形及构造上反映了对象事物的特征，比较具有形象性，是像似性最强的一类符号。图表像似是把事物之间的关系转化为图表中的位置关系，因而利用图表中的位置对比来与现实对象做一种形式上的同构。如《周易》中的《剥》卦、《复》卦等，是根据阴阳爻的性质以及其所处六爻卦画中的位置来表达其卦义内涵的。《剥》卦五阴爻剥一阳爻，《复》卦在众阴爻之下一阳复始，这些卦画都是在卦位的排列中表明对象的某种特质和关系，具有图表式像似符号的性质。还有《损》卦、《益》卦等一系列卦画符号均在此特点上有所体现。相较于图像式像似，图表像似则显得更加抽象一些。而比喻式像似要比前两种像似更进一步，这种像似符号只是对事物中的某种抽象品质的模拟。仪式中的像似符号就是一种比喻式像似。例如古希腊将死亡与复活仪式与狄俄尼索斯的重生以及土地之神德墨忒尔再临相联系，这是一种对事物抽象

---

① （魏）王弼、（晋）韩康伯注，（唐）孔颖达正义：《周易正义》，（清）阮元校刻《十三经注疏》，上海：上海古籍出版社，1997 年版，第 87 页。

② （魏）王弼、（晋）韩康伯注，（唐）孔颖达正义：《周易正义》，（清）阮元校刻《十三经注疏》，上海：上海古籍出版社，1997 年版，第 87 页。

特征的模仿。《周易》表意所指涉的乃是一种抽象的品质，是宇宙万事万物间的发展变化原理。因此，《周易》卦画的拟像在其像似性上往往更多把握的是事物的抽象品格。"圣人设卦观象，系辞焉而明吉凶，刚柔相推而生变化。是故吉凶者失得之象也。悔吝者，忧虞之象也。变化者，进退之象也。刚柔者，昼夜之象也。六爻之动，三极之道也。"① 如《乾》卦、《坤》卦、《否》卦、《泰》卦等，《周易》中绝大多数的卦画符号体现了比喻式像似的性质。关于这个问题，后文还会专门做详细论说。

从另一个方面来讲，艾柯认为像似实际上并不是独立完成表意的，它必须依靠文化中的规约因素才能使符号与意义相联系。"像似性并不存在于形象与其对象之间，而是存在于形象与先前文化的内容之间。"② 这也就是说，像似符号要完成表意必须通过接受者按照其在文化中所赋予符号与对象的理解才能将二者进行有效连接，从而阐释出符号的相关意义。因此，在艾柯看来，像似本身是不足以完成表意的，这个观点也被称为"像似谬见"。《周易》的卦画本身是由八经卦叠合而成的。兑卦表示沼泽，艮卦表示山，这一系列八经卦的卦画形象与所表示的对象之间固然有像似性因素，但其具体含义在一定程度上还是存在规约的性质。叠合而出的六十四卦依然是像似符号，并且像似的一部分基础还是建立在规约性之上的。孔颖达把"象"分为实象和假象。"实象者，若地上有水，比也；地中有水，升也；皆非虚，此言实也。假象者，若天在山中，风自火出，如此之类，实无此象，假而为义，故谓之假也。"③ 之所以存在实象与假象，其判断的关键正在于文化规约给予符号接收者的常识性因素。虽然假象在文化规约中是不合规律的，依然不能否认其通过像似性来表意。

卦画作为像似符号，可以不同程度地具有抽象性，并在表意中结合一定的规约因素。卦画可能通过形象式像似、图表式像似或者比喻式像似建立，而其表意的核心特征依然是像似性。《周易》立象尽意的元语言规则规定卦画符号必须是像似的，符号的接收者也必须从像似的角度来进行解码。因此，像似性

---

① （魏）王弼、（晋）韩康伯注，（唐）孔颖达正义：《周易正义》，（清）阮元校刻《十三经注疏》，上海：上海古籍出版社，1997年版，第76页。

② Eco, Umberto. *A Theory of Semiotics*, Bloomington：University of Indiana Press，1976，PP.216－217.

③ （魏）王弼、（晋）韩康伯注，（唐）孔颖达正义：《周易正义》，（清）阮元校刻《十三经注疏》，上海：上海古籍出版社，1997年版，第14页。

特征是成就《周易》卦画符号表意的关键。

二、卦辞与指示符号

指示符号是与对象在关联上具有一定理据性的一类符号，皮尔斯也把这种关联称为"标志"，他认为："标志是这样一种指号，它通过被某个对象所影响而指示那个指号。因而它不是质的指号，因为质是独立于任何别的东西的那种东西。就标志被对象影响而言，它必然与那个对象共同具有某种质，就此而言，它指示那个对象。"[①] 生活中最基本的指示符号可以是人的手指所指示的一个方向，一个标志箭头，或者是餐厅桌子上摆放的没有吃完的食品，它告诉其他顾客该座位已被占用。皮尔斯指出："指示符号是这样一种符号，如果其对象被移走，就不成其为符号。"[②] 正因为如此，如果没有进餐完毕的顾客放弃继续进餐而离开餐厅，那么餐桌上没有吃完的食品也就失去了其原本的意义。

在《周易》中，卦辞的符号作用体现了指示符号的特点。在第一章中，笔者曾论述过在《周易》文本内部，卦画、卦辞和《易传》三个符号系统组成了一个符号表意到诠释的完整过程。三个符号系统分别与表意三分式中的再现体、对象以及解释项相对应。也就是说，卦辞对应了符号指涉对象。本节中，笔者从另一角度入手，从卦辞的符号性来进行研究，因为对象本身也可作为进一步表意的再现体，所以意义的指涉已经不仅仅停留在客观存在物，乃是在物的基础上进行再一次的表意关联。卦辞在此基础上通过其指涉的对象事物与事物背后的规律相联系，其深层意义指涉的是宇宙间的抽象法则。也就是说，卦辞中针对外部事物的客观表达作为一种文字组成的符号，它表意的关键在于与普遍性规律的关联，一旦这种普遍规律不存在，那么，单纯的客观符号指示就不再具有意义了，这在《周易》文本中体现得相当明显。《涣》卦卦辞曰："涣，亨。王假有庙，利涉大川，利贞。"从《涣》卦的卦义来讲，此卦乃散释之名。因为遭逢散释，故小人离散逃避，而君子却必有所作为。大德之人能于

[①] （美）皮尔斯：《皮尔斯文选》，涂纪亮等译，北京：社会科学文献出版社，2006 年版，第 280 页。

[②] Peirce, Charles Sanders. *Collected Paper*. Cambridge（Mass.）：Harvard University Press，1931—1958，Vol. 2，P. 297.

此时建立功德，散难释险，所以说"涣，亨"。王虽患难，却能亨通，因此可以建立宗庙，故曰："王假有庙。"大德之人可济大难，因此必"利涉大川"。灾难散去，宜行"利贞"之道。这便是通过对《涣》卦辞分析得出的事物道理，这些客观说明的文辞与普遍规律相指涉。如果脱离《涣》卦背后的这些抽象意义，那么所谓的"王假有庙，利涉大川"等一系列的文辞就只有其作为客观事物对象的意义，《周易》的深层内涵则无法表达。同样，在《小过》卦中，其卦辞曰："飞鸟遗之音，不宜上，宜下，大吉。"很明显，《小过》卦要说明的道理不会仅仅是与飞鸟有关。"飞鸟遗之音，不宜上，宜下"只是借喻飞鸟以表明行事有吉有凶。飞鸟遗其音声，哀以求处。太过在上就会无所适，而在下却可以不失其安身之所。这是在以飞鸟的行动方式来形容人在处理事情时把握行为的程度。所以说，顺则执卑守下，逆则犯君凌上，这是用飞鸟的行动来说明做臣子的道理。借喻飞鸟的卦辞只是为了关联卦义的所指，以进一步阐释其中的道理。若卦辞脱离了深层意义关联，就会造成阐释的失效，这些文辞也就变得凌乱琐碎，令人费解。可见，卦辞作为符号在性质上与指示符号具有相通性。

三、《易传》与规约符号

皮尔斯根据理据性划分出的第三类符号是规约符号。规约符号与对象之间不具有理据性，是随着社会文化约定俗成而产生的，也就是索绪尔所谓的"任意/武断"符号。一些译本也会将规约符号翻译为象征，用皮尔斯自己的话说："象征是这样一种指号，它借助法则和常常是普遍观念的联想去指示对象，这种法则使那个象征被解释为指示那个对象。所以，它自身是一种普遍的类型或法则，即法则指号。"[①] 我们实际接触的符号并不见得都具有理据性，因此生活中的大部分符号都属于规约符号。

《周易》中的《易传》无论是《系辞》《文言》，还是紧承每一卦的《彖》和《象》以及补缀书后的其他篇章，都是根据卦画与卦辞作出的阐释说明。《易传》作为一种文字表意符号，本身不具有如卦画与卦辞一般的理据性。这

---

① （美）皮尔斯：《皮尔斯文选》，涂纪亮等译，北京：社会科学文献出版社，2006 年版，第 280 页。

些说明性文字是后世研究者探寻宇宙自然的奥秘，并依据文化道德的规约制定出来的符号意义导向与社会行为准则。因此，按照皮尔斯划分符号的思路，将《周易》中的符号系统依据理据性差异进行分类，那么《易传》就属于规约符号的类别。规约符号按照普遍法则的规定，通过联想等思维活动与被指涉的意义发生联系。《易传》中的《序卦》是社会文化规约的典型。"有天地，然后万物生焉。盈天地之间者唯万物，故受之以屯。屯者，盈也。屯者，物之始生也。"① 从易学史上的讨论来看，《周易》卦位的排序本来众说纷纭。最初的卦位排序与今本《序卦》中的排列依然存在出入。即使按照今本排列的顺序来说，生成这种排列的原因按照象数易学和义理易学等不同的传统依然有自己的一套解释。因此，《序卦》中所列出的卦位排列只能算是一家之言。这种阐释性言论体现了在一种特定的文化思维模式下，事物变化的顺序与规律。天地生而后有万物，正如老子之道中化生万物的观点。天地万物创生之后，就有了存在与时空之间一系列的复杂变化，从自然的消息到社会伦理的教化。最终，当事物走向了完善却必将自我局限，从而打破完善，开始新的循环流程。这是《序卦》在文化意义下表达的事物发展的普适性法则。这种法则来源于人们长久以来对自然与生活的认识与发掘，来源于社会约定俗成的规约。这些规约性符号在《周易》文本中有充分的体现，《易传》中的绝大部分文字，"十翼"中的各类著作都是由这些规约符号组成的，共同表达了华夏文明厚重的历史与深刻的文化内涵。《易传》从符号的理据性划归上讲，更强调符号表意的规约性。

总之，《周易》中卦画、卦辞与《易传》三种符号按照再现体与对象之间的理据关系，显然分别与皮尔斯的符号像似体系相关，即卦画属于像似符号，卦辞属于指示符号，《易传》属于规约符号。

第三节　符号系统中的符用特征

符用学研究的是符号与其接收者之间的关系。它关注的是符号接收者在不同情况下对符号意义的不同解释。解释项的意义和作用是符用学研究的重点问

---

① （魏）王弼、（晋）韩康伯注，（唐）孔颖达正义：《周易正义》，（清）阮元校刻《十三经注疏》，上海：上海古籍出版社，1997 年版，第 95 页。

题。同时，符用学也探究符号发送者的意图，语境因素的影响以及使用符号来施行行为。皮尔斯在区别符号类型时，也曾关注符号解释项的施为作用，并将其特征作为分类的依据。从这个角度，皮尔斯又将符号解释项分为呈位（rheme）、述位（dicent）与论位（argument）三种类别。他认为符号表意产生的解释项可以划分为三个阶段。其中，呈位解释项是一种可能的解释，述位解释项是描述语句，论位解释项是解释的第三步，其本身具有合理性。皮尔斯也称这三个阶段为即刻（immediate）解释项、动态（dynamical）解释项与终结（final）解释项。① 在前文中，笔者从《周易》中的卦画、卦辞与《易传》的符号性出发，阐释了三大符号系统与皮尔斯质符、单符与型符的关系。从另一个角度来分析，我们同样可以认为《周易》文本是圣人以及先贤们对事物变化规律的一种说明。那么，《周易》中的符号便是对自然与社会各类符号内涵的集中阐释，故而，《周易》文本也就成为符号意义的解释项。这样一来，文本中各种类型的符号也就是解释项的再现形式。这种划归只是从认知的角度进行了转换，与前文中符号类型的划分道理是相通的，只是侧重不同而已。因此，将《周易》中的卦画、卦辞与《易传》作为符号意义的解释项，也就可以将三者引入皮尔斯对解释项性质的分析中。

从符号接受者的认知过程来看，他对符号的理解存在一个从直观到深层的过程。呈位是解释项最初的表现形式，是解释的浅表阶段，用皮尔斯的话说："它是这样一个指号，对它的解释者来说，是一种质的可能性的指号，它被理解为在它的特性中代表这个或那个可能的对象。"② 也就是说，解释者从对符号的认知中首先给出了一个直观的解释，这个解释相当于符号类型中的质符，它是一种针对符号质的反映形式，并且呈位中蕴含的只是解释者感受到的一种潜存的可能的质。《周易》文本中的呈位解释项是图像式的，卦画是一种由图像构成的符号，这是圣人对事物道理的一种像似表达。图像本身不如文字语言那样具有明确的规约性，因此，这种抽象图像给人直观所带来的感悟是多方面的。从而，解释也就成为一种没有尽头的工作。虽然我们可以为圣人之意确立

---

① 转引自胡易容、赵毅衡：《符号学—传媒学词典》，南京：南京大学出版社，2012年版，第186～187页。

② （美）皮尔斯：《皮尔斯文选》，涂纪亮等译，北京：社会科学文献出版社，2006年版，第281页。

一个意图定点，但是这个定点随时可以被打破。所谓"诗无达诂"，文本内部的元语言压力足以令后世读者展开对符号的意义追寻，不断进行深度的开掘，使《周易》阐释具有多维度，其内涵也就出现了几何级数式的扩展。并且，接受者一般都以圣人之意来标榜自己的阐释。从根本上讲，解释的复杂性源于符号的无限衍义，在很大程度上正是卦画作为呈位解释项所造就的。《需》卦的卦画，坎上乾下。从卦画所建构的图像意义来看，坎卦为水，乾卦为天，组合在一起是天上有雨水之意。《象》解释说："云上于天，需，君子以饮食宴乐。"① 为何为云上于天而不言天上有雨呢？坎为水，在天则为雨水，此象辞中不言雨而言云是因为此卦的卦义取需待之意。雨是已下之物，不必需待，因此说云上于天，取欲雨之意。正因为坎卦是以卦画符号来表意，故而解释成险陷、水、雨或云均可以自圆其说。可见，单纯的卦画作为呈位符号可以从多角度反映质的特性，元语言中的规约限定会帮助确定意图定点，而这种直观呈现则给解释的合理性提供了巨大的空间。

符号接受者在呈位解释项的基础上对符号意义做更深入的阐释会得出述位解释项。皮尔斯认为："述位是这样一个指号，对它的解释者来说，它是现实存在的指号。……一个述位必然包含呈位作为它的一部分，以描述它是作出指示而得到解释这个事实。它在与现实存在的方面代表它的对象。"② 述位解释项是与现实密切相关的描述性语句。在述位解释项中，解释者将对符号的直观性理解与事实相关联，从表述中进行反复的试推，从而调动思维以确定最终解释项。述位解释项是解释的中间环节，它以呈位解释项为基础，并且在表达中必然引入呈位解释项。因为脱离概念的述位无法表达其自身，也就不成其为述位。在《周易》中，卦辞是文本深层含义的述位解释项。卦辞是对卦画含义的描述，卦画作为呈位解释项对符号意义做一种直观表达，卦辞便对这种直观的质进行进一步的分析。以《师》卦为例，其卦画为坤上坎下，是地中有水之象，这是对《师》卦意义的一种直观呈现。卦辞说："师：贞，丈人吉，无咎。""师"的概念本身即来源于呈位解释项所给予的质符特点。该卦辞是对卦

---

① （魏）王弼、（晋）韩康伯注，（唐）孔颖达正义：《周易正义》，（清）阮元校刻《十三经注疏》，上海：上海古籍出版社，1997年版，第23页。

② （美）皮尔斯：《皮尔斯文选》，涂纪亮等译，北京：社会科学文献出版社，2006年版，第281页。

义的描述性解说，并与现实事物相结合。"丈人吉"中所说的"丈人"指的是庄严受尊重之人。师乃关涉聚众用兵，为将之人庄严而有威慑力自然是行军之吉，故曰"丈人吉"。用兵之道本为行险，役使他人若不能服众则必有灾祸，主将能庄严从事乃能无咎。可见，呈位解释项在直观表意中提供了卦义概念的特质。而述位解释项却通过一种关联现实的描述，为卦义的表达提供了一个生动的单符事例，在举例说明中彰显卦义。又如《履》卦，其卦画为乾上兑下，取象天泽，高低有别，定乎尊卑之意。其卦辞则更为生动有趣，曰："履虎尾，不咥人，亨。"按照《履》卦的含义，是以柔履刚，却与刚相应，和悦而无所害。卦画六爻中，只有六三爻为阴爻，其余皆阳爻，故六三爻为《履》卦之主，此阴爻主履刚之意。六三又与上九相应，故而是与阳刚相和悦，并非顺应于阴柔，所以卦义亨通。卦画的图像像似已经将此卦所示之意进行了充分的呈现。而卦辞直接以"履虎尾"为喻，履践虎尾足以见其凶险，这便是以柔履刚之危。但虎却没有咥咬履践之人，也就说明了卦义的亨通无害。这个比喻式的事例描述同样从现实入手，虽然看似荒诞，却对《履》卦的含义作了生动的说明，并在依据卦义所实行的行为中反映了其中的深层内涵。可见，卦辞作为《周易》中的述位解释项在文本的表意中占有重要的地位。

随着对符号阐释的深入，最终必然引出论位解释项。在皮尔斯看来，论位是这样一个符号："对它的解释者而言，它是一个法则的指号，在它作为指号的特性中代表它的对象。"[①] 从对象上讲，它的对象必定是一般性质的，所以论位必定是一个规约符号。在此，有必要对《易传》与论位的关系做一番说明。前文的论述中，《易传》是规约符号并且是用于表达深层普遍规则的型符。就《周易》中卦画、卦辞和《易传》所形成的符号阐释关系而言，卦画与卦辞对于文本含义的表达并不完善。如果没有《易传》对符号的意义作出定位与诠释，那么对文本的内涵的表达也只能停留在直观与可能的浅表层次，其指导行为的功能也将大打折扣。要将符号的意指升华到普遍规律和文化观念的层面，就无法脱离更深层次的思考与表述。以《谦》卦为例，其卦画，坤上艮下，卦辞只说"君子有终"。从该卦的卦义上讲，"谦"者屈躬下物，先人后己之意。

---

① （美）皮尔斯：《皮尔斯文选》，涂纪亮等译，北京：社会科学文献出版社，2006 年版，第 282 页。

卦画是地中有山之象，取随物所与，使施不失平的意思，这是从《象》的论说中得出的理解。若只从卦画符号的像似直观入手，要得出这种特定规则的概括恐怕就要困难得多。卦辞只是从君子实施行为的客观事件关系来做作明，要求君子始终坚持谦逊的处世之道。而《彖》对《谦》卦的含义作了深入的拓展，其辞曰："谦，亨，天道下济而光明，地道卑而上行。天道亏盈而益谦，地道变盈而流谦，鬼神害盈而福谦，人道恶盈而好谦。谦尊而光，卑而不可逾，君子之终也。"① 首先，《彖》对《谦》卦亨通之意作了解释，艮为山，坤为地，地道上行，天道下济，损高益卑自然所行亨通。接着，《彖》又从天道、地道、人道乃至鬼神之道论述谦的益处。故将意义生发到社会道德：天地之间皆以谦为所贵之德性，君子处世为人皆应奉行谦道。这就不仅仅是针对事实来对卦义做单符型的描述，而是调动抽象思维来围绕着谦道进行意义的深度开掘。又如《无妄》卦，卦画符号为☳，乾上震下。从形象上来看，卦画构筑了一幅天下雷动的惊心场景，虽然画面生动，但其意义仍然需要《象》来作出进一步阐释。正所谓："天下雷行，物与无妄。"② 在这种震慑之下，万物皆惊。肃而不敢有所虚妄，从而显明"无妄"之意。卦辞说"其匪正有眚，不利有攸往"，说明如果所述之人本有过失却不求改正，在这个无妄的时机中还要有所行为，那么必然会招来祸患。这个描述并不涉及此卦卦义的规律，只是按照卦义所示，在实际中以有过之人的行为为例，用以作为表意的单符。《彖》所云："无妄，刚自外来而为主于内。动而健，刚中而应。大亨以正，天之命也。"③ 这一系列的论述是针对《无妄》卦义的内涵的进一步详细阐释。可见，《易传》有效地引导着《周易》的表意。但需要强调的是，《易传》对卦画、卦辞乃至《周易》文本整体意义的解读依然无法达到论位解释项的地步。

奥斯汀的"言语行为理论"往往被引入对符号解释项类型与功能的讨论。这种理论同样将言语行为分成三种，即以言言事、以言行事和以言成事。保罗·科布利在《劳特利奇符号学指南》中对这三者作出了解释："以言言事"

---

① （魏）王弼、（晋）韩康伯注，（唐）孔颖达正义：《周易正义》，（清）阮元校刻《十三经注疏》，上海：上海古籍出版社，1997年版，第31页。

② （魏）王弼、（晋）韩康伯注，（唐）孔颖达正义：《周易正义》，（清）阮元校刻《十三经注疏》，上海：上海古籍出版社，1997年版，第39页。

③ （魏）王弼、（晋）韩康伯注，（唐）孔颖达正义：《周易正义》，（清）阮元校刻《十三经注疏》，上海：上海古籍出版社，1997年版，第39页。

是使用特定声音和语法形式并同特定含义说某事这一行为；"以言行事"是在说某事过程中所实施的行为，譬如肯定、承诺或命令等；"以言成事"是通过说某事而作出实施的行为，譬如规劝、欺骗或恐吓。① 按照解释项的类别与其关联比照，以言言事只是对事物的一种单纯言说，提供事物及行为的概念与含义，这就相当于我们解释符号时所运用的呈位解释项。呈位解释项不涉及符号的施为作用以及普遍性意义，仅仅为解释提供一个质的观念。以言行事强调的是通过语言表达对事物施行行为，相当于符号的述位解释项。我们将述位解释项作为一种现实的符号，因其在现实的行为实施中产生影响。而我们强调的某事的施为行动是通过单符来完成的，这种行事作为体现于个别的实践中。相比于以言行事的实效性，以言成事则更强调事物的完成性，涉及事物行为的目的。论位解释项经过解释前阶段的反复思辨与试推，最终得出了对符号意义规律性的深度诠释。这种诠释对事物行为带有终结性的引导，是一种对事物发展完结性的把握。因此，论位解释项从解释功能上起到了以言成事的作用。《周易》的三类符号中，卦画具有呈位解释项的作用，但符号的表现形式是图形而非语言；卦辞是语言文字的表述，涉及一定程度的施事行为；而《易传》的阐释虽然更完善，但并没有对《周易》文本的意义——事物发展变化的终极状态给出确切说明。事物变化穷则变，变则通，通则久，并不存在绝对的终极。《易传》的语言文字符号更不能从语力上达到所谓的完成效果，只要宇宙还在运行，完成便是不可能的。以《家人》卦为例，其卦画为䷤，巽上离下，风自火出，是由内以相成炽之意。卦画图像提供了这个符号所指的概念，而这仅是一种相关意义的呈现，虽非语言，依然可以起到以言言事的作用。卦辞说"利女贞"，这是述位解释项联系实际给出的一个相当直接的肯定式的表述。即在《家人》卦的意义导向中，"利女贞"乃是修家内之道的行为，故而值得肯定。卦辞一定程度上体现出以言行事的作用。《象》曰："家人，女正位乎内，男正位乎外。男女正，天地之大义也。家人有严君焉，父母之谓也。父父、子子、兄兄、弟弟、夫夫、妇妇而家道正，正家而天下定矣。"② 这个表述是对卦义

---

① （英）保罗·科布利：《劳特利奇符号学指南》，周劲松、赵毅衡译，南京：南京大学出版社，2013 年版，第 195 页。

② （魏）王弼、（晋）韩康伯注，（唐）孔颖达正义：《周易正义》，（清）阮元校刻《十三经注疏》，上海：上海古籍出版社，1997 年版，第 50 页。

内涵的深度诠释，申明了家齐而后国治乃至天下平的道理，具有社会道德的规约作用。但这个阐释结果还可以做进一步发挥，从《易传》的这段语言文字中也看不出什么"以言成事"的效果。对于这个问题，后面章节中还会再做分析。

综上所述，《周易》中的卦画、卦辞从符号解释项的角度与皮尔斯符号类型中的呈位解释项、述位解释项具有相通性；而《易传》却不能简单归为论位解释项，仅可以作为符号深入阐释的中间阶段。这三类符号在表意中不同程度地体现出某种言语行为功能，共同完成了对《周易》文本深层内涵的阐释。

从前文的论说中，笔者梳理出皮尔斯符号多重三分式与《周易》三类符号系统之间的关系：

卦画——质符——像似——呈位

卦辞——单符——指示——述位

《易传》——型符——规约……（非论位）

不同类型的符号不同程度地与以上分类规则相联系，在表意中交织映衬，相辅相成，从而在《周易》符号文本中建构出一套复杂而完备的表意系统。

第四节　《周易》表意中的概念比喻

《周易》的表意符号存在复杂而多重的特点，不同的符号系统具有相异的特质与类属。在符号的阐释与实际应用中，符号的理据性会出现强弱变化。在前文对像似符号的论述中也曾涉及理据性的问题。像似符号与其表意对象之间有一定的形象关联，而规约符号的表意完全依靠任意武断的规则来连接。与规约符号相反，当符号表意不以任意性为原则时，我们将这一相反的符号表意规则称为符号的理据性。理据性变化在符用中往往通过比喻、反讽以及象征等符号修辞手段来辅助生成，并在这些符号的修辞运用中得以体现。比喻是最为常见的修辞手段，所有的符号体系都可以被认为是由比喻累积而成的。"任何符号都从广义的比喻进入无理据的规约性。符号体系正是靠了比喻而延伸，由此扩大我们认识的世界。"① 这不仅仅局限于语言学中的语法修辞，在符号修辞中，比喻必须在多种符号系统中被通用，这样就必然关注到"概念比喻"的问题。

莱柯夫与约翰逊在 20 世纪 80 年代初提出了"概念比喻"。"概念比喻"并非一般意义上增益文采的语言修辞技巧，而是一种人类符号思维表达的根本性方式。概念比喻必须在多种符号系统中通用，可以用不同的语言或符号来表达，在两个概念域之间形成一种超越中介的映现关系。② 因此，概念比喻不是一种文化所独有的表达，也不限定于专门的语言与媒介系统，而是在人类文明中普遍存在的隐喻形式。在《周易》文本中也不乏这类概念比喻，这些比喻可以反映出人类所惯有的思维方式，同时在其象征喻义的形成中展现了符用理据性的积累生成。

一、阴阳对立中的概念比喻

符号表意直接关涉能指与所指的双重分节。马丁奈对双重分节的概念有过清晰的论述，他把第一层次的最小有意义分节称为"monemes"，与之对应出现的是发音的最小分节因素"phonemes"③，即意义单元与语音单元的对应。叶尔姆斯列夫对这个理论作出了推进，他认为"语言最基本的双重分节，不是在词素与音素之间，而是在'表达'与'内容'这两个层面之间。"④ "表达"是符号的能指部分，"内容"是符号的所指部分，每一个符号都是能指的一个分节，而对应的阐释内容则是所指的分节。如中国人有红、橙、黄、绿、青、蓝、紫这几种典型的颜色符号，其所指的实际色彩也在光谱中被清晰划分出七种不同的颜色范围，这就是符号双重分节的对应。整个符号系统都是由分节的集合构成，因此，符号学也是一门分节的学问。《周易》表意的基本符号是阴爻与阳爻。阴阳爻符号是从事物特性中高度抽象出来的符号载体。我们常说的阴阳二元实际上隐喻的是一种人类思维中普遍存在的二元相对思维。世界上其

---

① 赵毅衡：《符号学原理与推演》，南京：南京大学出版社，2011 年版，第 188 页。

② 胡易容、赵毅衡：《符号学－传媒学词典》，南京：南京大学出版社，2012 年版，第 78 页。

③ Andre Martinet. *Elements of General Linguistics*，Chicago：University of Chicago Press. 1967. P. 45.

④ Hjelmslev, Louis. *Resume of a Theory of Language*，Madison：University of Wisconsin Press，1975. P. 56.

他民族虽然不谈阴和阳的问题，但二元对立的思考方式却是普遍存在的，只不过说法不同，这是一个人类共有的符号分节现象。

从阴与阳的符号意义来看，阳蕴含着积极、刚劲的运动态势，阴则相对静止、保守而柔弱，阴和阳是对现实事物性质的抽象隐喻。按照《周易》的规则，事物虽有千变万化的复杂状态，但主导变化的奥妙无非阴与阳之间的消长关系，这反映的是一种力量与另一种异质力量之间的斗争与交融。"子曰：'乾坤，其易之门耶？'乾，阳物也。坤，阴物也。阴阳合德而刚柔有体，以体天地之撰，以通神明之德。"① 丁尔苏将概念比喻称为"概念性隐喻"。他认为这种隐喻具有自身的特点，它们因为抽象程度的不同而形成上下结构关系，越靠近结构的顶端就越抽象，从而囊括下面抽象程度较低的概念性隐喻。②因此，阴与阳所具有的高度抽象性也就足以包容其类属中的一系列事物的一般本质的对立。生活中的一些概念，如善恶、动静、男女之别都与这一概念比喻息息相关。阴阳抽象的二元之下存在着不同领域中的对立关系，涉及了宇宙自然与社会伦理的方方面面。《周易》曰："昔者圣人之作《易》也，将以顺性命之理，是以立天之道曰阴与阳，立地之道曰柔与刚，立人之道曰仁与义。"③ 阴与阳虽是从天地之体性中来，却不仅仅隐喻天与地，而是从天地之性中抽象出了两种气质变化属性，并将其他对立概念的关系囊括于阴阳二者之中。因此，从根本上讲，阴阳是对抽象本质的隐喻，其存在反映了对立分节思想的普遍应用。

在人类创造的不同文化中，对立与分节的思想无所不在。最明显的一种表现是善恶二元的对立。阴阳的隐喻中有些只是一般自然属性的划分，也有不少的对立分节带有伦理上的褒贬意味。阳意为刚正，而阴意为邪僻，便有了所谓的"阴盛阳衰"之论。《周易》乃卜筮之书，在民间广泛地运用于算命，这在许多优秀的古代著作中有过相关描述。《红楼梦》中"冷子兴演说荣国府"一节描述宝玉性情时，借着贾雨村的口发出过这般言论："天地圣人，除大仁大恶，余者皆无大异。若大仁者皆应运而生，大恶者则应劫而生。运生世治，劫

---

① （魏）王弼、（晋）韩康伯注，（唐）孔颖达正义：《周易正义》，（清）阮元校刻《十三经注疏》，上海：上海古籍出版社，1997年版，第89页。

② 丁尔苏：《符号学与跨文化研究》，上海：复旦大学出版社，2011年版，第59页。

③ （魏）王弼、（晋）韩康伯注，（唐）孔颖达正义：《周易正义》，（清）阮元校刻《十三经注疏》，上海：上海古籍出版社，1997年版，第93～94页。

生世危。尧、舜、禹皆应运而生者，曹操、安禄、秦桧等皆应劫而生者。大仁者修治天下，大恶者扰乱天下。清明灵秀，天地之正气，仁者之所秉也。残忍乖僻，天地之邪气，恶者之所秉也。"① 大致意思是说，天地生人，除了大仁大恶，其余的芸芸众生很难说得上有什么大的差异。至于大仁大恶两者，大仁者应运而生，有修治天下之功，所以大仁者降生就天下大治；大恶者应劫而生，有扰乱天下之能，所以大恶者出世就天下大乱。此外，天地之间又有正气和邪气的不同。正气清明灵秀；邪气残忍乖僻。秉受正气出生的人日后成为仁者，秉受邪气出生的人日后成为恶者。同时秉受正气和邪气出生的人则上不能成为仁人君子，下不能成为元凶大恶，而只能成为社会中成千上万的芸芸众生。多承聪俊灵秀之气的人处于千万人之上，多承乖僻邪谬之气而不近人情的人处于千万人之下。这些言论其实都是对《周易》命理学说的发挥，其理论仍源于阴阳二气的卦气性质差异，逻辑上归根结底还是阴阳善恶的双重分节。

善恶对立在各种文化中普遍存在，《周易》可以将之以阴与阳的抽象符号来表现，而在异质文化中可能运用更多的人格化载体之间的斗争来表现。例如基督教中上帝与魔鬼的对立，佛教中释迦牟尼与提婆达多的对立，或者是拜火教神祇中阿胡拉·马兹达与阿赫里曼之间的较量，这些几乎成为所有神话中的共同母题。正邪之间必是二元对立，不可正邪不分，也不存在不善不恶。即使如罗曼·罗兰所说，"善与恶是同一块钱币的正反面"，现实中对善恶的判定很复杂，但至少在思维中不存在这种骑墙的分节方式，否则当胜利者高举着正义的旗帜呐喊时就会显得苍白无力了。而人们之所以弃恶从善，与邪恶划清界限，归根到底的思维基础就是绝对二元对立的存在。这在任何民族和文化中的情况都是一样的。《周易》中的阴与阳具有复杂的隐喻意义，但作为概念比喻，其背后反映出的是一种更为深层的人类思维中普遍存在的对立分节方式。

二、八卦元素中的概念比喻

《周易》中的八经卦比喻了自然中不同的物象：乾卦喻天，坤卦喻地，离卦喻火，坎卦喻水，艮卦喻山，巽卦喻风，震卦喻雷，兑卦喻泽。这些卦画符号从图像的像似性上与所指的事物之间存在一定的关联。而在符号的规约上，

---

① （清）曹雪芹、高鹗：《红楼梦》，北京：人民文学出版社，1982年版，第29~30页。

通过对符号意指的生发，八经卦所喻的代表性事物背后还存在着一系列庞大的物类集合，这些在《说卦》中有充分的解释。以坎卦和离卦为例，"坎为水，为沟渎，为隐伏，为矫輮，为弓轮。其于人也，为加忧，为心病，为耳痛，为血卦，为赤。其于马也，为美脊，为亟心，为下首，为薄蹄，为曳。其于舆也，为多眚，为通，为月，为盗。其于木也，为坚多心。"① 离卦的寓意同样复杂，"离为火，为日，为电，为中女，为甲胄，为戈兵。其于人也，为大腹。为乾卦，为鳖，为蟹，为蠃，为蚌，为龟，其于木也，为科上槁。"② 因此，八卦的比喻不是仅停留在具体物象上，更具有元素类别的性质。圣人仰观俯察，在自然生活中总结出了最根本的宇宙元素。八卦在表意上是对这些宇宙元素的隐喻，而从深层来看，其反映的是古代先民对宇宙成分划归的思维传统。并且，这种思维并非中国人所独有，更是人类的一种普遍认知方式。

八卦的隐喻即是对宇宙中不同的事物及其功能的分类。"雷以动之，风以散之。雨以润之，日以煊之。艮以止之，兑以说之。乾以君之，坤以藏之。"③ 各类事物都有专门的符号来隐喻，其作用也不尽相同，"乾，健也。坤，顺也。震，动也。巽，入也。坎，陷也。离，丽也。艮，止也。兑，说也。"④ 在实际的卜筮中，《周易》的八卦还要与五行相结合，通过八卦的五行类属和五行之间的生克关系来确定所占问事物的吉凶。乾卦与兑卦属金，坎卦属水，离卦属火，巽卦与震卦属木，艮卦与坤卦属土。六十四卦中每一别卦由两个经卦组成，根据所变之爻确定体用，再依照五行生克确立上下二经卦的体用生克关系。可见，八卦卜筮的原理与五行类属密切相关。八卦本身具有元素性质，而至于五行理论则是更为纯粹的宇宙元素建构学说了。这种通过元素划分来喻指宇宙万物的思维方式在其他古代民族文化中也有所体现。古希腊的赫拉克利特认为世界的本原是火，泰勒斯则认为是水，而古印度更是提出了地、水、火、

---

① （魏）王弼、（晋）韩康伯注，（唐）孔颖达正义：《周易正义》，（清）阮元校刻《十三经注疏》，上海：上海古籍出版社，1997年版，第95页。

② （魏）王弼、（晋）韩康伯注，（唐）孔颖达正义：《周易正义》，（清）阮元校刻《十三经注疏》，上海：上海古籍出版社，1997年版，第95页。

③ （魏）王弼、（晋）韩康伯注，（唐）孔颖达正义：《周易正义》，（清）阮元校刻《十三经注疏》，上海：上海古籍出版社，1997年版，第94页。

④ （魏）王弼、（晋）韩康伯注，（唐）孔颖达正义：《周易正义》，（清）阮元校刻《十三经注疏》，上海：上海古籍出版社，1997年版，第94页。

风的"四大"学说。任何事物产生于这些"原初物质",最终又必然回归这些"原初物质"。虽然各种学说中运用的隐喻符号各不相同,但从运用比喻的思维上来看,这些学说与《周易》中八卦元素对宇宙进行符号分节与建构的方式是一致的。概念比喻关注的不是所用符号的表现形式,而是要透过比喻的形式,发掘建构比喻的根本思维方式,这也正是深度探究《周易》符号表意的题中之意。

三、卦画图像中的概念比喻

《周易》的卦画符号是由或断或续的阴阳爻线段叠加而成的。八经卦卦画中有三条线段,六十四卦则有六条线段。这些线条从低至高排列,组合成各种图像符号,体现出了事物发展的承进关系。图像具有直观性,相比语言符号更能够呈现思维的映像特征。在符号的阐释中,这类符号也具有呈位解释项的作用。正如老子所言:"道可道,非常道。名可名,非常名。"[①] 我们思维中的很多东西都是无法用语言来表达的,而图像符号则在此基础上弥补了语言的不足。同时,在不同文化领域的比较中,图像很容易呈现出这种思维中的同质性。

卦画符号的高低排列,展现的是事物发展变化中的不同态势。初位处于最下,是事物刚刚萌动的状态。然而,正所谓一叶知秋,通晓其义的人往往可以见微知著。如《坤》卦初六爻辞曰:"履霜,坚冰至。"《坤》卦六爻皆为阴爻,阴爻本象天地间阴寒之气,在伦理上有阴柔邪僻的意思。初位上阴爻的寒气只是刚刚凝滞,因此是"履霜"。但随着事态的发展,其后坚冰将至是可以预见的。运用到人事的隐喻上,《文言》解释道:"积善之家,必有余庆。积不善之家,必有余殃。臣弑其君,子弑其父,非一朝一夕之故,其所由来者渐矣,由辨之不早辨也。"[②] 这是从事物初始状态及其渐变趋势中领悟出的道理。二位即是事物之质性得以彰显的阶段。《乾》卦九二爻辞曰:"见龙在田,利见大人。"三位与四位是事物顺势发展的阶段,此二位分别处于下卦之末与上卦之

---

① (春秋)李耳著,(汉)河上公注,(三国)王弼注:《老子》,上海:上海古籍出版社,2013年版,第1页。

② (魏)王弼、(晋)韩康伯注,(唐)孔颖达正义:《周易正义》,(清)阮元校刻《十三经注疏》,上海:上海古籍出版社,1997年版,第19页。

初，是一个跨阶段的迈进，象征了发展中可能遭遇多重阻滞。五位已为一卦中的高位，也是上卦的中位，算是全部爻位中最为强盛和尊贵的位置。在《周易》的符号系统里，古人将"中"的概念用隐喻来表达，即六爻卦中的上卦中爻和下卦中爻，也就是所谓的中位。将二爻与五爻视为中位也属于概念比喻的表现形式。《乾》卦九五爻说："飞龙在天，利见大人。"五位是一个符合英明刚健君主所处的位置，故而《周易》中用"九五之尊"来喻指君王。这个比喻在生成和使用的过程中不断增强理据性，使社会大众广为接受而最后发展为一种象征。上位是一卦之末，行为的终结阶段，故有"亢龙有悔"之患。从卦画符号中爻位的高低变化与所喻指事物的关系可以发现，这种图像的层次喻义与事物发展进程是同构的。图像只是事物发展态势的一种直观表达形式，这在不同的文化中依然可以找到相似的比喻手段。即使在现代，任何领域的图表或坐标轴中，事物发展的状态随着时间的变化都是统计采用的最基本的形式，这恰恰反映了一种人类所固有的思维模式。概念比喻不一定要以书面符号的形式呈现，在建筑、绘画等多个领域均可以证明这种思维的一致性。或者说，这些相似的表述实际上是一种人类根本性思维方式的展现。同时，从另一个角度来说，即便是概念比喻，随着比喻不断被使用，其符号喻义与事物之间会逐渐生成象征关系，符号从而也就获得了符用理据性。

第五节　《周易》表意中的大规模反讽

反讽源于古希腊喜剧，最初指的是一个擅长动用潜台词击败对手的角色。

后来反讽逐渐演变为一种常见的修辞手段，其特征是在表层的辞令后面寓有丰富的潜台词，两者之间呈现出一种嘲弄式的反衬。譬如，兴致勃勃准备第二天去郊游的时候，却偏偏赶上下暴雨。如果说"天气真是太棒了"，就是运用反讽的修辞手段，表现失望的心情，自嘲运气不佳。反讽的词句中只出现相互对立的两种含义中的一种，而与字面意义相反的含义要解释者在双重含义的相互颠覆中思考得出，正所谓"言在此而意在彼"。

然而，有一些依托于大规模的情景、历史或在戏剧中上演的反讽，它们不再局限于日常行为的表意，而是反映对宇宙和人生的理解，这类反讽可以被称为"大规模反讽"，或"大局面反讽"。普通类型的反讽往往是修辞使用者有意为之，达到"口是心非"的表达目的。而大规模反讽却在宏大的背景中呈现巨大的悲剧意味和历史沧桑感，甚至富于哲学色彩。《红楼梦》中"寿怡红群芳开夜宴"这一回里，描写了贾探春所掣花签上是一枝杏花，写着："日边红杏倚云栽。"注云："得此签者，必得贵婿，大家恭贺一杯，共同饮一杯。"这是对探春日后命运的暗示，众人取笑探春得贵婿，恐怕也要当王妃。按前八十回文本中的这些线索及金陵十二钗的判词，后来在电视剧中上演了贾探春远嫁藩王的一幕，探春果然得了"贵婿"，应了"王妃"之命。如果从花签谶语和后来对探春命运的写照而言，探春得"贵婿"都在原文本及其衍生文本中有正面描述，而反思这一事件本身，人物的命运却折射出了悲剧的意味。从这个角度来讲，《红楼梦》对于贾探春人生的描写就是一个反讽，而且属于大规模反讽中的命运反讽。其实，如果用符号的视角来观察人类社会的发展和日常生活，"大规模反讽"的效果是无处不在的。《周易》包含了宇宙时空的变化规律，对其文本进行分析会发现，在其对事物变化规律的表述中普遍存在着这种大规模反讽。

在《周易》文本中，大规模反讽几乎出现于符号的各层次内。其最基本的阴阳符号依然可以在消长变化中体现出这一特点。按照《周易》卦画的六位排布，每一位都由阴爻或阳爻占据。阴阳爻在高低不同的位次中以不规则的频率反复交替呈现，喻示着事物的运动变化态势。无论是阴还是阳，都不能突破事物的发展阶段而长期保持自身性质不被改变。所以，卦画中的阴阳爻打破方式呈现多种变化。最典型的例子还是《周易》中的《乾》卦，其六爻表现了万物运行，天地人发展变化的过程。从"潜龙"到"亢龙"，都依循"天行健，君子以自强不息"的准则。但不断奋进不断上升的最终结果却是"亢龙有悔"，过犹不及。事物的发展转而走向了预想趋势的反面。万事万物，包括人事皆同此理。阴阳变化之间，阳不可能长期存在并发挥作用。这是在阴阳的消长变化中呈现的一种"大规模反讽"。同样的道理，《益》卦上九爻曰："莫益之，则击之，立心勿恒，凶。"处《益》卦的极点，盈满过盛，却贪得无厌，所以凶险，增益的结果也出现了与初衷相反的走向。欧阳修认为变动不息乃事物得以长久存在的基本法则。他在《易童子问》中阐述了这种物极必反的道理："阳过乎亢则灾，数至九而必变，故曰见群龙无首吉。物极必反，数穷则变，天道之常也。故曰天德不可为首也。阴柔之动，多入于邪，圣人因变以戒之，故曰利永贞。"① 由此也可看出，阴阳皆不可持久，其消长变化反映了事物发展中的渐进过程，也是其大规模反讽形成的基础。

郑康成在解释《周易》时曾提出，一个事件的发生过程遵循着"始、壮、究"的规律。这个过程可以用抛物线来描述，"始"就是开始。事物的发生和发展还要经历"壮"和"究"的阶段，"壮"是事物发展壮大的阶段，而"究"就是走向衰落，濒临终结（如图 2-1 所示）。

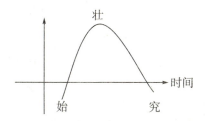

图 2-1　事件发生过程遵循"始、壮、究"的规律

《易经》中的八经卦用三画来表现事物发展的这三个阶段。三画分别表示"始、壮、究"三项，每一项便是卦画中的一爻。② 在六十四卦的卦画中，虽符号的图像构成略有差异，其中的道理却是一样的。如《中孚》卦，信发于内，是为中孚。初位到五位皆随着诚信之意的发展，其所象征之意为吉或无咎。而上九爻曰："翰音登于天，贞凶。"这是因为上九处于信之终，信终则衰也。信衰诈起犹如飞鸟之翰音响承于天，但无非华美外扬而忠笃内表，虚声无实，所以才会出现凶险。可见，即使是六爻的卦画，其表意也遵循着物极必反的原则。结合上文所说的阴阳消长变化即可发现其中的发展规则，阴阳爻的交替在卦画位置中起作用，象征事物运转的渐变过程。卦画中所展现出的"始、壮、究"的意义是渐变中产生的质变效果。从这些效果来看，事物的运行从初始到壮大，最终会走向自身的反面。也就是说，无论是阴阳的消长变化，还是卦画中符号位置的发展态势，都蕴含了大规模反讽普遍存在的因素。

即便是在《周易》各卦之间的顺序排列上，我们依然会发现相邻的卦彼此

---

① （宋）欧阳修著，张春林主编：《欧阳修全集》，北京：中国文史出版社，1991 年版，第 215 页。

② 牟宗三：《周易哲学演讲录》，上海：华东师范大学出版社，2004 年版，第 9 页。

存在意义联系。《泰》卦卦画为坤上乾下，阳气上升，阴气下降，象征着天地交泰。然而，紧承其后的却是《否》卦。《否》卦在卦画上与《泰》卦正相反，为乾上坤下，因此也就表示天地不交，万物不同。《否》与《泰》之间意义相反，并相互转化，故有"否极泰来"之说。又如《剥》卦，其六爻卦画中除上位为阳爻，其余皆为阴爻，象征着五阴剥一阳，阳气渐尽。但《剥》卦之后却出现了《复》卦，与《剥》卦正相反，卦画中有五个阴爻在上，初位为一阳爻，说明阳气的回复。"剥者，君子止而不往之时也。剥尽则复，否极泰来，消必有息，盈必有虚，天道也。是以君子尚之，故顺其时而止，亦有时而进也。"① 而这种转折变化不仅出现于以上这几卦中，在《周易》许多成对出现的卦中都有相同的道理。这既是自然间生生不息的循环，同样具有事物发展中的大规模反讽意味。

《周易》六十四卦的整体排序蕴含了事物在不同时空场域之间的转化规律。正如《序卦》中所说，天地创生之后乃有万物。万物在宇宙中发展自身，便在这个过程中呈现出多种情状。在自然的运行中，天地万物之后必然有了男女、父子、君臣等社会关系的方方面面，因此，《周易》规律不仅关乎天地自然，也同样将人类社会的行为伦理作为关注的核心问题。最终，事物的发展会接近于完善，在六十四卦中的倒数第二卦《既济》中得以体现。《既济》卦的卦画为☵☲，坎上离下，六爻中的阴爻与阳爻全部当位。但其卦辞却说"初吉终乱"，在万物皆既的终结也就必然走向败乱。《既济》之后的《未济》卦作为《周易》中的末卦，其卦画与《既济》卦相反，为离上坎下，六爻阴阳皆不当位。事物的发展打破了完善，陷入了相反的状态中。因此，在《周易》文本中，从最基本的阴阳消息互变，到卦画中六爻的位次的高低喻义以及卦序中的错综排列，甚至连同整部《周易》卦象的循环中，都反映着事物运行发展之中的这种转折变化规律。由此可见，《周易》中普遍存在着大规模反讽。

《周易》是对宇宙万物运行规律的描述，正因为物极必反是事物发展的必然结果，故而在《周易》中有大量的表现。圣人和先贤很早就注意到了这个问题，对其进行了充分的论说。《周易》是一部实用性典籍，它的深刻不仅表现

---

① （宋）欧阳修著，李之亮笺注：《欧阳修集编年笺注》，成都：巴蜀书社，2008年版，第518页。

在对大规模反讽的展现上，更突出地表现为运用大规模反讽中的道理来趋利避害。欧阳修在《易童子问》中曾言道："恒利有攸往，终则有始，何谓也？曰恒之为言久也。所谓穷则变，变则通，通则久也。久于其道者，知变之谓也。天地升降而不息，故曰天地之道久而不已也。日月往来，与天偕行而不息，故曰日月得天而能久照；四时代谢，循环而不息，故曰四时变化而能久成。圣人者尚消息盈虚而知进退存亡者也。故曰圣人久于其道而化成。"① 所以，世事总是瞬息万变，没有事物可以长久保持相同的状态。只有掌握万物运行的规律，顺应其中的变化来更新自己的观念，作出适宜的决策，才是真正的恒久之道。

首先，事物的运行变化是不可避免的。因此，当事者能够认识到规律中这种大规模反讽的性质，就会对困境有全新的认识，从而做到安之若素，宠辱不惊。《困》卦卦画为☱☵，兑上坎下，《彖》曰："险以说，困而不失其所亨。其为君子乎？"② 君子虽身处逆境中亦随遇而安，不改变自己的心志。"困亨者，困极而后亨，物之常理也。所谓易穷则变，变则通也。'困而不失其所亨'者，在困而亨也，惟君子能之。……童子又问，敢问贞大人吉无咎者，古之人孰可当之？曰文王之羑里，箕子之明夷。"③ 这是欧阳修对《困》卦《彖》的解释。所谓困极则亨，这是事物所固有的一种变化规律，就如同阴极阳生、否极泰来一样的道理，困境也是不可能长久存在的。虽然有时候灾难来临并呈现出巨大的压力，但是从没有什么灾难是不能克服、不能度过的。只要明白这样一个道理，即使遭遇逆境依然可以做到相信未来，这是明智的人所拥有的乐观与豁达，也是从《周易》中普遍存在的大规模反讽中感悟到的人生哲理。

其次，面对事物发展的戏剧性转变，不同的当事者可以采取不同的处世态度来顺应时事，趋利避害。《大过》卦同样隐喻了一个物极必反的时空关系。卦辞说："利有攸往，亨。"此乃因为大过之时，事物的发展已经呈现出桡败的态势。故而此时必然会出现极大的变数，君子应当顺应时势，有所作为，所以

---

① （宋）欧阳修著，李之亮笺注：《欧阳修集编年笺注》，成都：巴蜀书社，2008 年版，第 519 页。

② （魏）王弼、（晋）韩康伯注，（唐）孔颖达正义：《周易正义》，（清）阮元校刻《十三经注疏》，上海：上海古籍出版社，1997 年版，第 59 页。

③ （宋）欧阳修著，李之亮笺注：《欧阳修集编年笺注》，成都：巴蜀书社，2008 年版，第 525 页。

说"利有攸往"。但若从文本来看，后文的《象》说："君子以独立不惧，遁世无闷。"① 则似乎与卦辞所示之意矛盾。卦辞之意鼓励有所作为，而《象》却肯定了一种独善其身的态度。《周易》为人们提供的是普遍性的处事指导，这种指导并不是针对某一类人而设，不同的人面对相同的状况自然会给出不同的解决办法。如果按照卦辞的态度来看，人在转变之时需要发挥积极作用则必然有所收获。但若按照象辞的指示，处于危难之时不汲汲而求，而是超然于世外，所谓"遁世无闷"，这也是不违背君子之道的。可见，大规模反讽作为一种特殊的符号修辞现象，在《周易》文本中它每每出现即会带来极大的变数与重大的抉择。

最后，当事者还要懂得掌握时机，把握转变的临界点，使事物的发展趋于有利的方向。正是因为大规模反讽的出现暗示了事物发展的戏剧性转变，人在其间如何掌握这种变化的尺度，适应这种变化就显得相当重要。圣人深刻理解这个道理，在《周易》中也给出了答案。前文提到《剥》卦是众阴剥一阳，与之相反，《夬》卦初位到五位俱是阳爻，只有上位为一个阴爻，此乃众阳决一阴。按照阴爻与阳爻的隐喻意义，阴爻通常被意指为小人，而阳爻被意指为君子或大人。因此，众阳决一阴也就意味着君子之道长，小人之道消。然而，《夬》卦的《象》却说"所尚乃穷"，这是说若事物按照这种态势发展下去，那么小人之势必然会尽皆败落，则阳决阴的态势也就走到了尽头，这样就会导致物极必反。因此在面对这种情况时应当足够重视，谨慎处理，防止大规模反讽的生成。正所谓："夬，刚决柔之卦也。五阳而一阴，决之虽易，而圣人不欲其尽决也，故其象曰：所尚乃穷也。小人盛则决之，衰则养之，使知君子之为利，故其象曰君子以施禄及下。小人已衰，君子已盛，物极而必反，不可以不惧，故其象又曰居德则忌。"② 处于《夬》卦之时，纵然消灭小人之势很容易，然而君子却不应将其势尽皆除去，甚至应对其给予适当的扶持，这样才能保证上下和悦，泰然无忧。若不然，则可能会出现符号修辞中的大规模反讽，并随之带来更大的麻烦。在《三国演义》中，诸葛亮料定曹操在赤壁大战之后会败

---

① （魏）王弼、（晋）韩康伯注，（唐）孔颖达正义：《周易正义》，（清）阮元校刻《十三经注疏》，上海：上海古籍出版社，1997 年版，第 41 页。

② （宋）欧阳修著，张春林主编：《欧阳修全集》，北京：中国文史出版社，1999 年版，第 218 页。

走华容道，他却有意派关羽去截杀曹操。关羽极其重义，又受过曹操恩遇。诸葛亮其实早就算准了关羽必不忍杀害曹操，会将其放回许都，他安排关羽去把守华容道是存心放曹操一马。在诸葛亮看来，如果此时杀掉曹操，那么北方必乱。诸侯间展开争夺权力的新一轮角逐会给日后收复北方造成更大的麻烦。同时，已经形成的孙刘联盟的关系也会随之转为敌对，这对于势力尚不稳固的刘备集团极为不利。不论《三国演义》此处的描写是否尊重客观的历史，或者只是作者在创作中的杜撰，其说明的道理还是与上述《周易》中所提的普遍处事原则不谋而合，在文本逻辑中是很说得通的。

此外，若从符号修辞的理据性问题角度来分析大规模反讽，则会发现反讽修辞本身乃是颠覆一种原有的理据性，而同时又生成了一种新型的符用理据性。这类符用理据性问题在文本中普遍存在，在下一节，笔者会对此做更进一步的分析。

第六节　《周易》的符用理据性变化

一般我们谈论的理据性研究可以追溯到古希腊时代。柏拉图的对话录中曾提出过"克拉提鲁斯论"，即认为词语与其对象之间存在着天然的对应关系。用现代语言学的说法，则是语言的能指与所指之间存在着理据性。所谓理据性，是相对于规约性而言的。规约性认为语言的意义与词语本身之间的联系是使用语言的群体约定俗成的，二者不存在自然而然的关联性。亚里士多德有这样的表述："约定的意义，就是指任何东西都不能靠其本性就可以是一个名字，而只是在成为象征时它才能是一个名字，因为有些不分节的声音，如畜生的叫声，也意指某种东西，然而它们都不能构成一个名字。"[①] 理据性则肯定词语和意义间的自然联系，如象声词多少会与声音的音色质地有一定程度的相似。词语的理据性多来自对对象事物的模拟。后来，热奈特也把具有理据性的语言称为"模仿语"。

现代语言学之父索绪尔认为，"语言的首要真理是：语言符号是任意的。

---

① 转引自（法）茨维坦·托多洛夫：《象征理论》，王国卿译，北京：商务印书馆，2004年版，第9页。

关系将某个特定的听觉印象与某个确定的概念连接起来，并赋予它符号的价值，这是个彻底任意的关系"①。也就是说，语言符号作为能指本身是没有理据性的。然而，索绪尔同样认为，能指具有线性特征，语言符号的结合必然是在单一维度上进行的。② 索绪尔在讨论中运用了"象征"一词。在他看来，"象征的特点是：它永远不是完全任意的；它不是空洞的；它在能指和所指之间有一种自然联系的根基"③。也就是说，索绪尔所谓的象征是指具有像似理据性的语言表述。这就与皮尔斯所谓的"symbol"有非常大的区别，需要作出一个相关的对比说明，以免混淆概念。"symbol"在中文的翻译中往往被译为"象征"。这种"symbol"符号是指通过规约来确定其具体表意的。也就是说，其存在的基础是使用者的约定俗成，并不具有理据性特征。因此，我们现在的符号学研究中常常将其称为"规约符号"，以便同带有理据性特征的"像似符号"相区别。关于语言的理据性与规约性问题，至今仍然有许多学者争论不休。然而，即便语言的主要成分的形成主要依赖规约性，依然不能否认理据性词语是语言中的一个重要组成。

语言中有大量的理据性词语存在。皮尔斯在分析像似理据性时，将像似符号的理据性分为像似理据、图表理据以及比喻性理据。其中也不乏概念性比喻的存在，这仅仅是从客观的词语质地来分析。然而，语言是活生生地存在于日常的生活中的，应用中的语言也有其自身的理据变化。乌尔曼指出了语言中的三种理据性：语音理据性，即拟声理据；词形理据性，即派生词理据；语义理据性，指的是各种修辞性语言（figurative language），尤其是比喻与转喻。他认为同形词和同音词的理据性只是一种初级的理据性，而诗歌却可以创造出一种"理据链接幻觉"。④ 文学语言（包括诗歌散文等）不可避免地会普遍运用比喻。比喻实际是一种模仿，模仿是不能离开理据性的，否则模仿就无法进行。因此，只要能保证语言的"风格化"，那就可以获得理据性。事实上，在语用中，任何符号的文本性组合只要被有效地运用于符号交流行为中，就会获

---

① （瑞士）索绪尔：《普通语言学教程》，高名凯译，北京：商务印书馆，1980 年版，第 102 页。
② （瑞士）索绪尔：《普通语言学教程》，高名凯译，北京：商务印书馆，1980 年版，第 106 页。
③ （瑞士）索绪尔：《普通语言学教程》，高名凯译，北京：商务印书馆，1980 年版，第 104 页。
④ 转引自赵毅衡：《符号学：原理与推演》，南京：南京大学出版社，2011 年版，第 245 页。

得再度的理据性，这种理据性可以称为普遍的符用理据性。① 赵毅衡先生在《符号学：原理与推演》中针对这一问题展开了专门的论述，将语言学中语词的理据性推演到了语用的层面。语言符号通过结合过程而涉及符用规律，这是在符号应用过程中产生的符用理据性，是一个更为复杂的理据性问题。

在语言的应用中会同时发生两个过程：每次使用，让理据性上升，为符号添加再度理据性，同时也磨损旧有的理据性。② 当符用理据性降低到几乎没有理据的时候，因为缺乏理据性，语句几乎成为一个空框子，任凭解释者随意填充，从而词句也就可以被创造出新的理据性。可以说，《周易》文本的表意方式之所以能够成立，并且作为卜筮之书大行其道，其根本上也是仰赖符用理据性的创造与变化。禅宗的谜题也是有意打破原有的理据性，建立新的理据联系。感悟本身就是建立理据性的途径，譬如运用这种感悟的方式来进行教学，那么在解释何为文学的问题时，老师大可以手指窗外而曰："八月桂花香。"至于文学究竟为何能与这"八月桂花香"联系，这就要靠自己的领悟，从而建构出一种理据性。因为教师的权威作为元语言，迫使二者之间有所关联。沿着此路去想，最终每个学生都会找到自己的理由，即使理由各不相同，但终究会感叹文学与这"八月桂花香"是何其相似！在这一领悟的过程中，思维透过对象，结合阐释者的经验就会形成不同的理据性。

感悟的方式可以拓展阐释者的思维，《周易》立象以尽天道就是因为"道可道，非常道"的无奈。透过对象的领悟，符号接收者才能抵达文辞的背后，把握深层的道理，并通过这种理据的建立，将现象世界的万事万物与符号相联系，从而使《周易》的元语言规则得以统摄全体。唯其如此，《周易》之道才能无所不包。《周易》的思想内涵并非是由其中具体的符号来规定的，而是在其元语言之中就已经被限定，譬如中正、应时、崇德等观念。阐释者要做的实际上是将符号的解释通达到元语言的意义指向上。

《说卦》在此问题上表现得最为明显，"乾为马，坤为牛，震为龙，巽为鸡，坎为豕，离为雉，艮为狗，兑为羊"③。这种对应的理据从何而来呢？《周

---

① 赵毅衡：《符号学：原理与推演》，南京：南京大学出版社，2011年版，第246~250页。
② 赵毅衡：《符号学：原理与推演》，南京：南京大学出版社，2011年版，第252页。
③ （魏）王弼、（晋）韩康伯注，（唐）孔颖达正义：《周易正义》，（清）阮元校刻《十三经注疏》，上海：上海古籍出版社，1997年版，第94页。

易正义》中这样解释："乾象天，天行健，故为马也。坤为牛，任重而顺，故为牛也。震为龙，震，动象，龙，动物，故为龙也。巽为鸡，巽主号令，鸡能知时，故为鸡也。坎为豕，坎主水渎，豕处污湿，故为豕也。离为雉，离为文明，雉有文章，故为雉也。艮为狗，艮为静止，狗能善守，禁止外人，故为狗也。兑为羊，兑，说也。王廙云：羊者，顺之畜，故为羊也。"① 以上的理据分析恐怕留给了后人很多空子。天行健，故乾为马。那么坤卦的卦象本为牝马又当如何解释？为何马不为坤之象呢？而龙本是乾之卦象，此处偏偏又与震卦对应。坎为豕是从其所处的外部条件来讲，这个分析也很牵强。坎为水，水中之物为鱼岂不是更加恰切。至于离为野鸡、艮为狗的说法，只叹我国古代动物种类有限，不然以孔雀和考拉与之对应大概会更有道理。而"兑为羊"就几乎更是一种武断的比附，孔颖达自己也不能解释，故引用了他人的说法。王廙说羊是顺的动物，那岂不与坤的意义又重叠了？只是后世对于《周易》的使用却大致还是沿袭了这种传统的划归，终究以经典文本所提供的理据性为不刊之论。邵雍的《梅花易数》中就不乏以动物对应卦画符号直接起卦的占例，如牛哀鸣占、鸡悲鸣占等，直接以《说卦》中牛属坤、鸡属巽的文辞成卦。② 《正义》在元语言的压力之下必须作出相对合理的解释，即使是为其创造出理据联系。而王弼在论述《周易》之象时却提出了"扫象"的说法，认为只要能把握《乾》卦刚健的意义，那又何必一定要以马作为其象呢。象只是把握深层含义的工具，若可通达意义本身，则大可以忽略符号形式本身，即所谓"得鱼忘筌""得意忘言"③ 之论。这其实是抽离了《周易》符号意义与事物对象之间的理据性。

又如《随》卦，其六二爻辞为"系小子，失丈夫"，六三爻又为"系丈夫，失小子"。仅仅从卦画上来看，哪里有什么小子、丈夫的比拟。但是考虑《周易》的元语言就可以作出相应的解释。卦画是由阴爻和阳爻组成，阴爻与阳爻之间有相互的感应。阴爻柔弱，不能独居于位，必要依附于阳爻。《随》卦的卦画为䷐，兑上震下，六二爻为阴爻，按照元语言中"亲比"的原则，要与初

---

① （魏）王弼、（晋）韩康伯注，（唐）孔颖达正义：《周易正义》，（清）阮元校刻《十三经注疏》，上海：上海古籍出版社，1997 年版，第 94 页。

② 陈伉：《东方大预言：邵雍易学研究》，西宁：青海人民出版社，1999 年版，第 519 页。

③ （战国）庄子：《庄子》，长沙：湖南人民出版社，1997 年版，第 562 页。

九阳爻亲附。六三阴爻则系于九四阳爻。初九与九四皆属阳，初九为下卦之始，九四为上卦之始，通过这种分析也就可知所谓的小子和丈夫在卦画上指的正是初九和九四两个阳爻。因为元语言的统摄，卦画与卦辞之间充满了理据性。而如果在占卜中得到了六二或六三这两个爻，依据其爻辞解释则要根据所占卜的事物、占卜人自身所处的时机和境遇来对具体情况进行新一轮的划归。方以智曾言："大学之天下国家，所格之物也。身心意知，能格之物也。以能格之物，格所格之物，即以所格之物，格能格之物。"① 他将格物分为能格与所格，能格为身心意知，所格为国家天下。这个划分有点类同于语言学上讲的能指所指。能格和所格又交互相格，即以能格格所格，能格又被所格格之，这个其实可以关系到符号与对象之间的双重分节。符号学即是分节学，符号之于意义，关注的即是二者之间的理据关系。在语用中只有通过理据才能关联到意义，分节的根本也在于理据性。运用符号对对象进行分节，原初最根本的依据应该还是事物本身的理据性。而当分节一旦作出，即使其来源于社会规约的某种必要，我们在运用符号分节的同时，也必然会为其创造出有理据关联的解释。这就是所格之物与能格之物的交互相格，是内在与外在之间的一种动态平衡。

在新的理据性不断被创生、强化和运用的过程中，原有的理据性出现了磨损。《周易》中常常出现"元""亨""利""贞"等判断性符号。诸多阐释易学的著作皆言"贞，正也"，对标记了"贞"的判定的卦爻辞也从"正"的角度来对其进行解说。易学的义理学派兴盛之后，解易往往走上哲学思辨的路子，尽量从文本的符号之间去抽象出一套对天人关系的形上逻辑建构。朱熹在此却认为，《周易》从历史渊源上看毕竟是一部卜筮之书。那么，按照"贞"的本义，其字形结构已经可以给出恰当的说明，就是在占卜的意思。只是随着文本的流传，符号在使用中往往要应对新的情况，就必须对其作出全新的解释。如今在对易理的讨论中已经不大强调"贞"的占卜意义，往往更加注重"正"的说法。《周易》作为儒门的经典，随着历史的发展，已经从主要担负卜筮职能转向鼓励君子修德。圣人所言，"善易者不占"②，吉凶由人，占卜本身也只不

---

① 四库全书存目丛书编纂委员会：《四库全书存目丛书·经部·第 21 册》，济南：齐鲁书社，1997 年版，第 127 页。

② （战国）荀子著，方勇、李波译注：《荀子》，北京：中华书局，2011 年版，第 428 页。

过是一个帮助人认识世界和规律的途径而已。只要懂得其中的道理自然可以作出正确的判断，逢凶化吉。故而，符号与其意义之间的理据性总是在使用中不断变化。社会性使用，对于无论哪种符号，都有意义累加作用：不是符号给使用以意义，而是使用给符号以意义，使用本身就是意义。① 从像似理据性到符用理据性的转变，也是旧的理据性不断被磨损，新的理据性不断生成，从而完成了表意的历史变革。

当符号的某种理据性在使用中不断强化，此符号会逐渐在社会交流中上升为此种意义的象征。《符号学－传媒学词典》中对"象征"作出的解释是这样的："象征是一种特殊的符号，理据性积累使部分符号变成象征。象征不是一种独立的修辞格；象征是二度修辞格，是比喻理据性上升到一定程度的结果。"② 因此，象征最初只是符号在使用中获得与某种意义相关联的专属理据性，与其他类型的符号并无实质的差异。皮尔斯说："象征会成长和发展。它们从别的指号中成为现实的存在，它们特别来自图像，或来自那些分享图像和象征性质的混合指号。……一个象征一旦存在，就会在人们中传播。在使用和经验中，它的意义会成长和发展。比如，力、法则、财富、婚姻这些词对于我们的意义，不同于它们对我们的远古的祖先所具有的意义。"③ 在历史的长河中，象征符号已经伴随着《周易》系统的频繁使用而在文本中比比皆是了。诸如，"九五之尊""无妄之灾"，本出于《周易》，这些象征意义今天依然存在，自不必说。我们日常使用的语言中也蕴藏着其中的象征意义，只是很多时候我们未曾觉察罢了。像"不三不四"这个词，实际上也是来自《周易》中的象征意义，但已经不被大多数人知晓。在《周易》的六爻卦中，初位、二位为地，五位、上位为天。人出于天地之间，三位和四位正是人所处位置的象征。卦画符号所体现的乃是天、地、人三者的关系，是人的内在与外在世界的规律和联系。所以，"不三不四"也就是不在人所当处的位置上，其意义也就不言而喻了。这也是符号使用中理据性变化的体现。

因此可以说，符号随着在实际中的具体应用，其原有的理据性会产生变

---

① 赵毅衡：《符号学：原理与推演》，南京：南京大学出版社，2011 年版，第 248 页。

② 胡易容、赵毅衡：《符号学－传媒学词典》，南京：南京大学出版社，2012 年版，第 221 页。

③ （美）皮尔斯：《皮尔斯文选》，涂纪亮等译，北京：社会科学文献出版社，2006 年版，第 293 页。

化。词汇的原初理据性下降，而使用理据性上升。一些符号旧的符用理据性可能会降低，新的符用理据性不断创生。符用理据性的变化表明，意义是在元语言的压力下被不断建构出来的，这其实遵循的正是表意的内在机制。一些符号随着使用的频繁，其某种符用理据性得到不断的强化，逐渐上升为被阐释社群普遍接受的象征，这是符号表意的基础。同时，在符用理据性升降之间还会显现出张力、美感乃至哲理性的思辨。《周易》符用理据性的变化正说明了这一点。

第三章 　《周易》符号系统的结构分析

《周易》符号系统具有复杂的类型和特性，然而仅仅从符号本身的性质进行分析并不足以完全理解其深层的表意规律。符号在文本中的结构排列模式及其背后的元语言特征同样是在深入此研究的过程中不可回避的重要问题。

第一节　符号系统中的双轴关系

双轴关系最初是语言学中的理论。现代语言学家索绪尔在其《普通语言学教程》中提出："语言词项间的关系和区分作用沿着两个不同的领域展开，其中每一个都产生着一定的价值秩序。这两种秩序之间的对立可使人清楚地去理解每一个秩序的性质。它们符合于人类语言生活所需的两种心智活动的形式。"[①] 语言的词项之间彼此相互连接，形成多个单元的组合，这个就是语言双轴中的组合轴；在组合轴的形成过程中，人们根据自己的记忆与经验从彼此有一定类似关系的词汇中拣选出某些特定的词汇，将它们组合成有意义的语句以表达意义，在同一语段位置上的相似词汇就构成了语言表达中的聚合轴。组合轴注重连接性，聚合轴则更强调选择性。索绪尔认为双轴关系是人类语言生活所需的两种心智活动的形式。而在实际的表意领域中，不仅仅是语言，几乎任何符号都不能脱离双轴关系的建构。《周易》符号文本中的双轴关系与其系统的特点及意义的阐释息息相关。

---

① （瑞士）索绪尔：《普通语言学教程》，高名凯译，北京：商务印书馆，1980 年版，第 170 页。

一、《周易》符号系统的组合轴变化

索绪尔从组合和聚合两个向度来讨论符号文本。雅各布森提出聚合轴的功能是比较与选择，而组合轴的功能是邻接黏合。雅各布森认为比较与连接是人类思考与行为方式最基本的两个维度，是任何文化中都存在的二元。聚合要从排除中看到其意图和内在关系，这是选择所赋予的。聚合是组合的根据，组合是聚合的投影。在《周易》的文本中，如果将六十四卦的排列视为一条具有邻接关系的组合轴，六十四卦中的每一卦都是通过联想和选择，最后被确立为表意符号的，六十四卦的选择和确立相对于卦序的排列则形成了组合意义上的聚合属性。因此可以认为，《周易》诸卦本身是从事物变化的复杂规律中选择出来的，这些事物的众多变化构成了《周易》符号结构的聚合轴系统。同时，《序卦》中对卦序的排列形成了一个组合轴，六十四卦的演变整体上构成了《周易》符号结构的组合轴系统。

组合轴虽然是线性连接的，但其中依然可以形成不同的关系模式。"按照叶尔姆斯列夫的划分，两个组合轴单元相邻时可以建立起以下的几种关系：1. 连带关系（solidarité），当两个单元必定彼此牵连时；2. 单向蕴含关系（implication simple），当一个单元以另一个单元的存在为条件时；3. 组合关系（combinaison），当任何一个单元都不以另一个单元为条件时。组合性制约因素是由'语言结构'确定的，但'言语'以各种方式充实它们，于是存在着诸组合性单元的相互联结的自由。"[①]《周易》由于其系统结构的复杂性，组合轴的诸多变化不仅仅体现于卦序排列上。在其含蓄而简练的"言语"里，组合中的复杂性反映在结构的不同层次之中。

《周易》符号系统由六十四卦组成，其中每一卦皆有六爻。从卦的层面来看组合关系，符号系统是由六十四个卦象排列而成的；若是打破卦符的分节，从爻的关系进行考察，则符号系统也可以看作由三百八十四个阴阳间杂的爻组合而成。不同的层次关系皆在差异和统一之中。仅从一卦中诸爻的结构来看，八经卦每卦三爻，别卦每卦有六爻，其卦画爻位的排列顺序均是自下而上，比

---

① （法）罗兰·巴尔特：《符号学原理》，李幼蒸译，北京：中国人民大学出版社，2008年版，第52页。

喻了特殊时空场域中事物的发展态势。以《渐》卦为例，从初六爻"鸿渐于干"到九五爻"鸿渐于陵"是飞鸿徐徐渐进的过程，在爻位的自下而上的变化中，反映了事物的演进规律。别卦又是两个三画卦的组合，并且是取八经卦之象以自上而下的顺序组合而成，其所呈现的意义往往在《象》中作出阐释。在别卦的名称和读法上也以自上而下的卦象组合来称谓，水天《需》、天风《姤》、风地《观》、山地《剥》、地火《明夷》等。上下卦组合出了新的物象并用以表现人事间的生克关系。邵雍的占卜中就从别卦的上下组合来分析，分出体卦和用卦，并将八经卦的卦性配合五行金、木、水、火、土的性质。金、木、水、火、土之间有生克关系，这样组成别卦的上下经卦按照自身所配的五行，便可以推算出体用之间的生克关系，从而便可以对所占之卦的吉凶作出判断。从一卦之中的爻与卦的组合中，可以得到自下而上和自上而下两个维度的阐释。两种阐释在原则上对事物的吉凶判断基本上是可以统一的，但在实际的操作中，符号的阐释毕竟运用的是双重的元语言规则。一种在数位关系中自下而上地对事物发展作出预测；另一种又在卦象的自上而下的整体组合中提供祸福的判定，这便形成了符号意义解读的阐释漩涡。

所谓"阐释漩涡"是在同一符号的阐释过程中，有两种或两种以上的元语言规则同时存在，致使符号的意义阐释出现不同的结果。并且，符号阐释出的多种意义不能同时成立，却具有同样的合理性，彼此之间也不能相互消解。这时，符号意义解读就陷入了"阐释漩涡"。例如，做梦者梦见自己口渴，按照《周公解梦》的说法，预示着做生意会赔钱。[①] 但是从医学的角度来看，很可能是做梦者自己的身体反应。两种阐释都是有道理可循的，彼此皆不能否认对方的合理性。类似的状况出现在符号意义评价的领域中就形成"评价漩涡"。祝东也对类似观点进行过讨论，他以《需》卦为例，认为吉凶判断中存在数理元语言和人事元语言。《需》是六爻卦，因此必然在自下而上的爻位关系中有初位和上位。然而其文辞中却说此二爻"无位"，这是从人事关系方面作出的考量。"从人事的元语言维度考察，初爻、上爻无位，从数位的角度而言，初爻、上爻又是有位的，所以，孔颖达的后面一句'《易》之诸爻之例，并皆放此'其实就是承认了易传不同的元语言在这个地方合用到一起，'并皆放此'

---

① 周公：《周公解梦全书》，海口：海南人民出版社，1995年版，第161~162页。

了。也正是因为元语言在这里同时出现、使用，才产生了'评价漩涡'。"① 可见，不同的组合关系可以直接影响符号意义的阐释维度，对意义的解读产生限制和影响。

在卦与卦之间的排列中，六十四卦的组合段共同描绘了事物变化运转的过程。从卦的单位来进行考虑，事物的变化沿着卦的时空场域相互组合，构成现实中纷繁复杂的形态。如果打破卦的分节，每一卦又是由六爻的组合排列来阐释的，那么整个《周易》的规律就是由 384 个爻位的序列组合而成的。这也反映了《周易》组合轴上的多重分节方式。实际上，《周易》将事物发展规律以符号的形式进行摹写，符号所表现的是我们日常生活中的变化，变化本身是不易察觉，无时无刻不在进行的，并不存在场域性的划分。六十四卦的场域划分以及爻位的阴阳爻变关系只是人为的分节形式，没有分节便无法形成符号，则符号的表意也就无从进行。圣人在无穷的太极图的寰演模式中去观照宇宙发生与发展的规律，运用符号学的分节方式一一规定出其意义变化并将对象符号化，因此《系辞》中有言："百姓日用而不知，故君子之道鲜矣。"②

二、《周易》符号系统的聚合轴变化

《周易》的符号系统主要由卦画、卦辞和《易传》三部分构成。符号系统的聚合轴变化主要体现出一种选择性，并分别表现在符号的不同部分之中。首先在卦画符号上，对于卦画形态的拣选反映了《周易》取象的特点。按照《系辞》中的原则，《周易》的卦画符号"近取诸身，远取诸物"。有关卦画的来源历来有多种说法，一般认为以下几种是比较典型的。一说来源于日月的更替变化。《说文解字》中说："日月为易，象阴阳也。"③ 从"易"字的字形结构上看，可以将其看成由日月组合而成。《周易》的卦画符号阴阳分立因此也被认为是日月运行的反映。另外，《说文解字》中对于"易"还有另一种解释："易，蜥蜴，蝘蜓，守宫也。"④ 因此，《周易》的符号也被认为是来自蜥蜴身

① 祝东：《先秦符号思想研究》，成都：四川大学出版社，2014 年版，第 51~52 页。
② （魏）王弼、（晋）韩康伯注，（唐）孔颖达正义：《周易正义》，（清）阮元校刻《十三经注疏》，上海：上海古籍出版社，1997 年版，第 78 页。
③ （汉）许慎：《说文解字》，天津：天津古籍出版社，1991 年版，第 198 页。
④ （汉）许慎：《说文解字》，天津：天津古籍出版社，1991 年版，第 198 页。

上色彩变化的反映。郭沫若认为卦画符号来自远古时期的生殖崇拜。[①] 阴阳爻符号是"近取诸身"而形成的，是最基本的男根和女阴的象征。张再林的"身体符号学说"有不少文章也都论述了这一观点。除此之外，还有一种传统的说法认为，卦画符号来自原始社会的结绳记事。郑玄在《周易注》中说："事大，大结其绳；事小，小结其绳。"[②]《说卦》："卦者，挂也，悬索以示人。"[③] 将结好结子的绳子挂起来，那么这些竖挂起来的绳子排列在一起，其形象上就呈现出无结子的直绳和打上结子被分隔成小段的绳子，它们一条条沿着顺序排起来，从竖向看就构成了卦画符号最基本的形象（如图3—1所示）。当然，从这个形象上最终确立卦画符号的形象也是经过选择的。在观念上来看，绳子分为打结的和无结的两种，无结的绳子最后变化为阳爻；有结的绳子将一条直绳分隔成小段，最后被确定为阴爻。绳结类型最终被二分也与人们总体上秉持阴阳二元对立思想有关，因此才有了今天看到的《周易》卦画阴阳爻二分且二段式的基本符号样式。即使从这个简单的卦画符号形态中也可以看出其本身的被拣选的特殊性。东汉扬雄效仿《周易》作了《太玄》，其所选用的符号是三段式的，这就与《周易》的卦画符号形态根本不同，也就直接影响了后来整个的符号体系结构和意义阐释。

图3—1　结绳记事

---

① 郭沫若：《中国古代社会研究》，上海：上海书店出版社，1989年版，第236页。

② （汉）郑玄：《郑氏周易注》，北京：商务印书馆，1939年版，第53页。

③ （魏）王弼、（晋）韩康伯注，（唐）孔颖达正义：《周易正义》，（清）阮元校刻《十三经注疏》，上海：上海古籍出版社，1997年版，第93页。

　　在卦辞所勾勒的对象世界中，《周易》八经卦择取的皆是最基本的自然形态，包括天地山川等，并且从自然的形态中抽象出了朴素的物质观念，乾坤表示天地，巽为风，艮为山，兑为泽，震为雷，坎为水，离为火。这是原始时代认识论的体现，与西方的元素理论具有某种相通性，反映了人类普遍的认知过程。六十四卦的卦象更多取自社会生活中的事物形象，如《师》《鼎》等卦，反映的征战祭祀等最基本的国家政治事件，正符合当时"国之大事，在祀在戎"的社会状况。《咸》《恒》《家人》等卦从家庭人伦之道取象，反映了当时人们对日常家庭生活的关注。还有诸如《明夷》这样的卦，卦辞中引用了当时的历史事件，借古喻今。《归妹》卦则以帝王的婚娶作为论说选取的对象，反映了当时已相当完善的礼制，更是社会文化的呈现。可见，六十四卦的形成明显有其历史时期的诸多因素，所选取的卦画名称多来源于当时政治、军事以及日常生活中的事物，具有鲜明的时代特征。从经卦到别卦的取象过程也可以看出《周易》符号系统的形成有一个漫长的历史过程，前人从对宇宙天地的崇拜与关注逐渐转向了对日常的实践与生活的观照，这是社会发展和人们认知变化的必然结果。

　　此外，《易传》等文辞的符号阐释依然体现了系统中的聚合选择规则。《易传》中的《系辞》《说卦》《序卦》《杂卦》附于文本之末，是对符号系统各方面的整体评述。《文言》针对《乾》《坤》两卦，对其卦义作出了相对深入的阐释。《彖》《象》分别列于各卦之下，细述了每卦的意义指向。尤其在《象》中，其文辞不仅是对此卦取象的描述，更借此引入对人事相关问题的讨论，并对人的行为处事提出建议。如《屯》卦《象》曰"君子以经纶"[1]，《贲》卦《象》曰"君子以明庶政，无敢折狱"[2]，《无妄》卦《象》曰"先王以茂对时育万物"[3] 等，六十四卦《象》几乎皆采用了这一相同格式。随着儒家文化的兴起以及历史时代的变化，关于《周易》形成了许多文辞性的衍生解释，这些解释皆可以说是在特定的文化观念上对符号意义作出的价值选择。《易传》

---

　　[1]　（魏）王弼、（晋）韩康伯注，（唐）孔颖达正义：《周易正义》，（清）阮元校刻《十三经注疏》，上海：上海古籍出版社，1997 年版，第 19 页。

　　[2]　（魏）王弼、（晋）韩康伯注，（唐）孔颖达正义：《周易正义》，（清）阮元校刻《十三经注疏》，上海：上海古籍出版社，1997 年版，第 37 页。

　　[3]　（魏）王弼、（晋）韩康伯注，（唐）孔颖达正义：《周易正义》，（清）阮元校刻《十三经注疏》，上海：上海古籍出版社，1997 年版，第 39 页。

本身是对《周易》卦画以及卦辞等符号的解说，而其本身依然是《周易》符号系统中的一部分，其文辞意义的选择为符号的再度阐释提供了价值指向作用。

总体而言，从双轴关系对符号系统的建构来看，《周易》符号系统中的组合关系侧重对宇宙发展变化客观规律的描写；而聚合关系却倾向于在历史文化的庞大意义域中为符号表意提供多种选择导向。

第二节　符号双轴中的表意修辞特点

双轴关系在文本的风格上具有偏重色彩。雅各布森在 1956 年发表的论文《语言的两个方面与失语症的两种类型》中提出了表意过程中所具有的不同类型的比喻方式。他以失语症病人为例，将该病症的患者划分成两类。一类患者在语言的相似性的替代表达中出现了问题，他们无法用具有相似性的词汇来表达自己的意思，而只能将同类的表达诉诸邻接关系。① 例如，当他们试图说"肥皂"这个词的时候，他们会说"洗衣服的东西"。表达的语法正确，说明他们在表达的组合连接方面是正常的。另一类病人刚好相反，他们可能会将街旁的"路灯"改用"大电灯"来表达。往往出现词序混乱，丢失必要的连接词汇等现象。他们在寻找相似的替代词汇方面是没有问题的，但是在具体的语言表达中则反映出组合连接上的困难。因而雅各布森进一步推论，人类头脑中具有两个不同的功能组织分别处理组合与聚合两种关系。而一旦我们进入表意，这两种关系就会同时起作用。组合的各组分之间是邻接关系，邻接关系所形成的比喻性关系是转喻；聚合的各组分之间是相似关系，相似关系则形成了隐喻。不同的比喻形式使文本在表达中具有不同的思维方式和风格色彩。将隐喻转喻的理论运用到对《周易》文本的分析中，将有利于对其中比喻的各种类型和多重结构关系进行探究。

一、《周易》聚合关系中的隐喻修辞

《周易》中的卦可以看作对宇宙万事万物演变规律的一种隐喻，每一卦都

---

① （俄）雅各布森：《罗曼·雅各布森选集》第二卷，海牙：莫顿出版社，1971 年版，中文节译本第 239~259 页。

是对事物发展整体规律中一个片段的描述。在每一卦的内部又包含着多重含义的隐喻。卦的基本组分是"爻"，从爻的产生出发来进行分析，可以看到《周易》隐喻发展的层级性和表意中的交互性，它们共同建立起了《周易》符号结构中的庞大隐喻系统。

"《易》有太极，是生两仪。两仪生四象，四象生八卦。八卦定吉凶，吉凶生大业。"① 太极与老子学说中的"道"有着异曲同工之妙。《老子》曰："道生一，一生二，二生三，三生万物。万物负阴而抱阳，冲气以为和。"② "昔之得一者，天得一以清，地得一以宁，神得一以灵，谷得一以盈，万物得一以生，侯王得一以为天下贞。"③ 其中的"道"与"一"都是指向一种宇宙生成的原初精神。圣人作《周易》是为了阐明万事万物中的规律，其本源还是先民世界观的反映，是一个原始的宇宙模型。

太极是天地尚未分别的混沌状态，两仪或曰是天地分别，在《周易》中则表现为阴爻与阳爻的二元对立。《说文解字》："唯初太始，道立于一，造分天地，化成万物。"④《礼记·礼运》则曰："礼必本于太一，分而为天地，转而为阴阳。"⑤ 对于阴爻与阳爻的具体来历，学界有诸种说法。一说起源于结绳记事，一根绳不打结为阳爻，打结则为阴爻。还有说是来自占卜用的竹子，一节竹为阳爻，两节竹为阴爻。不论爻的起源如何，它们所隐喻的实际上还是组成宇宙万物的两种不同性质的气质。程金城在《西方原型美学问题研究》中说，《周易》中的一切原型之源的象征符号是阴阳符号。⑥ 正如《周易·系辞上》中所言："一阴一阳之谓道。"⑦ 阴爻与阳爻的结合构成了八经卦，即乾、坎、艮、震、巽、离、坤、兑。阴爻阳爻以各种方式结合，"乾三连，坤六段。

---

① （魏）王弼、（晋）韩康伯注，（唐）孔颖达正义：《周易正义》，（清）阮元校刻《十三经注疏》，上海：上海古籍出版社，1997 年版，第 82 页。

② （春秋）李耳著，（汉）河上公注，（三国）王弼注：《老子》，上海：上海古籍出版社，2013 年版，第 96 页。

③ （春秋）李耳著，（汉）河上公注，（三国）王弼注：《老子》，上海：上海古籍出版社，2013 年版，第 85 页。

④ （汉）许慎：《说文解字》，天津：天津古籍出版社，1991 年版，第 7 页。

⑤ （汉）郑玄注，（唐）孔颖达等正义：《礼记正义》，上海：上海古籍出版社，1990 年版，第 411 页。

⑥ 程金城：《西方原型美学问题研究》，哈尔滨：黑龙江人民出版社，2007 年版，第 236 页。

⑦ （魏）王弼、（晋）韩康伯注，（唐）孔颖达正义：《周易正义》，（清）阮元校刻《十三经注疏》，上海：上海古籍出版社，1997 年版，第 78 页。

震仰盂，艮覆碗。离中虚，坎中满。兑上阙，巽下断"①，代表着自然中的八种事物，分别是天、地、雷、山、火、水、泽、风。这些事物在先民的生活中长期存在，为其所熟知。将八卦意义与这些事物联系起来或许反映了他们对事物构成的基本元素的理解。八经卦又两两相重，结合为六十四卦，以其来隐喻宇宙中万事万物的变化。六十四卦中的二元对立依然存在，上卦与下卦间仍然是八卦中两种事物的互动和表现。重为六十四卦，依然可以看到阴阳在其中之关系。《杂卦》中提出二元对立的诸种关系：刚与柔，乐与忧，与和求，起和止，衰与盛，时与灾，见和伏，速和久，外和内，否和泰，去故与取新等。"天尊地卑，乾坤定矣。卑高以陈，贵贱位矣。动静有常，刚柔断矣。方以类聚，物以群分，吉凶生矣。在天成象，在地成形，变化见矣。"②

六爻在卦中的位置依然具有固定的隐喻意义。"《易》之为书也，广大悉备，有天道焉，有地道焉，有人道焉，兼三才而两之，故六。六者非它也，三才之道也。"③也就是说《周易》中卦的六爻位置分别与天、地、人三才相对应。其具体的关系，胡煦在《周易函书》中写道："三极者，初二为地，有刚柔二性。三四为人，有仁义二行。五上为天，有阴阳二气。……如自相应而言，则初四下极，二五中极，三上上极，皆是也。"④ 在《周易》六十四卦中，每一卦的六爻从上到下的排列喻指高低的位分变化。除了上述胡煦将六爻两两分开，与三才相对应的说法，京房在《京氏易传》中对六爻位之高低的分化更为详细，从初位到上位分别代表着元士、大夫、三公、诸侯、天子和宗庙（如图 3-2 所示）。这是将六爻的位分配到人事上，同样体现着一种高低贵贱有别的结构，实际上是中国古代伦理和社会结构的体现，并且在六爻之中，初位、三位、五位是阳位；二位、四位和上位是阴位。爻本分为阴爻和阳爻，六爻之位也有阴位和阳位，因此爻居于位就又显出了阴阳交互关系中的隐喻意义变化。

① （宋）朱熹：《周易本义》，北京：中华书局，2009 年版，第 7 页。

② （魏）王弼、（晋）韩康伯注，（唐）孔颖达正义：《周易正义》，（清）阮元校刻《十三经注疏》，上海：上海古籍出版社，1997 年版，第 75～76 页。

③ （魏）王弼、（晋）韩康伯注，（唐）孔颖达正义：《周易正义》，（清）阮元校刻《十三经注疏》，上海：上海古籍出版社，1997 年版，第 90 页。

④ （清）胡煦：《周易函书》，北京：中华书局，2008 年版，第 752 页。

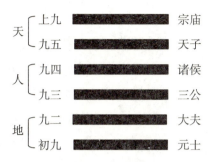

图3—2 《京氏易传》对六爻位之高低的分化

卦象的隐喻体系的建立，是由元气到元素再包容万物而层层递进。《说卦》中更将其与伦理价值体系相结合而进行论述："昔者圣人之作《易》也，将以顺性命之理，是以立天之道曰阴与阳，立地之道曰柔与刚，立人之道曰仁与义。兼三才而两之，故《易》六画而成卦，分阴分阳，迭用刚柔，故《易》六位而成章。"① 《周易》广大无所不备，将人事的纲常伦理与宇宙中各种事物的规律都包含在内。"坤，顺也。……坤为牛。……坤为腹。……坤，地也，故称呼母。……坤为地，为母，为布，为釜，为吝啬，为均，为子母牛，为大舆，为文，为众，为柄。其于地也为黑。"② 坤为牛，五行中坤属于中央土。《贾子·胎教》中曾说："牛者，中央之牲也。"③ 《四库全书总目》："易道广大，无所不包，旁及天文、地理、乐律、兵法、韵学、算术……"④ 这种类推实际上也是符号隐喻意义的延伸。例如，八卦与五行相对应，乾为金，坎为水，艮为土，震为木，巽为木，离为火，坤为土，兑为金，这也是与各卦的性质相关，其本质上还是一种比喻。坎、艮、坤、离等在卦象表意上即有明显的五行偏重，自不必说。如震在方位上为东方主生发，也就和草木的生长相关，所以就与木相联系了。兑是西方，在四季变化中对应秋天，秋天是属金的，因而兑就和金属性相联系。诸如此类，从隐喻的角度不断延伸，最后符号的意义

---

① （魏）王弼、（晋）韩康伯注，（唐）孔颖达正义：《周易正义》，（清）阮元校刻《十三经注疏》，上海：上海古籍出版社，1997年版，第93～94页。

② （魏）王弼、（晋）韩康伯注，（唐）孔颖达正义：《周易正义》，（清）阮元校刻《十三经注疏》，上海：上海古籍出版社，1997年版，第95页。

③ （汉）贾谊：《贾谊集》，上海：上海人民出版社，1976年版，第176页。

④ （清）江标辑：《四库全书总目提要四部类叙》，北京：中华书局，1991年版，第2页。

表现也就被一步步地确立起来。至于易医学派中还将《周易》与五行乃至五脏相关联，与六腑七窍相表里。五行中，肾属水，耳为肾之窍。故《说卦》有"坎为耳"，《汉志》有"水主听"之说。这就更是在隐喻和类推的基础上建立起了体系完备的学科。"易与天地准，故能弥纶天地之道。仰以观于天文，俯以察于地理。是故幽明之故，原始反终，故知死生之说。精气为物，游魂为变，是故知鬼神之情状。与天地相似，故不违，知周乎万物而道济天下，故不过。旁行而不流，乐天知命，故不忧。安土敦乎仁，故能爱。范围天地之化而来过，曲成万物而不遗，通乎昼夜之道而知，故神无方而易无体。"[①]《周易》中的隐喻具有层级性，并依照其映射的领域差异而在不同系统中完成了其无所不包的符号表意体系。至于《周易》的符号体系如何与其隐喻事物形成映射关系，这就是一个更为深层的问题，涉及符号的模塑作用，笔者将在后文中列专章予以说明。

二、《周易》组合关系中的转喻修辞

《周易》系统的六十四卦是对宇宙中循环演变的大规律的描述，这些卦象的相互组合有一定的秩序，正如在《序卦传》中的论述一样。《周易》以类似的组合和连接完成了对宇宙规律的比喻性陈述，不同卦象的转变都说明事物是发展而非静止的道理，从这个角度上讲这是个转喻。在这周流变化之中也反映出了《周易》文本中蕴藏的哲理。

从《周易》卦画的排列顺序来看，六十四卦遵循了"二二相耦，非覆即变"的排列原则。六十四卦中，相邻两卦可以分为一组，总共有三十二组。其中的二十八个分组体现了"覆"的关系，前一个卦画的六爻颠倒后成为后一个卦画。反过来也一样。另外四组卦画颠倒以后仍然是原来的卦画，这四组卦画中，每一组中的两个卦画体现为"变"的关系，即阳爻变为阴爻，阴爻变为阳爻。六十四卦以《乾》《坤》两卦为首，以《既济》《未济》两卦为终结，代表了宇宙万物变易运动的周期过程。任继愈在《中国哲学史》中对孔颖达《周易正义》关于卦序的论述作了如下阐释："《序卦传》认为，六十四卦的次序是

---

① （魏）王弼、（晋）韩康伯注，（唐）孔颖达正义：《周易正义》，（清）阮元校刻《十三经注疏》，上海：上海古籍出版社，1997年版，第77页。

'二二相耦，非覆即变。'相反的卦，常在一起，两卦双双对立。……《序卦传》提出了对立物向它的反面转化的思想。"① 不仅在卦的隐喻中反映出二元对立，在卦序的排列中这种二元之间的转化更是对立的体现，并且呈现了对立之中所走向的一种相互转化与融合。正所谓"阴极阳生""否极泰来"。这种循环性在每一卦中爻位的变化与发展顺序中可以看到。前文论述过的大规模反讽问题与此也有相通之处。《剥》卦，五阴在一阳之下，有颠覆之意。"初六，剥床以足，蔑；贞凶。""六二，剥床以辨，蔑；贞凶。""六四，剥床以肤，凶。"剥由初及上，从床脚开始逐渐切近人身，极为凶险。但是随之而来的《复》卦又显现出阳气逐渐恢复的状态，这同样是事物发展规律在卦与卦之间的关系中的体现。这种变化实际上是对宇宙变化普遍原则的转喻。符号组合关系中普遍呈现了一种物极必反的特性，这个转喻中蕴含了前文所论述过的反讽修辞特点。同时组合结构最终走向了对初始的回归，具有回旋的特点，这也是《周易》组合关系转喻中一个值得思考的问题，笔者会在后文中会进行深入阐述。

此外，爻是卦的组成成分，每一爻都与所属卦的描述规律相一致，共同说明同一规律作用于事物的发展过程，喻指所属之卦乃至背后的规律。因此可以认为爻是部分代替整体的提喻。在雅各布森的理论中，提喻可以算作转喻中的一个重要组成部分。规律的隐喻层又与卦序相结合，组合聚合交织，共同构成文本中符号修辞系统的纵横体系。

隐喻、转喻不仅体现于文本的风格，更是认识世界方式的一种体现。可以说，《周易》的认知方式从根本上讲是转喻性质的。虽然在文辞的表意上，文本中的象采取了譬喻的方式，对事物的本质进行了模拟，很大程度上都表现出了其隐喻性，但按照《周易》的取象方式所言，"近取诸身，远取诸物"，在取象的过程中则充分利用了转喻的性质。张再林的"身体符号学"就认为，《周易》的立象与身体有关。② 其实，《周易》的这种认识方式的不同更主要的还是表现为传统的中国哲学的特点。《周易》的六爻以及诸多立象是将天、地、人之间的关系作为立象的根本，通过考察人与周围事物的关系，确立对人自身的认识。人是宇宙中的人，万物中的一个组成部分，通过对人自身的认识从而

---

① 任继愈：《中国哲学史》，北京：人民出版社，1963 年版，第 200 页。

② 张再林：《从〈周易〉的"交道"到〈周礼〉的"象征性交换"》，《符号与传媒》，2014 年第 1 期。

确立人的属性和位置。这和单纯的以人类为主体的认知方式有本质的不同。这种方式下，对一个人的认识和了解取决于他与周围事物的关系。正如马克思所说："人是一切社会关系的总和。"一个人可以是一个父亲的儿子，但同时也是一个儿子的父亲。他的主体由一系列身份构成。[①]《周易》的认知方式关注其与周围事物的关联性，从而对其进行判断，而并非从其个人的本质或灵魂出发，对事物做本体性研究。从这个角度上讲，《周易》的认知方式在根本上是转喻性的。这就不仅是《周易》在文本的修辞上，更是在其整体结构乃至认知表意上的一个重要特点。

第三节　《周易》阴阳间杂的爻位变化

《周易》的符号表意具有自身的特点，很大程度上反映在其符号系统的元语言规则中。每一个阴阳符号、卦画符号乃至卦位排序无不遵循着一定的规律性。而《周易》的元语言也在符号的爻位与卦位排列中得到了集中表达，符号系统的特殊形式中也传达出传统文化的核心思想。作为一种具有弱编码的符号文本，《周易》文本力求论述世事变化的道理，正所谓，"《易》之为书也不可远，为道也屡迁，变动不居，周流六虚，上下无常，刚柔相易，不可为典要，唯变所适"[②]。其中，"位"的概念是沟通变与不变的纽带，是《周易》文本建构中占据着重要地位的核心概念，也是我们进行《周易》符号学分析的重要对象。

在六十四卦中，每一卦均有六爻，并且六爻的位势具有相对的稳定性。在六位之上配以阴阳两种性质的符号，则又构成了一系列的关系和变化。对"位"进行研究还要进一步分析其内部的符号元语言规则。首先，无论是三爻组成的八经卦还是六爻组成的六十四个别卦，爻位的排列都是自下而上相邻的，犹如植物自根部向上生长，本末有序。爻与爻之间相邻则首先体现为一种

---

① （德）马克思、（德）恩格斯：《马克思恩格斯选集》第 1 卷，北京：人民出版社，1995 年版，第 60 页。

② （魏）王弼、（晋）韩康伯注，（唐）孔颖达正义：《周易正义》，（清）阮元校刻《十三经注疏》，上海：上海古籍出版社，1997 年版，第 89 页。

"比"的关系。《伊川易传》中说："比，亲辅也。人类必相亲辅然后能安。"①
《比》卦六三爻曰："比之匪人。"从六爻的爻位关系来看，六四爻和六二爻分
别与六三爻呈现"比"的关系，然而在《比》卦之中，六二爻与九五爻相应，
六四爻又与九五爻亲比，皆反映了《比》卦所在时空场域中的意义状况，而六
三爻则无从亲比，所以说"比之匪人"。这是爻与爻之间亲比关系的具体
情况。

　　相邻的几个爻中一般皆是阴阳间杂的。邻接的阴阳爻之间可以形成"承
乘"关系。《王弼集校释》释"承"为"载"。易道崇阳抑阴，贱阴贵阳，阴顺
承阳即为吉兆。可以是多个阴爻顺承一个阳爻，也可以是一个阴爻顺承多个阳
爻。如果是阴位上为阳爻则表现为一种承的关系。如果在六爻之中，阴不能顺
承于阳，相反，阴爻位于阳爻之上，这就表现出来一种乘的关系。一阴能乘数
阳，数阴也可乘一阳。乘与承是相对应的。《容斋随笔》中言："阴承阳则顺，
阳承阴则逆。"② 当阴爻与阳爻相邻时，若阳爻在上，阴爻在下，其关系为
"阴承阳"，这是符合规则的。相反，如果是阴爻在上而阳爻在下，那就叫作
"阴乘阳"。按照《周易》的元语言规则，阴在阳上是违背常规的，因而多有凶
咎。如《困》卦六三爻的爻辞："困于石，据于蒺藜，入于其宫，不见其妻，
凶。"三位上的阴爻占据阳位，又处于二位与四位的两个阳爻之间。因其不当
位而乘刚，所以不被上下所接纳，是进而困于石，退而有蒺藜，无所容身，故
而必有凶险。

　　在《周易》中，六十四卦中每一卦皆有六个爻位，六个爻位本身也有阴阳
的区别。其中，初位、三位和五位为阳位，二位、四位、上位为阴位。那么，
在所谓的阳位上出现阳爻，在阴位上安置阴爻，阴阳爻对于六位来讲就是当位
的，反之则是不当位或称为失位，这便是《周易》爻位中的"当位"学说。通
常来讲，一卦中的六爻有的当位，有的不当位。当位之爻在表意中显示出吉祥
的概率要比失位之爻大得多。如果六爻皆当位则阴阳相间排布，其极致的表现
是《既济》卦。《既济》六爻中，阳爻皆处于阳位，阴爻皆处于阴位，上水下
火，饮爨之象，饮食以之而成，性命以之而济，故曰"既济"也。与之相对的

----

　　① 转引自王荣奎等主编：《周易宝典·卷2》，呼和浩特：内蒙古大学出版社，1998年版，第
1307页。

　　② （宋）洪迈：《容斋随笔》，北京：中国世界语出版社，1995年版，第273页。

《未济》则阴爻均处阳位，阳爻均处阴位，六爻中无一爻当位，火在水上，不成烹饪，未能济物。可见，当位与否乃是《周易》符号系统中重要的元语言规则，对于其表意具有深刻影响。当位之爻象征事物遵循"正道"而顺利发展，符合客观规律；不当位之爻象征事物违反规律运动。当然，这种规则也不是爻与位之间元语言一成不变的绝对标准。在各卦各爻所处的复杂条件和不同因素的影响下，得正之爻有转向不正的可能；不正之爻也有转化成正的可能。故爻辞常有警惕当位者守正防凶之语，以及诫劝不当位者趋正求吉之语。虞翻易学创立"之正"说，令诸卦不正之爻皆变为正，其根据正是爻辞时常包含此类寓意。而在六爻卦之中，下卦的中位（也就是二位）与上卦的中位（也就是五位）又是一卦的爻位中比较特殊的位置。在此二位上的爻被称为"居中"，在卦爻的关系中具有特殊的意义。凡阳爻居中位象征"刚中"之德；阴爻居中位象征"柔中"之德。阴爻得位居中，表明事物的柔顺中正，顺利进行。若阴爻居二位，阳爻处于五位，称为"既中且正"。"中正"在《易》爻象中是美善之德的象征。关于这一点，笔者会在后面的章节做详细的论述。

在当位关系的基础上，由于六十四别卦是根据八经卦重组构成的，因此其内卦和外卦之间存在明显的对应性。在"当位说"的基础上，《周易》的爻位还遵循"应位说"。"夫应者，同志之象也。"① 即是说，在一卦的六爻内，内卦中的初位与外卦中的四位为应；内卦中的二位与外卦中同属中位的五位为应；内卦中的三位与外卦中的上位为应。相应的两个爻位上如果是阴阳两个不同性质的符号则可以相应，若是同阴或同阳则不能相应。从规则上讲，一爻有与之相应者则吉，反之则不吉。如《睽》卦："九二，遇主于巷，无咎。"通常，一卦中的五位为主位。二位的阳爻与五位的阴爻相应，故而九二得以遇六五之主于巷。九二阳爻不当位，但处于"睽"时而得主上之援，虽然失位却终不失其道，因此可以无咎。其中，爻有应者则有相援助者，自然可以逢凶化吉。不过实际上，《周易》各卦中的情况要复杂得多，并非都是有应为吉，还要配合卦象与时势的具体情况来综合判断。如《同人》卦中"六二，同人于宗，吝"。《同人》一卦中唯有二位的阴爻与五位的阳爻相应，其余各爻均是阳爻，彼此皆无应。但六二之鄙吝正源于其与五位相应。因为处于"同人"的时

---

① （魏）王弼：《周易略例》，北京：中华书局，1990年版，第109页。

势下，应心存广远，以通天下之志，而六二只是心系于五，用心偏狭，此乃鄙吝之道，可见其因有应于五而不能得吉。除此之外，无应的危机有时候还可以因得到同志者而化解。《升》卦初六爻辞曰："初六，允升，大吉。"《升》卦坤下巽，地中生木，始于微末，至于高大，故为升象也。其六爻中二、三、五、六皆分别有应，只有初位与四位均是阴爻所据，所以无应。但初六无应却可以获得大吉，《正义》解释为，初位不应于上，而与二、三俱升，是与其志同道合，因而是大吉之象。[①] 所以，能寻求到同志之友也可以化解无应之灾。

爻位不但是在静态平面上呈现相互组合对应的关系，其爻还可以上下游移，而呈现出你来我往的动态变化。由上至下为往，由下至上为来。《泰》《否》两卦的卦辞分别言"小往大来"和"大往小来"，皆是对天地之气相交通的譬喻。阳主生息，故称"大"；阴主消耗，故称"小"。《泰》卦坤上乾下，阳气上升，阴气下降，"小往而大来"，天地相交而通泰。《否》卦则天地不交而闭塞，因而是否闭之世。卦气学说中往往运用《周易》符号系统中的阴阳变化来譬喻自然中的阴阳之气，在六十四卦拣取了十二消息卦，并从阴阳变化的往来中形象地描述天道运转、宇宙四时的更替关系。从爻位的"往来说"也可以一窥易学中气学派的一些观点。

在对爻位表意的元语言规则的分析中发现，《周易》具有层次性和动态性。并且，爻的变化和意义的阐释还与时间有着密切的关联，即易学研究中常常提到的"时位关系"。因此，爻位的元语言规则为符号的阐释规约了多重的向度。由卦与卦之间的组合生发出爻位之间的彼此对应。阴阳符号和爻位的搭配与爻位间的邻接关系又会在爻位的上下游移中产生诸多变化。这也就使《周易》的表意不同于一般符号文本中单纯的双轴模式，而体现出更为复杂的系统性。除此之外，一般还认为一卦中的二、三、四、五爻也是表意的关键。将一个六爻卦中的二、三、四爻独立出来，组成内卦，再将三、四、五爻独立出来组成外卦，上下组合后即可得到一个六爻卦，这便是"互卦"（如图3-3所示）。而在具体的卜筮中有时候还要参考互卦的概念，互卦实际上是对爻位排列的放大分析。在占卜的实际操作中，往往会充分考虑占卜得出的本卦、之卦以及互卦

---

① （魏）王弼、（晋）韩康伯注，（唐）孔颖达正义：《周易正义》，（清）阮元校刻《十三经注疏》，上海：上海古籍出版社，1997年版，第58页。

的关系，综合得出最终的吉凶预测。一些占例中还会引用连互来进行卦象分析解说，在卦象排列上体现出更为复杂的层次关系。

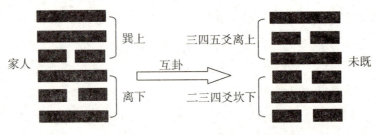

图3—3　《家人》卦二、三、四、五爻组合得到《未既》卦

连互和互卦的道理相似，取卦体内外两卦六爻中若干相连的爻重新组成新的卦体。一个六画卦可以有多个互卦。以《屯》卦为例，按照传统的互卦，取六爻卦的二、三、四爻组成坤，三、四、五爻组成艮，上艮下坤，所组成的《剥》卦为《屯》卦传统意义上的互卦。如果取《屯》卦初、二、三爻组成震，二、三、四爻组成坤，上坤下震，组成《复》卦，这是《屯》卦初至四爻的连互卦。同理，《屯》卦的三爻至六爻可以组成连互卦《蹇》卦。《复》卦、《蹇》卦连同《屯》卦二爻至五爻的互卦《剥》同为《屯》卦的四爻连互卦。若取六爻中的初爻至五爻，以三爻为重叠，可以组成连互卦《颐》；取二爻至六爻，以四爻为重叠，可以组成连互卦《比》。一个六爻卦画可以组成三个四爻连互卦和两个五爻连互卦。同时，《周易》将其三百八十四个爻位根据不同的"时"，分割为六十四个表意片段。互卦则在错卦与综卦的基础上进一步反映出爻位之间的紧密联系，从而也更体现出爻位的各种组合结构在表意中的重要作用。

在《周易》爻位的诸多元语言规则中，关于"中位说"和"当位说"的重要性孰大的问题在学界较有争议。祝东认为，"当"的原则处于《周易》诸多元语言规则之上，可以被看作"元元语言"。以《噬嗑》卦六五爻为例："噬干肉，得黄金，贞厉无咎。"按照"当位说"的原则，五位上应为阳爻才是当位，而六五却是阴爻，所以是以阴处阳，因此会出现困厄。但是又因其所处之位居中，所以最终得以"无咎"。居中的地位化解了阴爻不当其位的困厄，从这个角度来看，这个阴爻所处的位置虽不符合原则，却是得当的。《象》说"'贞厉无咎'，得当也"①，说的就是这个道理。如果仅从爻位变化诸原则本身来看，或许"中位说"对意义的影响较"当位说"更甚，爻位排列上的阴阳不当处境往往可以被其居中的位置所化解。杨树帆在《周易符号思维模型论》中讨论过这一问题，他认为"中"与"正"相比，"中"更优于"正"②。清代李光地在《御纂周易折中》中说，"程子曰：正未必中，中则无不正也。六爻当位者未必皆吉，而二与五之中，则吉者独多，以此故尔"③。那么，依据这种看法，"中则无不正"，"中"在意义阐释中就似乎比"正"更有说服力了。

其实，笔者认为两位学者的观点本身并无矛盾，只是所指的意义范围有些许不同罢了。首先，所举的例子皆反映了阴阳不当的爻位可以因其所处中位而免遭困厄，这是一个被认可的状况。祝东在引《噬嗑》卦《象》分析时说："'柔得中而上行，虽不当位，利用狱也'。阴爻为柔，得居中位，虽然不当位，但是因为居中，此处之'中'的解释项亦可为处理适中、得当，因为人的主观努力，处理得当，所以'贞厉无咎'，进而'得当'。"④ 也就是说，祝东所指的"当"并不是单纯就爻与位的阴阳配合来说的。祝东的"当"更强调一种"得当""适当"的原则。而不论爻位排列遵从哪一种特定的原则，"得当"必然是在诸多原则之上的总原则。因此，祝东将"当"作为爻位诸元语言规则之上的"元元语言"是有道理的，只是必须要注意，此中的"当"并非只是阴阳爻的"当位说"。杨树帆等人认为"正未必中，中则无不正也"，这里所说的"正"也是有两重含义的。前后两个分句呈现互文的效果，其意义转换过来应是：当位的爻不见得适当，而居中的爻却没有不适当的。所以，从爻位的诸种原则来看，"中位说"似乎对符号意义的影响力略大于"当位说"，但是爻位变化无论受到哪种原则的规约，其在总体格局中是否"得当"才是考察其意义的最高原则。

①　（魏）王弼、（晋）韩康伯注，（唐）孔颖达正义：《周易正义》，（清）阮元校刻《十三经注疏》，上海：上海古籍出版社，1997年版，第37页。

②　杨树帆：《周易符号思维模型论》，成都：四川人民出版社，1998年版，第115～116页。

③　（清）李光地编纂，刘大钧整理：《御纂周易折中》，成都：巴蜀书社，2008年版，第12页。

④　祝东：《先秦符号思想研究》，成都：四川大学出版社，2014年版，第52页。

第四节 《周易》错综复杂的卦位排列

《周易》符号结构的复杂性不仅体现在每一个独立的卦画符号的阴阳变化中，在卦与卦之间的排列中更反映出了错综复杂的关系。前面章节中也提到，《周易正义》卷首的八段论述中，第一篇论"易"之三名，即"易简一也，变易二也，不易三也"。[①]《周易》在著述中使主体相对化的同时又确保其具有绝对而稳定的成分，从而使表意最终不因其普遍的变易而消解。搭建起《周易》变与不变之桥梁的核心概念便是"位"。

"位"在表意中具有着复杂的变化，其复杂性很大程度上体现于卦位系统的排列转换中。爻位系统与卦位系统共同构成了《周易》表意中"位"系统的元语言规则。从《周易》文本的整体来看，六十四卦的384爻乃是一个范围更宏阔的系统，其中卦位之间也存在着错综复杂的关系。在做《周易》卦位研究时常常将其卦位的排列规律总结为"二二相耦，非覆即变"。这个规律在前文中也有所提及，那么究竟何为"二二相耦，非覆即变"呢？"二二相耦"是指在六十四卦中，基本上每两卦可以作为一组。"非覆即变"则是对两卦之间关系的描述。来知德说："变者，阳变阴，阴变阳也。如乾卦初变，即为姤，是就本卦变之……盖爻一动即变。如渐卦九三，以三为夫，以坎中满为妇孕。故三爻一变，则阳死成坤，离绝夫位，故有夫征不复之象。既成坤，则并坎中满，通不见矣。"[②]变是强调阴阳之间的互变，而在一卦中，所有的爻都变为阴阳相反的爻，那么就得到了本卦的错卦。"错者，阴与阳相对也。父与母错，长男与长女错，中男与中女错，少男与少女错。八卦相错，六十四皆不外此错也。……八卦既相错，所以象即寓于错之中。如乾错坤，乾为马，坤为利牝马之贞。履卦兑错艮，艮为虎，文王即以虎言之。"[③] 如《周易》以《乾》《坤》二卦为始，《乾》卦六爻皆是阳爻，《坤》卦六爻皆是阴爻。《乾》《坤》二卦为一组，是阴阳互变的关系，这两卦互为"错卦"，即所谓的"非覆即变"中的

---

① （魏）王弼、（晋）韩康伯注，（唐）孔颖达正义：《周易正义》，（清）阮元校刻《十三经注疏》，上海：上海古籍出版社，1997年版，第7页。

② （明）来知德：《周易集注·易经来注图解》，北京：九州出版社，2010年版，第71页。

③ （明）来知德：《周易集注·易经来注图解》，北京：九州出版社，2010年版，第69页。

"变"。相反，"覆"指的是"综卦"。"综字之义，即织布帛之综，或上或下，颠之，倒之者也。如乾坤坎离四正之卦，或上或下。巽兑艮震四隅之卦，则巽即为兑，艮即为震，其名则不同。如屯蒙相综，在屯则为雷，在蒙则为山是也。……如损益相综，损之六五，即益之六二，特倒转耳，故其象皆十朋之龟。夬姤相综，夬之九四，即姤之九三，故其象皆臀无肤。综之妙如此。"[①]（如图3-4所示）《咸》卦与《恒》卦又是一组，从两卦的卦画图形的比照中可以发现，《咸》卦六位的阴阳排列顺序与《恒》卦正好相反。也就是说，如果将《咸》卦的卦画符号倒过来看，得到的正好就是《恒》卦。《咸》卦与《恒》卦之间即互为"综卦"的关系。这也正是"非覆即变"中的"覆"，即颠覆，倒过来的意思。六十四卦大体两两组合，依照这种阴阳互变或是上下颠倒的规则进行排列，这也是我们常说的"错综复杂"的由来。

图3-4 二二相耦 非覆即变

如果将《周易》六十四卦的排列作为一个叙述来看，那么在此则可以引入格雷马斯的符号方阵来帮助分析。格雷马斯认为"符号学方阵即任何语义范畴联结的视觉表象"[②]。在符号学方阵中，存在着组合上的相对关系与聚合上的矛盾关系。设定一卦为方阵中一项，用"A"表示，那么它的错卦也就是阴阳互反，可以用"非A"表示；它的综卦是将卦位上下颠倒，用"－A"表示；而错卦的综卦也就是"非－A"（如图3-5所示）。《周易》的错卦、综卦与本卦的关系可以在其中很明显地找到对应的位置。如果以《剥》卦为例，其错卦是《夬》卦，综卦是《复》卦，错卦的综卦是《姤》卦，这样就衍生出了图3-6。

① （明）来知德：《周易集注·易经来注图解》，北京：九州出版社，2010年版，第70页。
② 转引自李幼蒸《理论符号学导论》，北京：中国人民大学出版社，2007年版，第460页。

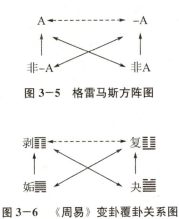

图 3-5　格雷马斯方阵图

图 3-6　《周易》变卦覆卦关系图

　　两幅图中所示，虚线连接的是具有相对关系的两项，实线交叉轴上是分别有矛盾关系的两项。图 3-5 中，A 与 -A 是对立关系，A 与非 A 呈现矛盾关系，即此两项在静态的聚合轴上不可能同时出现，而在动态的组合轴上，在 A 或 -A 上的否定运作可产生矛盾项非 A 与非 -A。按照《周易》中《序卦》的解释，卦序排列是具有一定理据性的。因此，卦与卦之间的转换可以被认为是对事物规律与变化的叙述。《剥》卦之后紧接着的便是《复》卦，反映了一个阴极阳生的发展过程。《剥》卦之后的《复》卦是在众阴剥阳之后一阳又始复，阴阳在矛盾中此消彼长。此二者是相对的关系，又是共生的，没有《剥》卦对阳气的剥蚀，那么《复》卦也就丧失了存在的基础。而在《剥》卦出现的同时，与其意义相反的《夬》卦则是不可能出现的。《剥》卦是众阴爻剥蚀阳爻，而《夬》卦是众刚决柔，君子道长，小人道消，从意义上讲，二者是极端相反的两种卦象，因此是彼此矛盾的关系。同样，《复》卦是一阳始复，一个阳爻在众多的阴爻中逐渐生发。与其相反的《姤》卦是一阴而遇五阳，故而《象》有"姤，遇也"①，二者在意义上也是彼此相反的，体现了矛盾的关系。

　　与此同时，在《剥》卦与《姤》卦之间，则形成了聚合上的补充关系。《剥》卦是在下的五个阴爻与在上的一个阳爻之间的对抗，而《姤》卦是在下的一个阴爻与在上的五个阳爻之间的对抗。两卦中阴爻与阳爻的运动态势一

---

　　① （魏）王弼、（晋）韩康伯注，（唐）孔颖达正义：《周易正义》，（清）阮元校刻《十三经注疏》，上海：上海古籍出版社，1997 年版，第 57 页。

致，但阴阳之间的力量对比却有非常大的区别，因此《姤》卦可以作为《剥》卦意义阐释的一种补充，即与《剥》卦处于同一对抗情势下，阳爻力量强大而阴爻力量衰微所呈现的局面。同样的道理，《复》卦与《夬》卦之间的互补也是如此。从这个方阵图式上即可清晰地观察到《周易》卦位符号表意的繁复特征与巨大的涵盖性。实线轴是"变"的关系，而虚线轴是"覆"的关系。整部《周易》六十四卦除了《乾》《坤》《坎》《离》等一些个别卦象不同时具有错卦和综卦，基本上都可以按照这个图式进行关联研究。格雷马斯说："意义的基本结构已经从整体上把各个语义域组织成系统。由这一基本结构所定义的每一项内容便通过语义轴暗含了其它项，而其它各项则在这个结构体的下一层组建一个具有同构性质的结构体。"① 依照这种说法，符号表意各项间的关系是相互指涉的，并且方阵的格局排列的这些表意项几乎涉及了表意系统中的各个语义域。

在《周易》卦与卦之间的排列关系中，意义通过组合连接与对比补充等得以体现。"一个文本可能会由不同的符码构成……在这种情况下，这些符码必然产生复杂的文本内互文关系。当同样的结构原则发生在两个、两个以上或无限的文本上时，我们面对的就是互文性现象。"② 克里斯蒂娃认为文本的意义并不只是存在于文本内部，而是在文本之间产生的。"互文性是一种符号系统转换成另一种或多种符号系统的过程。"③ 在《周易》的符号系统中也可以发现相似的道理，卦义的阐释也不仅仅局限于某一卦自身的意义。在实际的应用与解读中，占卜者往往还要借助本卦的之卦与互卦等与所示卦象相联系的其他卦象共同得出相对合理的判断。

《周易》符号系统的复杂性不仅仅是体现在卦序的排列组合上，其卦与卦之间还具有空间结构上的层次性。中国易学中的象数之学对其卦位的排布分析则更加复杂。早在汉代京房的《京氏易传》中就有关于八宫卦每卦七个变卦的

---

① （法）A.J. 格雷马斯：《论意义——符号学论文集（上册）》，吴泓缈、冯学俊译，天津：百花文艺出版社，2005 年版，第 139~147 页。

② 张汉良：《文学的边界——语言符号的考察》，上海：复旦大学出版社，2012 年版，第 93~94 页。

③ 转引自张汉良：《文学的边界——语言符号的考察》，上海：复旦大学出版社，2012 年版，第 93 页。

记载，即一世卦、二世卦、三世卦、四世卦、五世卦、游魂卦和归魂卦。[①] 八宫卦每一卦这七种变化加上八宫卦本身就构成了《周易》中的六十四卦。方以智在《周易时论合编》中将先天八卦与《周易》六十四卦的卦序关系进行了梳理。八宫卦中乾、坤、坎、离为四正卦，巽、艮、震、兑为四隅卦。将它们两两分组，如乾坤作为一组。乾的一世卦是《姤》，二世卦是《遁》，三世卦是《否》，四世卦是《观》，五世卦是《剥》（如图3-7所示）：

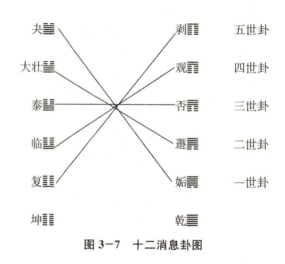

图3-7　十二消息卦图

此图中，乾坤二卦分别有五世的变卦。在五世的变卦中，乾坤的变卦皆一一相对，互为彼此综卦。同样的情况也出现在坎离、巽艮以及兑震的四正四隅分组中。方以智在列出此图表的同时，指出了八宫卦的卦序是按照先天八卦的卦位及四正和四隅的变化法则而展开的，以此说明先天八卦即存在于文王后天六十四卦之中，并为文王后天卦位的排列提供了依据。同时，在图3-7中，此十二个卦画往往被用来表现自然变化的顺逆与荣枯。按照阴阳之气的往复交替变化，可以发现阴气和阳气在纵向上不断递增和递减的过程。这些卦画符号的意义不是仅停留在符号形态本身，而是永远与自然规律中的生克变化有着密不可分的联系。可见，不仅是卦位的错综排布有内部的规律，整个《周易》的位次排列依然构成的是一个纵横相错、井然有序的系统。《周易》在表意上被认为"与天地准"，其表意正是以卦画中阴阳爻与"位"的组合排列得以实现

---

① （汉）京房：《京氏易传》，陆绩注，北京：中华书局，1991年版，第1~4页。

的。方阵中的每一项均对应一个卦象，卦象又是通过一卦六位中的诸爻进行拟像的。也就是说，方阵中的每一项即是一个表意符号，可以直接指向某种所指。同时，每一项自身又是一种复杂关系的反映，其内部依然可以进行结构上的深层分析。卦位中包含系统性，卦中爻位依然遵循着系统中完善自足的元语言规则。《周易》最终通过由"位"构建的复杂系统完成其囊括宇宙万物的表意，以达到无所不包的效果。

卦位之间的关系不仅以组合的方式呈现在表意的叙述中，并且会随着卦形的变化在空间层次上形成系统关系。在卦与卦之间充满意义联系的同时，前人还为之加上了"数"的对应，这也使卦位结构的关系更加复杂。易学的象数学派源远流长，蔡沈认为："物有其别，数者尽天下之物则也。事有其理，数者尽天下之事理也。得乎数，则物之则，事之理，无不在焉。不明乎数，不明乎善也。不诚乎数，不诚乎身也。故静则察乎数之常，而天下之故无不通。动则达乎数之变，而天下之几无不获。"[①] 这段话指出了数与卦的释义之间密不可分的关系。仅从八经卦与洛书的关系便可一窥《周易》中"数"的学问。伏羲有先天八卦图，其先天八卦的卦序按照乾一、兑二、离三、震四、巽五、坎六、艮七、坤八的顺序排列。到了文王排列后天八卦的时候，对这个顺序作了更改（如图 3-8 所示）：

巽	离	坤
震		兑
艮	坎	乾

图 3-8　文王八卦图

巽 4	离 9	坤 2
震 3	5	兑 7
艮 8	坎 1	乾 6

图 3-9　九宫图式

后天八卦配上数字则可以形成九宫格式（如图 3-9 所示），也就是洛书。在九宫格中，横向、纵向以及斜向的数字之和永远都是 15。这个配数还有一个口诀，成为后天八卦数歌诀："一数坎兮二数坤，三震四巽数中分。五寄中宫六乾是，七兑八艮九离门。"南北朝时期，甄鸾等人还将其解释成乌龟的形象，则将数字排列以乌龟的身体四肢来描述。《数术记遗》记载为："二四为

---

① （宋）蔡沉：《洪范皇极内篇·卷三》，《文渊阁四库全书》第 805 册，第 711 页。

肩，六八为足，左三右七，戴九履一，五居中央。"① 八卦是一个关联系统，具有极强的指示符号性质。同时，系统中符号的隐喻意义之间也与数字以及卦画符号同构，从而形成一系列相关联系。在符号的系统以及文化内部，这些成分之间彼此关联，相互确定了彼此之间的位置和关系，体现了符号系统的整体性、转换性以及自我调节性，其中也蕴含了中国文化内部的"归位"思想。在符号系统中加入了"数"的元素，在数与卦的配合上随着数的组合的均衡统一，卦位的排列也呈现出均衡合理的状态。同时，卦与卦之间的意义规则与卦所配之数与数的规则形成了阐释的张力，在《周易》的符号解读中也发挥着作用。由于数的配对和计算原理，相配对的卦之间的排列关系也在此基础上获得了理据，从而进一步在阐释中形成文化意义上的对位系统，并为之作出合理解释。譬如图3-8中的八卦分布，直接在空间关系上与东西南北的方位对应，又可以配合春夏秋冬四时与五行生克变化，也使得《周易》的符号系统可以作出突破文本内部限定的阐释。

因此，《周易》的符号系统中存在着复杂的元语言规则。这些规则集中体现在符号"位"的变化中，从一卦之内的爻位阴阳转换，到阴阳爻之间的承乘、互应、当位、往来等一系列关系以及卦与卦之间的错综排列、分类对比以及数的结构配合都往往对符号的意义阐释产生重要的影响。

第五节 符号系统的中项分析

《周易》作为儒家五经之首，蕴含着中华文化核心的价值观。不少论著探讨《周易》的主导精神，往往说《周易》是"谋善之书""寡过之书"。无论"善"与"过"，均是文化对价值的判断。利用符号学的文化中项理论，对《周易》进行分析，会发现其价值建构明显受中项主导，反映出文化"正项—中项—标出项"的动态模式中一系列的复杂关系。《周易》在文辞的形式上体现出了趋吉避凶之价值观念，更倡导在实践中以中位为居，依中道而行。

---

① （汉）徐岳撰，甄鸾注：《数术记遗》，北京：中华书局，1985年版，第22页。

一、文化中项与价值建构

要了解文化中项在价值建构中的作用，首先得搞清楚"标出性"问题。"标出性"概念原本来自语言学中的"标记性"。布拉格学派的特鲁别茨柯依在语音学研究中发现，清浊辅音使用频率具有极大的差异，使用频率少的一项被标记，从而将"标记性"定义为两个对立项中比较不常用的一项特别品质。赵毅衡先生在《符号学：原理与推演》中将这一概念进行推演并应用到了文化研究领域，提出了文化研究中的"标出性"。通常来讲，在文化范畴的二元对立之间，价值倾向是不平衡的。文化中往往认可二元中的一项而对另一项显示出排拒，被排拒的异项则显示出"标出性"，是文化二元对立中的标出项。标出项之所以被标出，是因为介于二元之间并占据文化价值主流的中间部分支持非标出项价值，故而非标出项就成为文化价值中的正项，标出项也就沦为了异项。在文化价值建构中，偏边于正项而起着决定作用的中间部分就是文化中项。中项的特点是无法自我界定，也没有自己独立的符号，必须靠非标出项来表达自身。① 如主流与边缘，大众与精英，男权与女权，等等，在这些价值判断中总有非此非彼的中间状态，它们往往偏向于二元中的一元，从而确定何者被标出，在确立社会的主导价值的过程中成为至关重要的评判尺度。随着社会的发展，文化中项价值的流变也导致了社会规范的变化。在一种特定的文化中，必须划出少数异类，必须边缘化异类，同时还必须容忍异类，"正项—中项—异项"构成了一个动态平衡模式。中项偏边的现象是文化符号学中判断标出项和确定主流思想的关键。细读《周易》文本会发现，文化中项在《周易》的价值建构中起着重要作用，从《周易》的词汇运用，到内在价值观念的形成，以及对"贵中""持中守正"等居世处事之道的持守等，处处都显示出文化中项这个"幕后推手"。

二、趋吉避凶：《周易》文辞的中项主导

我们首先从《周易》文本出发，对其中涉及价值判断的词汇进行总结，主要有"元""亨""利""贞""吉""凶""悔""吝""厉""眚"等。从意义上

---

① 赵毅衡：《符号学：原理与推演》，南京：南京大学出版社，2011 年版，第 281～295 页。

将这些词汇做大致的分类，"元""亨""利""贞""吉"等为一类，"凶""悔""吝""厉""眚"等为与前一类相对的一类。很明显，前一类是对人有利的判断，可称之为"吉"项，而后一类为不利的判断，为"凶"项。在《周易》文辞中，对于"吉"项中词汇的运用远远多于"凶"项所包含的词汇。仅以"吉""凶"二词为例，据统计，在通行本《周易》中，"吉"共出现了 147 处，"凶"只出现了 58 处。① 《周易》文辞中对于卦与爻意义的各种判断中还往往出现"利艰贞""小利，无攸往""有孚"等一系列的表述。这类表述从内容意义上做吉凶判断却往往不能得出十分准确明晰的结果。因其卦象显示并非全然吉兆，而是出现了阻滞。但是凭借人的行事努力最终也可逢凶化吉。因此在文辞的意义上表现出了艰难和困境，不能完全算是"吉"项的表达。但是在语句的用词上却经常包含"利""贞"这些具有吉兆的意义的词汇。又如"无咎""悔亡"等表述中，意义也相对不明晰。"无咎"出现的频率很高，而且有两种意思：一为因善于补过而没有过多的损害；二为咎由自取，无法推咎于人。这些表述中虽然包含了"凶"项的词汇，但是均以"无""亡"相连接，表示灾劫已然化解。在意义上比带有"吉"项词汇的表述具有更多的不利因素。但总体上讲，以上这一系列表述大体上均处于"吉""凶"二项之间，可以看作"吉""凶"二极之间的中项。从对《周易》各卦卦爻辞的对比中可以发现，文本系统对上面所讲的前一种类型，即所谓的"吉"项显示出一种支持态度，而对后一种类型——"凶"项，则显示出排斥。在中项表述中虽然用了"利""贞""咎""悔"等词汇，但是在原词基础上又添加其他色彩，组成的新的符号能指表示的意义却和原本的符号意义有所差别。在文本系统中，这些添加色彩的中项表述正使另一些意义成分被标出。涉及艰难阻滞的词就在运用"吉"项词语的基础上削弱了其表达力度，如"小吉""利艰贞"之类。而对可以化解的凶险则称"悔亡""无咎"，即是说险难已然化解而不存在了，虽然运用了"凶"项的词语却以否定的形式表达出来。或者也有文辞直接提示说"有悔""吝"，这种表述并不多见，而且相对于"凶"，其凶险之象也已大大削弱。但直言"凶"的文辞就相对少见了。《周易正义》曰："悔者，其事已过，意有追

① 孙义文：《从"吉"、"凶"两断辞看〈周易〉的价值取向》，华东师范大学硕士毕业论文，2010 年，第 4 页。

悔之也。……吝即是小凶，则《易》之为书，亦有小吉，则无咎之属，善补过是也。"①《周易集注》引何楷曰："悔有改过之意，至于吉，则悔之著也。吝有文过之意，至于凶，则吝之著也。原其始而言，吉凶生于悔吝。要其终而言，则悔吝著而为吉凶也。"② 只有当凶难甚重，难以化解，必当警示之时，文本中才直书为"凶"。这也正反映了中项所认同的是前一项的"元""亨""利""贞"等"吉"项的价值判断，因此这一项是正项。相对而言，"悔""吝"等就是被排斥的异项。对异项的排斥体现出人莫不趋吉避凶的生活理念，但是在排斥异项的同时，我们又要标出异项，包容异项，因为正项和异项是事物的两极，取消了一极则另一极也就不再具有意义了。在对《周易》文本的中项分析中，我们可以从其文辞的表述看出其导善抑恶、趋吉避凶的价值取向。

三、中位思想：《周易》卦象的中项偏位

《周易》具有明确的趋吉避凶的价值观念，在实践中也指导人们对处境有更准确的认识和把握，向着有利的方向奋斗。《周易》卦象中"位"的思想非常重要，"位"象征了事物运行发展的层次和人事所处的位置。六位而成卦，从整个卦象的六位来看，从低到高，分别以"初位""二位""三位""四位""五位""上位"排布。在《周易》符号元语言的决定规则下，低位代表民，而高位代表君。"天尊地卑，乾坤定矣。卑高以陈，贵贱位矣。"③ 从文化上来看，以"二位"为核心的大众为社会地位两级中的正项，而以"五位"为核心的君王成为文化中的标出项。"五位"代表天子，九五之尊，"飞龙在天，利见大人"，帝王的住处称为"王宫"，帝王的妻子为"王后"，帝王的儿子为"王子"，一整套特定的符号称谓均彰显了王者尊贵的地位所具有的标出性特征。"三位""四位"处于社会等级高低之间的过渡群体之中，在区分等级的中项之内，却又处在中项与异项的边缘。以《乾》卦为例，"九三，君子终日乾乾，夕惕若厉，无咎"，表现出了一种刚健与奋进，在这个过程中三省吾身，反复

---

① （魏）王弼、（晋）韩康伯注，（唐）孔颖达正义：《周易正义》，（清）阮元校刻《十三经注疏》，上海：上海古籍出版社，1997 年版，第 76 页。

② （明）来知德集注：《周易集注》，北京：民主与建设出版社，2015 年版，第 387～388 页。

③ （魏）王弼、（晋）韩康伯注，（唐）孔颖达正义：《周易正义》，（清）阮元校刻《十三经注疏》，上海：上海古籍出版社，1997 年版，第 75 页。

其道。"九四，或跃在渊，无咎"，已是临近贵位，但谨慎盘桓，不欲妄进。"九三""九四"二爻之象皆表现出一种脱出下位而靠拢上位的态势，处于与平民大众的价值和处境相疏离的位置。"二与四同功而异位，其善不同，二多誉，四多惧，近也……三与五同功而异位，三多凶，五多功，贵贱之等也。"① 此时，中项则接近低端的位置。依照社会等级形成的基本规律，必然是少数人站在金字塔的上方，而处于中项的大部分群体自然向着民众精神靠拢。"三"之所以"多凶"，"四"之所以"多惧"，正是因为其位象征着一部分人站到了高于普通大众的位置上，又抱着进入贵族阶层的欲望，价值观和利益逐渐与大众阶级相背离，因而也就日渐被标出，这种标出显示出与底层文化的异质。其与社会所认可的标出阶级并不相同，只是上层与下层之间的过渡，实际上可以说是处在中项的边缘位置上，难以找到自我的身份认同，往往陷于一种尴尬的处境。在此必须提一句，所谓文化中的标出项是与中项所倾向的正项相异的一项，但并不是说标出项在情感和道德观念上是低于正项的，是为正项价值所不能接受的。恰恰相反，文化中有很多方面具有标出性的事物，它们的存在是正项必须认可的，即使其标出的特性与正项相异。如"君"相对于"民"，二者有对立性，又必须相互认可，因此二者始终处于对立统一的关系中。

在组成六爻卦的上卦和下卦之中，"二位"和"五位"又分别为上下二卦的中位。六爻卦中判断吉凶时的"中"的观念，就是看爻所处的位置是否为"二"与"五"这两个中位。五位为君位，是文化中统治精神的核心体现，二位相应则是大众价值观念的核心体现。在上卦和下卦中，二位和五位分别代表了文化的正项，社会文化的中项价值观念对于百姓与君王的价值判断都分别向二位与五位核心精神靠拢。此时，二位与五位只是分别反映了君王与庶民价值这两个不同文化侧面的价值正项而已。由此也可以得知，同一个文化正项不一定只有一个标出项或中项与之对应。有时候，同一个文化正项会对应多个异项。不过，这些对应存在于与此正项相分立的不同侧面。如上卦中与五位相对立的分别为四位与上位，四位处上卦之下，已经临近君位，应以阴爻处之，行为臣恭顺之道。若以刚健之阳爻处之，则有凌驾于君王之上的态势，自然为君

---

① （魏）王弼、（晋）韩康伯注，（唐）孔颖达正义：《周易正义》，（清）阮元校刻《十三经注疏》，上海：上海古籍出版社，1997年版，第90页。

德所不容。在统治权力划分的问题上，传统文化价值观更倾向于君权至上而不乐见强臣制约君权。在君权行使的问题上，上位已渐失君权，为亢龙，亦为宗庙，"贵而无位，高而无民，贤人在下位而无辅"。[①] 君德应以勤政爱民为务，为君也不应过于倨傲，五位则代表了文化理想中的帝王形象，也是文化中中项所偏向的文化价值取向。我们在价值判断中通常不自觉地认同某种价值观念，这种价值观念正是文化中的非标出项，也就是与标出项相对立的正项。而在决定非标出项价值的过程中，中项的价值偏向正好是与非标出项不谋而合的，至少是向其靠拢的。我们在认可某种正项价值的过程中往往更多是抱着中项的价值取向去进行认同的，因为除非对文化做中项分析，否则我们日常的生活中并没有将所认同的正项价值与中项价值进行区分的自觉和必要。在《周易》中，对于二位与五位为中的观念，是本于二位与五位为文化正项所代表的核心价值观念，同时也正好说明了这种贵中的观念是由文化中项的价值倾向所决定的。

四、持中守正：《周易》观念的中项认同

《周易》崇尚一种"持中守正"的思想。作为儒家五经之一，其价值观也渗透着孔子的"中庸"精神。《中庸》是对此精神所作的专门论述，其中大量运用了举例和对比的方法畅谈中庸之道在人事各方面的表现，更将之与人的修养相关联，侧重于一种内心修为。"喜怒哀乐之未发，谓之中；发而皆中节，谓之和。中也者，天下之大本也。和也者，天下之达道也。"[②] 后世二程在论述中庸之道时说："不偏之谓中，不易之谓庸。中者，天下之正道。庸者，天下之定理。乃孔门传授心法。子思恐其久而差也，故笔之于书……"[③] 其实，从最基本的意义上讲，中庸思想作为一种普遍的方法论主要是在强调防止"过"和"不及"。"过"和"不及"是事物的两极表现，无论是过于偏向哪一边都会打破事物的平衡状态，对其发展造成不利的影响。

孔子之所以提倡"中庸"的思想，和他"克己复礼"的主导价值理念是分

---

① （魏）王弼、（晋）韩康伯注，（唐）孔颖达正义：《周易正义》，（清）阮元校刻《十三经注疏》，上海：上海古籍出版社，1997年版，第16页。

② （汉）郑玄、（唐）孔颖达正义：《礼记正义》，（清）阮元校刻《十三经注疏》，上海：上海古籍出版社，1997年版，第1625页。

③ （宋）朱熹：《论语集注》，济南：齐鲁书社，1992年版，第59页。

不开的。孔子改造和发展了儒家，在礼崩乐坏的春秋时代，他将复兴周代的礼制作为解决社会问题的方法。在当时，各种政治势力为了满足自己的利益视礼法于无物，采取各种手段，可谓无所不用其极。孔子面对这样一种现实而提出了"中庸"的思想。《论语·雍也》："中庸之为德也，其至矣乎！民鲜久矣。"① 那么何以行使中庸之道呢？《礼记·仲尼燕居》记载了孔子的一句话："礼夫礼，夫礼所以制中也。"② 按照孔子的意思，想要行为恰当最有效的办法就是按照礼制去做。礼是一个囊括了社会政治文化各个方面的庞大而严谨的系统，这实际上是一套被推行并且已约定俗成的法度规则。依靠这种规则的制约，社会的各个阶层都可以得到合理的安排，人们安守本分就可以改变礼崩乐坏的社会局面。以复礼来达到"中"，这是有其政治目的的。中庸思想在后世的文化积淀中被不断生发，最终发展为中国哲学中一种具有普遍意义的方法论，正所谓："不偏之谓中，不易之谓庸。中者，天下之正道。庸者，天下之定理。"上一部分的论述已谈到《周易》具有"贵中"的价值观，而在其对人事的各种判断和引导的文辞中依然体现出倡导"持中"与"守正"的思想，这正与"中庸"所谓的"不偏"与"不易"的精神相对应。以《观》卦为例，九五爻为阳爻，处上卦中位。《正义》说："居于尊位，为观之主，宣弘大化，观于四表。"③ 如果继续走向观的极致，则处于上六爻"观其生，君子无咎"的境地。在此位就更要戒惧，唯有君子才得无咎，已经丧失了为观之主的地位。这个过程对应于人事就象征了不能掌握好做事的尺度，在事物处于临界点时没有适当进行控制，而让其发展走向了下坡路。《周易》立象为喻，很形象地说明了这个适度原则，这便是中庸"过犹不及"思想的表现。要保持这个"中"，就是要把握好事物的度。而事物之变幻，所谓"天地不能以一瞬"，想要把握这个"中"所处的临界位置是非常困难的。《周易》曰："知几其神乎？几者，去无入有，有理而未形之时。吉凶者，存乎人事也。变化者，存乎运行也。"④

① 杨伯峻译注：《论语译注》，北京：中华书局，2009年版，第63页。

② （汉）郑玄、（唐）孔颖达：《礼记正义》，（清）阮元校刻《十三经注疏》，上海：上海古籍出版社，1997年版，第1613页。

③ （魏）王弼、（晋）韩康伯注，（唐）孔颖达正义：《周易正义》，（清）阮元校刻《十三经注疏》，上海：上海古籍出版社，1997年版，第36页。

④ （魏）王弼、（晋）韩康伯注，（唐）孔颖达正义：《周易正义》，（清）阮元校刻《十三经注疏》，上海：上海古籍出版社，1997年版，第13页。

随着事物的运行变化，"中"的位置也会不断调整，要跟随着时空的变化来把握"中"，这就是《周易》中常常提到的"时中"思想。

行中道又往往与"守正"紧密相连。《周易》开篇讲乾之四德时提出"贞"的观念。《子夏传》云："贞，正也。"① 《系辞下》注云："贞者，正也，一也。"② 这也是"贞"字在《周易》中的基本概念。综观《周易》通篇，带有"利贞""艰贞""贞吉""贞凶"的文辞比比皆是。《周易正义》对"贞"的解释依然取"正"的意思。如《未济》九二爻曰："曳其轮，贞吉。"《象》曰："'九二''贞吉'，中以行正也。"③ 《未济》一卦中六爻俱不当位，六五为阴爻，其性柔顺，不能济难。六五与九二相应，九二为阳爻，性刚健，故六五将济难之任委于九二。九二虽然是阳爻居于阴位，其爻不当位，但因二位是下卦中位，所以可以拯难，坚固正道，因而是"中以行正也"。此处论"中"，所指的是一个位的问题，但究竟能否保守于中位，根本上还是要通过度来把握，因而可见"中"与"正"之间的密切关系。"贞"的思想在《周易》中是具有核心地位的，是统摄其价值观的不变的主导思想之一。从这个角度来看，也体现了《周易》之"不易"的思想。《文言》曰："庸言之信，庸行之谨……"④ 《周易正义》对"庸"的解释为："庸谓中庸，庸，常也。"⑤ 这正是《周易》在文化上所体现的儒家价值观念。

从文化的角度可以将"过"与"不及"的中庸思想作为文化研究的两端进行分析。中项的价值偏向确定了文化中的价值倾向，而"过"和"不及"皆代表了文化中的异项。孔子提倡中庸，讲行事依照礼制，这从普遍意义上可以理解为遵守社会文化规则。普遍社会规则的制定和实行，依照的是文化中具有通行价值的诸多因素，在推广的过程中依然要为社会大众所普遍接受才能最终约定俗成。这在很大程度上体现了中项价值的导向作用。文化中项所偏向的正项

① （春秋）卜商：《周易子夏传》卷上，见《玉函山房辑佚书第 1 册》，第 87 页。

② （魏）王弼、（晋）韩康伯注，（唐）孔颖达正义：《周易正义》，（清）阮元校刻《十三经注疏》，上海：上海古籍出版社，1997 年版，第 86 页。

③ （魏）王弼、（晋）韩康伯注，（唐）孔颖达正义：《周易正义》，（清）阮元校刻《十三经注疏》，上海：上海古籍出版社，1997 年版，第 73 页。

④ （魏）王弼、（晋）韩康伯注，（唐）孔颖达正义：《周易正义》，（清）阮元校刻《十三经注疏》，上海：上海古籍出版社，1997 年版，第 13 页。

⑤ （魏）王弼、（晋）韩康伯注，（唐）孔颖达正义：《周易正义》，（清）阮元校刻《十三经注疏》，上海：上海古籍出版社，1997 年版，第 15 页。

价值最终成为法制的价值立足点。持中守正，遵从中庸之道，实际上就是维护这套被中项支持的偏于正项的价值体系。在这一过程中，中项的偏向确立了意义向度的两极何为正项，何为标出项。

正项的价值虽然被定为主导方向，但是中项的价值本质上并不等同于正项价值，这也就从程度上对正项主导下的文化规则制定作出了调节，自然地形成一种相对适度的状态。依照社会的文化规则行事，基本上可以做到相对适度。而不行此道的人也就被认为不遵从礼法，为蛮夷、草莽之流，被边缘化为社会文化中的标出项。孔子当初以行礼作为保持适度的方法，将这个理念放大来看，各个层面的适度状态的形成几乎都离不开中项价值的偏向与中和作用。《周易》持中守正的思想秉持着儒家中庸精神，也就反映出其向着中项价值靠近。

从上文的论述可以看出，《周易》文辞的吉凶价值判断、卦位符号的六位意义以及其于行事中所主张的持中守正原则均体现出文化研究中的中项偏向性。从文化研究的角度来看，正是由于中项对价值的偏向选择，造成了文化中同一意义不同向度的两极出现了价值不平衡的现象。《周易》正是在价值理念及实践指导方面皆秉持着中项的指向，随着中项的偏位而逐渐倾向于正项价值，从而防止了被标出而沦为文化价值的边缘。也正因为这样，《周易》所体现的儒家价值理念一直是在中华文化中占据主导地位的核心价值理念。

第六节　卦序排列的回旋跨层

《周易》包含"万物生生不息"的思想，隐喻了宇宙间一系列的生克变化。按照符号学的"最简叙述"定义，即"1. 有人参与的变化，形成情节，被组织进一个符号文本；2. 此符号文本可以被接受者理解为具有时间和意义向度。只要同时满足以上两个条件即可被认定为叙述行为"[①]。在《周易》中，事物的变化被完全转化为符号规律之间的编码排列，这无疑是一个符号文本。《周易》是一部应用于卜筮的著作，卜筮必须要有相关的主体才能成立，故文本所涉及的一系列行为都要求人直接参与。这些符号描述的行动均具有情节，且接

---

① 赵毅衡：《符号学：原理与推演》，南京：南京大学出版社，2011年版，第327页。

受者可以理解其时空意义变化。因此，《周易》完全可以被看作一个叙述文本，其符号表意属于叙述行为。因此，从符号叙述的角度进行分析，所谓的"生生不息"正体现于其叙述中周而复始的循环性。这种循环不仅反映于卦与卦之间的阴阳互变，更是在整体的卦序和爻位系统排列中得到了完整而深刻的表述。

要理清这个问题，首先我们要从"元意识"说起。"元"在《春秋繁露》中指万物之本，对应的是西语中"meta-"这个前缀，一般指对规律的探究。元语言是关于语言的规律，而元意识指的是从深层次看问题的一种现代思维方式。[①] 将元意识广泛应用到各个学科中就产生了当今诸如元历史、元广告等一系列新型研究领域，在叙述学中运用元意识就可以做一番元叙述的讨论。元叙述是对文本的叙述方式进行规律性分析，找出各种叙述文本与叙述框架之间的关系。任何叙述都是由一定的文本框架结构建立起来的，文本的框架结构可以主导叙述的层次和言说方式。当一个叙述文本中的主体打破其所在的叙述层次限制，进而干预叙述框架时，则认为文本中出现了叙述的跨层。如《红楼梦》中，空空道人受到贾雨村的指点去寻曹雪芹。空空道人是小说元叙述层面的人物，而贾雨村是小说主叙述层次之内的。这个贾雨村与空空道人是不在一个叙述层次上的，因此是个跨层人物。而叙述文本中还有比较奇异且极端的一种类型，在分层次的叙述中，下一层次的叙述卷入了上一层次的叙述设立下一层次叙述的行为，呈现出一种怪圈式的叙述，这种情况就是回旋跨层。在回旋跨层中，下一层次叙述不仅被生成，而且回到自身生成的原点，再次生成自身。这种特殊的叙述在《镜花缘》中可以见到。书的第四十八回写到唐小山在小蓬莱见到玉碑，上面记载日后要发生的事情。唐小山抄下了玉碑上的文字，这些文字就是这本《镜花缘》的故事。也就是说，《镜花缘》的主叙述中交代了主叙述的来源，唐小山抄下的碑文写明了唐小山抄碑的过程。这在逻辑上是不可能的，但是却出现在小说的叙述中，这就是回旋跨层。这种现象在西方学术界也有过类似的讨论，体现在文化和艺术的诸多方面，其中莫比乌斯环就是一个很好的例子（如图3-10左一所示）。《周易》思维的核心图式——太极图，在这一方面有异曲同工之妙。杨树帆在《周易符号思维模型论》中这样说："太极思维是回环往复的曲线思维，不是直线式的思维形式。宇宙是无限，在广袤的

---

① 赵毅衡：《广义叙述学》，成都：四川大学出版社，2013年版，第292页。

宇宙空间，直线只是其中的局部，太极图的外层大圆圈是曲线，中间反 S 形也是曲线，是两个相等的内切圆左右反向连接而成。这个图告诉人们任何事物是没有起头没有结尾的。没有起点，没有终点，永远是欲上先下，欲左先右。原因就是结果，结果也是原因，总之任何事物都是互为因果的。"① （如图 3－10 右一所示）也就是说，《周易》模型的图式首先就体现了回环往复的特征。这种特征反映了阴阳的互变与融和、有无相生、循环不止的思维模式。在文本形式的统一中，这种回旋思想同样主导着《周易》文本的符号组合，造成《周易》叙述形式上的回旋跨层。

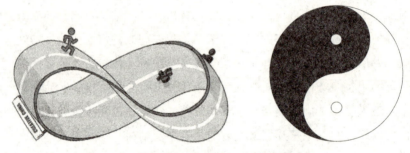

图 3－10　莫比乌斯环（左一）与太极图（右一）

叙述学中的回旋跨层主要体现于一类打破文本叙述线性时间逻辑的特殊文本中。分析《周易》文本叙述中的回旋跨层，一个重要问题就是：《周易》何以使打破时间线性成为可能，并得以叙述其自身如何生成。这首先还是要从卦序爻位排列的转喻性说起。《周易》中卦与卦之间组合的先后关系是有一定规律的。六十四卦中，每一卦有六个爻位，整部《周易》通过卦与卦之间的组合而将总共 384 个爻位进行了有序的排列。就《周易》符号文本的建构而言，这个卦位及爻位的排列体现了文本对组合轴的建构，而组合往往体现出转喻的修辞色彩。因而，《周易》的爻位序列实际上是对宇宙万物变化的转喻拟像，以完成对宇宙规律的比喻性陈述，不同卦象的转变说明了事物发展并非静止的道理。这种周流变化反映出《周易》哲学精神中的一种循环性与反讽性。

六十四卦秉承着"二二相耦，非覆即变"的基本规律，实际上也正包含了

---

① 杨树帆：《周易符号思维模型论》，成都：四川人民出版社，1998 年版，第 59 页。

事物向它的对立面转化的思想。不仅是卦的隐喻反映出二元对立，在卦序的排列中这种二元之间的转化更是对立的体现，并且体现出对立之中的一种相互转化与融合。正所谓"阴极阳生""否极泰来"。这种循环性体现在每一卦中爻位的变化与发展顺序中。《乾》《坤》是六十四卦中最根本的卦，《坤》卦上六爻说："龙战于野，其血玄黄。"这即是一种阴极阳生之象，体现阴阳互变的循环。《坤》卦之性本是柔顺，但上六之位阴爻却违背阴柔之道，而导致其与阳的争夺。这是违背坤顺之德的结果，在逻辑上却是自然而然的态势，抛物线在经过最低点之后必然趋于上升。不仅在一卦之内，卦与卦之间亦会出现回旋态势。如前面章节中提到《剥》卦的例子，五阴在一阳之下，有颠覆之意。"初六，剥床以足，蔑；贞凶。""六二，剥床以辨，蔑；贞凶。""六四，剥床以肤，凶。"剥由初及上，从床脚开始逐渐切近人身，极为凶险。但是随之而来的《复》卦又显现出阳气逐渐恢复的状态，这同样是事物发展规律中循环性的体现。在循环互变中，卦与卦之间，爻的变化之中存在一种反向的翻转。正如老子论"道"，同出而异名，牟宗三认为这便是"玄"的最大特征，而《周易》则将儒家的玄思全部展开。[①]《周易》的意义结构体现出二元之间的对立与融会，"位"在时序流变中的这种翻转是对原初状态的回归，也是对初始发展方向的颠覆。六十四卦以《乾》《坤》二卦为始，以《既济》《未济》为终。这体现出一种经艰难变化而来的相对完满的状态，最终在事物发展运行的循环中被全然打破，还原为新一轮循环的源头。384个爻位的整体排列与转化是在《周易》文本的叙述上进行的一次大规模的循环与翻转，其体现的还是对世事变幻的转喻性拟像，并且是一个由创建到打破乃至再度创建的完整周期。可见，《周易》无论是在其太极图的思维模型上，还是具体的爻位卦位乃至整体的卦序排列上都体现了阴阳互变、回环往复的思想。这些思想体现在符号的叙述中，并且不断出现，形成类似重复叙述的现象。尤其在《周易》六十四卦的整体叙述中，首尾之间的循环交接更是体现出叙述形式上的回旋跨层。赵毅衡先生在《广义叙述学》中提道："太极图的黑白相间，不是简单的无限循环，而是'步步升级'的跨层无限循环，即走出 A 层次到 B 层次，然后又回到 A 层

---

① 牟宗三：《周易哲学演讲录》，上海：华东师范大学出版社，2004 年版，第 5 页。

次的循环。"①

　　叙述的发展配合着时间的线性规律，一些叙述往往打破时间的单向维度，而呈现不同的结构和类型。在极端的叙述中，文本叙述的最终结果反而生成了叙述源头，这在逻辑上是不可能的，却在叙述的形式中频频出现，就如前文《红楼梦》的叙述结构。而在《周易》中，其叙述依然体现了这样的特点。依照叙述时间的线性逻辑，类同的叙述逻辑依然存在于不同维度。《周易》叙述的过程也是一段历史的发展进程，历史往往被认为是有循环性质的，但这并不是否认历史是依据时间的线性过程向前发展，而是说历史中的一些事物的发展总是具有规律性。但即便是相似的事物，在历史的发展中也绝不能相互等同，而应该被看作不同历史阶段的产物。从历史整体的进程来看，事物仍然是向前发展的。《周易》文本利用384个爻位组合完成了宇宙万物的同一层次的叙述，之后进入下一层次的叙述。只是在下一层次的叙述中，《周易》总结出了一整套对事物发展规律的符号表述。这套表述对应于世间万事万物，具有相当程度的普适性，因而同样适用于对新一层次的事物运行规律的描写。

　　相同的规律使其文本书写具有相当程度的重复性，体现在《周易》的卦序和爻位的组合中则呈现出其转喻的重复拟像。前一轮的叙述中，最终得到《未济》的卦象变化。《未济》打破了原有的状态，一切必然呈现于变化之中。正如"天下分久必合，合久必分"，这是打破秩序之后呈现的一片混沌状态。混沌之后便会重新出现两仪分化，乾坤始奠。这就重新返回到《周易》六十四个卦象叙述的开头《乾》卦与《坤》卦了。也就是说《乾》《坤》为始的变化中逐渐生成了之后的诸多卦象更替，但在最终六十四卦的叙述发展到极致之后又重新走向混沌，从而打破了原有的意义分节，之后又在此生成新一轮的《乾》《坤》变化，每一轮的叙述都出现在不同的叙述层次上。虽然《周易》符号之间的连接在具体的事物发展中可以依据时间的线性规律来预测变化，并不会出现逻辑不可能的叙述状态，但是《周易》的符号是为了传达事物发展的规律和特点，这些规律和特点本身是抽象的，也是平行的。它们虽在时间中发展变化，却不存在本质上的差别。也就是说，《乾》《坤》生出《未济》，与《未济》又生出《乾》《坤》在道理上是相同的，都是对客观规律的描述。如果从抽象

---

① 赵毅衡：《广义叙述学》，成都：四川大学出版社，2013年版，第283页。

的层面来看，初始生成了终结，终结又走向了初始，进而生成了初始，也就体现出《周易》叙述中典型的回旋跨出特征。在不同层次间，不断的重复拟像之中，《周易》的叙述文本消解了其层次的概念。其叙述本是一种螺旋上升的结构，由于层次的消解而丧失了空间向度，因此在文本的结构上呈现出一个首尾连接的平面循环图式。对规律描写的重复拟像造成了时序上倒错的假象，《周易》的叙述文本也就得以打破时间线性逻辑上的悖论。从而，《周易》的叙述也就在结构形式上奠定了其周而往复的辩证思想和意义规则，建构出一种特有的回旋跨层的叙述模式，以此不断重复地生成自身。

由上文的论述可知，《周易》的思维总体上呈现出循环不息、回环往复的特征，并且，其思想内容与叙述形式保持了高度的一致性。一卦中的爻位变化、卦与卦之间的转换关系乃至六十四卦的整体卦序排列中，无不反映了《周易》这种循环变化的特点。太极图的思维图形体现于叙述中则呈现出《周易》卦位及意义在整体排列上的回旋跨层模式，这是《周易》文本叙述的一个重要特征。

第四章　《周易》表意思维的认知逻辑

《周易》文本搭建起了一个复杂的表意系统，其中的图画和文字符号在语言形式上体现了该结构中的逻辑关系。观物取象、联想思维以及类比推理皆是《周易》表意中的典型认知方式。通过对这些问题的考察，我们可以进一步理解《周易》意义建构和传达中的内在特点。

第一节　文本的叙述范式与意动性特征

《周易》这部典籍涉及社会生活的诸多方面，在对中国先秦时代考察中常被用来佐证史实，具有较强的纪实特点。《周易》本身又是实用性极强的卜筮文本，其功用在于占断事物发展的吉凶祸福。从符号叙述的角度进行考察，会发现含蓄简洁的《周易》在文本内部和应用实践层面都蕴含了丰富的情节变化。在语言的形式逻辑上，《周易》具有独特的叙述话语范式，并且叙述内外文本之中均可以透过范式表达出叙述话语中"以言成事"的意动色彩。

一、《周易》叙述文本的分类

历代对《周易》文本的考察往往针对其经传部分，包括《周易》卦画、卦辞以及《易大传》中的《系辞》《象》《彖》《文言》《说卦》《杂卦》等。这些经传的图画和文辞包含了许多叙述情节。如《屯》卦六二爻辞"屯如，邅如，乘马班如，匪寇婚媾"，描绘了求婚者行路困难，乘着马徘徊难进的情景。六三爻辞"即鹿无虞，唯入于林中"，讲述一个人要捕捉一头鹿，而鹿跑入了山林中。在没有看守山林的虞人引路的情况下，这个人就贸然追进了山林，最后迷失在里面。这些文辞虽然简单，叙述的内容却非常丰富，叙述场景也很生动，甚至有完整的故事情节。这样的文辞在《周易》文本中大量存在，并且配合卦画的图像来说明事物变化的规律。

从《周易》文本内部进行考察，首先可以将其中的叙述分为图像叙述和文辞叙述两大类。从广义叙述学来讲，叙述并不一定要限制在文字领域中，因此《周易》的卦画符号自然可以被解读为一种叙述。从叙述的角度分析，图像符号不仅能够表意，还有讲故事的功能。最简单易懂的卦画符号莫过于《乾》《坤》，因为符号全部由阳爻或阴爻组成。阳爻代表了刚健进取的精神，阴爻则代表柔和而沉静。六爻卦画从下到上依次排列，构建了一个用于叙述的时间向度。在这个时间向度中，六爻卦画符号携带着象征意义进入表述，其中隐藏着主体身份。通过阐释和应用，主体会随着情节发展不自觉被带入。《乾》卦描绘（一个人或群体）不断追逐、奋进的历程，《坤》卦则讲述了一个由始至终都充满柔顺谦和的故事。而其他六十二卦的卦画符号也莫不如是，只是阴阳符号之间的关系更为复杂，相比之下其叙述情节不甚明了罢了。

《周易》文辞中的叙述色彩浓厚。一般说来，这些叙述大多都不指明叙述主体。如上文中提到的《屯》卦，仅从卦辞来看并不能确指是何人乘马，何人逐鹿。"即鹿无虞，唯入于林中。君子几不如舍，往吝。"这句话在时间上描述的是既成事实，没有提出假设的关系，也就是说叙述主体已经进入林中。这个叙述主语可以是"君子"，也可能是其他某个人，爻辞只是以别人为例子告诫君子。这种叙述主语不出现的情况在《周易》文辞中很常见，如《屯》卦上六爻"乘马班如，泣血涟如"，也是将主语隐去。但乘马和泣血必定是以人为主体的活动，这很明显是一个叙述行为，并且此段叙述与前面六二爻辞"乘马班如"的叙述情节相联系，属于同一个故事系统。又如《讼》卦上九爻辞"或锡之鞶带，终朝三褫之"，同样没有主语，但是叙述情节完备。结合《讼》卦卦名意义可知，叙述的是主人公因为与人争讼，一开始获得了被赐予鞶带的荣耀，但是一天之内就被褫夺了多次。仅就爻辞本身来看，叙述的情节已经相当完整。《象》说"以讼受服，亦不足敬也"，也为叙述情节加入了一些意义阐释和补充的成分。像这样的卦辞在《周易》中俯拾皆是。再如《困》卦六三爻辞"困于石，据于蒺藜。入于其宫，不见其妻"，《随》卦六二爻辞"系小子，失丈夫"，《解》卦九二爻辞"田获三狐，得黄矢"，等等。《周易》文本中这些文辞只言片语，却可以建构出意义图景，甚至带有诗意化色彩。《中孚》卦的九二爻辞曰："鸣鹤在阴，其子和之。我有好爵，吾与尔靡之。"这卦的六三爻辞"得敌，或鼓，或罢，或泣，或歌"，就如同马致远那首《天净沙·秋思》中的"枯藤老树昏鸦，小桥流水人家，古道西风瘦马"，词语堆砌中描绘了一幅充满生活气息的图景。另一方面，省略叙述主语会使文辞的意义获得普遍性，突破了叙述主体的特殊限定，个别性案例就可能被认定为事物的普遍发展规律。这非常适用于《周易》这类卜筮文本，使求问者能够结合自身情况顺利进入符号文本的话语系统。

此外，也有卦的爻辞在叙述中保留了主语的形式，如《大壮》卦上六爻辞"羝羊触藩，不能退，不能遂"，说的是一只公羊角被藩篱挂住，既不能退，也不能进。又如《晋》卦卦辞"康侯用锡马番庶，昼日三接"，《解》卦上六爻辞"公用射隼于高墉之上"，《升》卦六四爻辞"王用享于岐山"，《归妹》卦上六爻辞"女承筐无实，士刲羊无血"，等等。这些卦爻辞中都保留了叙述情节中的主语。虽然和无主语的卦爻辞比起来，此类文辞相对较少，但在《周易》文本中依然占有一定的比例。以上所说的图像叙述以及两种文辞叙述皆存在于《周易》文本内部，可以归为一类，即文本内叙述。

在实际的卜筮应用中，求问者从具体事件出发，结合《周易》卦爻辞的意义来判断吉凶。这时候，阐释者根据卦爻辞对事件作出的预测就成为一种特殊的叙述。一般情况下，这类叙述都是由巫史等占断解卦的人主导：先提出要占断的事件；然后说明占得的卦象和变爻，引出之卦；再依照《周易》卜筮法解读的规则，引用卦辞和爻辞符号的意义进行论说。《左传·宣公十二年》：

> 晋师救郑……及河，闻郑既及楚平，桓子欲还……彘子曰："不可。……"以中军佐济。知庄子曰："此师殆哉！《周易》有之，在《师》之《临》曰：'师出以律，否臧凶。'执事顺成为臧，逆为否，众散为弱，川壅为泽。有律以如己也，故曰：律否臧，且律竭也。盈而以竭，天而不整，所以凶也。不行之谓临。有帅而不从，临孰甚焉？此之谓矣。果遇必败，彘子尸之，虽免而归，必有大咎。"①

---

① （晋）杜预注，（唐）孔颖达等正义：《春秋左传正义》，（清）阮元校刻《十三经注疏》，上海：上海古籍出版社，1997年版，第1879页。

在这段卦象释读中，知庄子引用了《周易》中《师》卦初六爻辞，并用从《师》卦变成之卦《临》卦的事态来比喻当时的军事情况。爻辞说"师出以律，否臧凶"，告诫出兵一定要遵从法令，法令不严明，结果必然凶险。有法令指挥三军就应该如同指挥自己一样，才叫作律。现在《师》卦初六阴爻变为《临》卦的初九阳爻，结合龁子军队中军纪不严明的现实状况就更加有说服力。而《临》卦的意思是不能流动，现在军队不服从统帅的命令，以至于不能灵活行动，这就是最严重的"临"。因此，龁子此战必败并会遭遇严重的后果。卦象解说结合了《周易》文本中的卦爻辞，对现实生活中的情况作出判断。这类叙述有自身的范式特点并超出了文本有限的范围。区别于《周易》中图像和文辞的文本内叙述，这类叙述可以作为《周易》应用于实践的文本外叙述。

二、《周易》叙述语言的范式

《周易》中的卦辞和爻辞是有一定的结构规则的，关于这个问题很早就有学者分析过。20 世纪 90 年代，李廉曾在他的专著中具体归纳了卦爻辞的结构范式。① 结合他的观点，笔者将《周易》文本内叙述的文辞范式大体做如下总结。

首先，每一个六画卦都有一个卦名，卦名奠定了卦象意义的整体基调。以《大过》卦为例，"大过"为此卦的卦名，这是一卦中必须具备的部分。卦辞曰："栋桡，利有攸往，亨。"这其中"栋桡"是对卦义的比喻，可以称为"比喻成分"；"利有攸往"是针对此卦卦义作出的意动性指导，即占得此卦应该如何去作为，可以称为"意动成分"；"亨"是对此卦吉凶的判断，可以称为"占断成分"。因此，标准的卦辞语言范式由四部分组成，即卦名、比喻成分、意动成分、占断成分。这个表述和李廉的提法大致相同，但有两处区别：其一，四个组分的名称有所更改。"比喻辞""占断辞"这些名称倾向于强调成分来源于《周易》卦爻文辞；而称为"比喻成分""占断成分"等则是说明四个部分只是卦辞的基本组成，并不存在彼此的先后顺序，也不一定要求在一个卦辞中四个成分都必须出现，它们只是在固有的结构范式之中相互组合而已。就《周

---

① 李廉：《周易的思维与逻辑》，合肥：安徽人民出版社，1994 年版，第 20～21 页。

易》卦辞的实际情况来看，各成分的组合顺序是比较随机的。并且，大部分卦辞都没有完整的四个成分。这有可能是卦辞本身如此，也有可能因为《周易》流传时代久远，原来的卦辞在传播中有所缺失。即便四个成分不完整，其他成分依然遵循着范式结构特点，"非范式"的卦辞不应比符合"范式"的卦辞多。其二，将"利有攸往"这一类所谓的"附载辞"改称为"意动成分"，因为这类文辞是最能体现《周易》叙述意动性部分，并且是文本中极为重要，也占有很大比例的部分，不是附加上的可有可无的。依照这个范式，《周易》中的卦辞结构几乎都可以被囊括其中。例如《离》卦卦辞："利贞。亨。畜牝牛。吉。"《无妄》卦卦辞："元亨，利贞。其匪正有眚，不利有攸往。"

爻辞的语言范式与卦辞几乎一致，由"爻名""比喻成分""占断成分"和"意动成分"组成。例如《噬嗑》卦九四爻："噬干肺，得金矢，利艰贞，吉。""九四"是爻名，"噬干肺，得金矢"是此爻辞中的比喻成分，"利艰贞"是意动成分，"吉"是占断成分。爻辞相对于卦辞更加不规则，并且叙述色彩更浓，如《坎》卦六四爻辞"樽酒簋，贰用缶，纳约自牖，终无咎"，讲的是祭祀的时候摆放酒樽和簋，旁边辅以两个缶，从窗口酌酒。这里描述了祭祀过程中的一个仪式，有很强的纪实性，但依旧属于范式中的"比喻成分"，以一个事件为整体来比喻事物的道理。又如《渐》卦九三爻辞："鸿渐于陆。夫征不复，妇孕不育。"其中"鸿渐于陆""夫征不复""妇孕不育"都是对事态规律的比喻，只不过多了比喻结构协同表意。爻辞语言范式为：爻名＋比喻成分＋占断成分＋意动成分。文本内叙述基本集中在比喻成分中。从上述例子可知，这个比喻成分并非全部都具有比喻的语言形式，而大多是以一段叙述来引入事，如"樽酒簋，贰用缶，纳约自牖"，这就如同《诗经》语言中"赋"的表现手法。同样，在比较《周易》与《诗经》的语言特点时会发现，《周易》中也不乏"比""兴"手法的运用，如"枯杨生华""枯杨生稊"，又如"鸣鹤在阴，其子和之""明夷于飞，垂其翼"等。这些充满诗意的语言表达均出现在卦辞和爻辞范式的"比喻成分"中。

文本外叙述看似随意，其实是有一定规律的。因为这类叙述是对卜筮过程和意义的解说，因此必然要服从于卜筮操作和解卦的原则，而卜筮中卦象的生成和变化都是有一定之规的，这样就使文本外叙述遵循着相对固定的语言范式。《左传·闵公元年》：

毕万筮仕于晋，遇《屯》之《比》。辛廖占之曰："吉，屯固，比入，吉孰大焉！其必蕃昌。震为土，车从马，足居之，兄长之，母覆之，众归之，六体不易，合而能固，安而能杀，公侯之卦也。公侯之子孙，必复其始！"①

以此占例而言，实际卜筮的过程中，首先需要说明占筮者所要占断的问题，即"毕万筮仕于晋"，又如上文知庄子占断虢子行军胜负，这些都是卜筮所要求问的"占题"。这是占筮的基础，也为卦象和文辞的解读划定了意义范围。通过卜筮得到的相应卦象，是用于占断占题吉凶的依据，如此占例中的"遇《屯》之《比》"和上例中的"《师》之《临》"是占断的"取卦"。取卦必然有卦象，通常情况下六爻中会有变爻，这样就会产生之卦。若六爻皆不变则以本卦卦辞为占，不产生之卦，因此取卦格式不必固定为"遇……之……"；并且，即使不依靠实际的占筮操作，有时候占断者依然能够得出卦象乃至变卦，这取决于占断者对《周易》经传卦变的认识和自身经验。通过对《周易》的理解及对日常生活和事物发展细致入微的观察，可以得出符合规律的判断，这也是"善易者不占"的表现。占断者根据卦象和文辞展开推断的论说是卜筮解读叙述中的"占论"，这个论说可长可短，是依据卦象文辞解说的原则包含卦名、爻名、卦辞、爻辞、卦象和爻象类比的综合论说，受卦象变化繁简程度影响。占例中，"吉，屯固，比入，吉孰大焉！其必蕃昌。震为土，车从马，足居之，兄长之，母覆之，众归之，六体不易，合而能固，安而能杀，公侯之卦也。"这个取卦融入了《屯》卦和《比》卦的卦名卦义解释，同时拆分了两卦的卦象，得到震象和坤象，再类比引申到其他的物象并将它们结合在一起。最终，占断者会得出卦象解读的"断辞"，这是每一次占断论说的必然结果，也是占断的目的。此占例中，"公侯之子孙，必复其始"，便是毕万出仕晋国这一占筮的"断辞"，占断者推断这是一个吉兆。以此占例来归纳实际卜筮解说的语言范式，发现此类文本外叙述也包含了四种成分：占题＋取卦＋占论＋断辞。

① （晋）杜预注，（唐）孔颖达等正义：《春秋左传正义》，（清）阮元校刻《十三经注疏》，上海：上海古籍出版社，1997 年版，第 1786 页。

除此四种成分，有时候可能还会出现第五种附加成分，即占断之后根据现实中事态的走向来反观验证占断的结果。在商周时期的占卜中，巫史有对占卜结果作出验证说明的惯例，并记载在相应的龟甲和骨片上。因此，"验证"可以算作文本外叙述中四种成分之外的附加成分，体现了卜筮与现实之间的密切关联。但是一般作为演示性叙述的卦爻辞解说不会包含验证部分，这非但不必要，更是不可能的。因为《周易》叙述用于预测，是一种意动性叙述，其意义是指向未来的。而验证部分只有等事情发展到后面才能看到结果，二者不可能共存于同一时间段。叙述中两者共存只能发生在验证部分事实发生之后，这时原本的卦象论说指向的未来时刻也已成为既定事实。卦象解说的意动性叙述变成了记录历史和过往事件的陈述性叙述。而《国语》和《左传》等典籍中的占例之所以会出现事件结局来验证卦象解说，正是因为它们本身都是纪实性的记录文本。以《周易》的推断事物的预测功用而言，它的意动性叙述性质更值得探究。

三、《周易》"以言成事"的意动性叙述

"以言成事"的理论原本来源于语用研究。语言学对语句的分析包括"含义"和"语力"两部分。弗雷格提出"含义"关注的仅是语句内容的真实性，但语言在表达过程中产生的某些特定功能同样值得思考，这就是语力。[①]我们所说的一句话会产生一定的作用和效果，比如疑问或命令等。在此基础上，奥斯汀提出了言语行为可以分为三个类型，这也是关于语力研究比较精彩的论说，前面章节中也引用过这一理论。奥斯汀认为当人说出一句话，单纯用来表达意义，这时候语句的效果是"以言言事"；而当说话本身成为"施事行为"，话语表达本身即在完成交际的任务，这时候语句发挥了"以言行事"的效果；当语句作用于取效，通过说某事而造成或获得某种结果，例如说服、劝说、吓唬等，这时候语句就具有了"以言成事"的语力效果。[②]

随着叙述学理论的发展，语力效果的研究已经不仅仅局限于语句中，更用

---

① Michael A Dummett. "Sense, Force and Tone" in (ed) S. L. Tozohatzidis, Foundation of Speech Act Theory: Philosophical and Linguistic Perspective, London: Routledge, 1994, PP. 195～202.

② 丘惠丽：《奥斯汀言语行为论的当代哲学意义》，《自然辩证法研究》2006 年 7 月号，第 37～42 页。

来探究叙述的功能问题。叙述根据时间向度可以分为三种类型。第一类型：当时间向度停留在过去，叙述便是对既成事实的记录，这种叙述便是记录类叙述，就如上文提到的典籍中关于卜筮结果验证的记载。这时叙述的主导语力便是奥斯汀所说的"以言言事"，陈述事实本身便是目的。第二种类型：当时间向度处于当下，叙述是一个正在进行的过程，叙述的内容也在过程中不断生成，这便是演示。演示类叙述包含多种体裁，如戏剧、舞蹈等，从广义叙述来讲甚至包括游戏和比赛，这时的叙述主导语力体现为"以言行事"。在《周易》文本外叙述的语言范式成分中，"占论"几乎是一种演示性叙述。虽然《周易》从整体上来讲是用于预测未来的文本，但是"占论"中的意义生成却是在当下进行的。占断者结合卦爻变化运用文辞和卦象关联比照现实，这个思维过程虽有一定规则可循，但依然是非常随机的。可以说，占断者提出占论的过程更类似于一个演示性活动，甚至对卦符的各种推演也不亚于一场表演。不同的阐释者可能会提出不同乃至意义截然相反的"占论"。同一个占断者也可能在多次叙述中得出不同的"占论"。这种带有随机和即兴特点的叙述更符合演示性叙述的特点。只不过这一类叙述只是《周易》整体叙述中的局部分析，仅从这一点来看，《周易》的文本叙述内部其实更为复杂。第三种类型：当时间向度指向未来，叙述作用于接收者，要求文本接收者采取行动，这类叙述带有明显的意动性。所谓"意动"，意味着去做某事。雅各布森关于符号文本六功能中曾提到以符号接收者为主导，符号文本会体现出较强的"意动性"，即促使接收者作出某种反应。最极端的例子是命令、呼唤句、祈使句。[1] 意动性叙述大多承诺某件事会发生，或者以恐吓、警告等方式使文本接收者不去做某件事，这也是叙述造成的意动性影响。总之，这类叙述是叙述发送与叙述接受之间的意向性联系，期盼接收者在接收文本之后采取行动以"取效"。[2] 意动性文本的时间向度指向未来，最典型的体裁是预言和广告。这类叙述都是希望人们听从叙述的指导作出改变，以达到"以言成事"的语力效果。

　　《周易》按照宇宙的一般规律来指导人们避凶趋吉，决断自己的行为。六十四卦通过卦画、卦名、卦辞以及拆分出来的三百八十四爻，结合占筮卦象

---

[1]　Judith Williamson. Decoding Advertisements, London: Marion Boyars, 1978, P. 177.

[2]　赵毅衡：《广义叙述学》，成都：四川大学出版社，2013年版，第57页。

与现实关联，建立起一个囊括一切社会现象和行为的逻辑系统。这个系统用以对事物的发展进行预判和推断，其时间向度很显然是指向未来的，属于意动性叙述中最为典型的预言体裁。前文分析《周易》文本内叙述语言范式时频繁提到"意动成分"，也体现了《周易》文本的意动性特点。

《周易》的文本外叙述从整体上看更是典型的意动性叙述，这与前面提到的"占论"部分的演示性叙述看似矛盾，其实不然。以《左传·僖公十五年》为例：

> 秦伯伐晋，卜徒父筮之："吉，涉河，侯车败。"诘之。对曰："乃大吉也，三败必获晋君。"其卦遇《蛊》曰："千乘三去，三去之余，获其雄狐。"夫狐蛊，必其君也。蛊之贞，风也。其悔，山也。岁云秋矣，我落其实而取其材，所以克也，实落材亡，不败何待！……①

这一占例中，"秦伯伐晋"是占题。取卦为《蛊》卦（此占中没有变爻和之卦）。占论是"千乘三去，三去之余，获其雄狐""夫狐蛊，必其君也。蛊之贞，风也。其悔，山也。岁云秋矣，我落其实而取其材，所以克也"这部分文字。这几句话只是推论过程的演绎，单就这两段叙述本身来看，完全可以看作是卜徒父针对卦象意义的演示性论说。断辞是"吉，涉河，侯车败""实落材亡，不败何待"这两句。将这段叙述语言进行归类会发现，真正带有意动色彩的部分只是断辞，而断辞的意动性却决定了整段叙述的体裁性质。这体现了意动性形式特征对叙述语力具有至关重要的影响。

《周易》既然属于意动性叙述，就必然要满足意动性叙述的几个特征。

第一，意动性叙述的"以言成事"虽然指向未来，却是纪实性叙述的一种。因为这类叙述"以令人不满意的现实为出发语境，提出只要做什么，这种情况就会改变，因此是预支的纪实。这种符号文本的意义指向是'透明'的，它要求用'即将来到'作为解释。只是接收者要按此做了某事后，才有权进行事实检验，因此可以称为'拟纪实'"②。《周易》用于推断事物的未来状况，

---

① （晋）杜预注，（唐）孔颖达正义：《春秋左传正义》，（清）阮元校刻《十三经注疏》，上海：上海古籍出版社，1997 年版，第 1805～1806 页。

② 赵毅衡：《哲学符号学：意义世界的形成》，成都：四川大学出版社，2017 年版，第 331 页。

从大框架来讲，这个推断针对现实情况就不可以是虚构的，否则推断也就变成虚假，不再是有意义的活动。在实际卜筮解说的意动性叙述过程中，占断者根据卦象结合现有的状况进行论证，推断事件的未来走向，并给求问者一个行为指导。无论占断者还是求问者的认知中都确信现有状况已经对事情的发展产生作用，依照卦象给出的提示必定会影响事态发展。因此，《周易》叙述整体框架上要保持真实性。至于叙述框架内部是否具有虚构成分，就涉及叙述中的区隔和跨界了。这个问题较为复杂，后面章节会做具体讨论。

第二，《周易》的占断者针对求问者要预测的具体事件分析卦象，给出指导性意见。叙述的发出者和接收者之间关系明了，否则就不能构成意动性叙述。因为求问者不会根据一个来源不明的意义判断而采取行动。同样，占断者如果没有将叙述意义有效传达，指导性信息无法发出，那卦象的论说就只能停留在单纯的符号意义分析上。没有了意动成分和意动形式的叙述就无法再构成意动性叙述。

第三，卜筮用来预测，所求问的事件必然是发生在未来的。但是占断者是根据卦象进行言说，采用的叙述时态一般均为现在时，即便是叙述中的意动成分和断辞也不必呈现为将来时。如前面引述秦伯伐晋占例中卜徒父所言"涉河，侯车败"。这句"断辞"中没有明显的将来时态，但并不影响叙述的未来指向，也不会产生理解上的误会，因为卜筮的体裁特点已经限定了叙述的时间向度。

最后，无论是文本内的叙述或是文本外的卦象解读，《周易》都不会在叙述中给出明确的事实结论。《周易》解说中能够给出的只是一个推论演绎的结果判断。事实的结局如何，只能等到求问者采取行动之后才能见分晓。这就回到了前面关于卜筮结果验证的问题上，此时的叙述已经不再具有意动能力了。

综上所述，《周易》的叙述可以根据文本内的卦画文辞和实际操作的卜筮阐释分为两类，且每一类叙述都有相对固定的叙述语言范式。《周易》叙述语言范式的各成分间相互组合，叙述类型混杂，但总体上由"以言成事"的语力功能主导，具有意动性叙述的特征。

第二节　符码特征与取象的认知建构

文本的符码具有强编码或弱编码的不同类型。符码的这种特征与"物－符号"的二级特征相联系，当符码偏向于强编码时，文本的性质偏向于符号性，具有符号表意的片面特征；当符码偏向于弱编码时，文本的性质偏向于事物，在认知中类似于对事物的多维度探索，从而使文本阐释得出不同层面的意义。《周易》的文本阐释以观物取象为特点，卦画、卦辞与《易传》等系统都与"象"的建构密切相关。通过《周易》的取象思维，可以深入发掘《周易》作为弱编码文本在阐释中获取多重意义的认知过程，进而探索中国传统文化的符号表意特点。卡西尔说："（文化的）人不再生活在一个单纯的物理宇宙中，而是生活在一个符号宇宙中。"① 符号的阐释逻辑与符码特征对于符号的应用和解码至关重要。《周易》文本的弱编码特点和取象思维赋予了符号阐释的多维度和复杂性。

一、符码性质中的"物－符号"二级特征

符号传达过程中，最理想的状态莫过于：信息发送者能够将要表达的意义通过符号有效编码，形成意义的文本载体。信息接收者在文本的基础上对符号信息进行解码，从而能够得到信息发送者赋予符号文本的意义，并顺利达到信息发送者的意图定点。但是，在实际的符号阐释中不见得所有的符号表意都能够通过解码指向原来的意义，能够使符号接收者确切达到信息发送者意图定点的文本几乎不存在，因为符号传达造成信息流失是必然的；并且，意图定点在符号意义的传达中有时并不明确，以至于符号的无限衍义不断生成累积新的阐释。当符码能够像电报密码或科学公式那样清楚解析时，符号意义能最大限度地保持原有意义的有效传达，这种符号文本就是强编码文本。例如在天气预报里，播报员的语言必须按照强编码文本的要求来组织编码，对阴雨或晴天等不同的气候变化都要作出明确的表述。过于模糊和模棱两可的表达在此语境中都是不合适的，并且不可运用反讽等修辞手段。"无论是悖论或反讽，都是一种

---

① （德）恩斯特·卡西尔：《人论》，上海：上海译文出版社，1985 年版，第 45 页。

曲折表达，有歧解的危险，因此不能用于要求表义准确的科学/实用场合。"①
而当符号文本是弱编码时，发送者不能强制符号接收者因此对符号信息的解释
达到意图定点。符号接收者因此对于符号的阐释就有更大的空间，只要他的解
释能够自圆其说即可。

　　大部分文学和艺术文本都属于弱编码文本。《周易》是其中的典型代表，
六十四卦都是由阴阳符号组合而成的。每一个别卦由两个八经卦符号组成，三
画的卦符皆具有不同的自然寓意。《屯》卦上卦是坎，下卦是震，《象》曰：
"云雷屯，君子以经纶。"② 而在《讼》卦中，上卦是乾，下卦是坎，《象》的
解释却是："天与水违行，君子以作事谋始。"③ 同样是坎卦，在两卦里分别被
解释为云和水。从自然的角度来讲，云中含有大量的冰晶，液化而成雨水，本
身也是水的不同物理状态之一，因此可以用代表水的坎卦来解释。但是，卦画
的呈象与具体的解释之间如何获得一种理据，这个阐释的过程很难找到一个确
切的定论。而从卦画图形联系到意义的自然物象，最终将符号阐释的意图定点
定位到君子的行事为人，这其中的意义跨度更需要解释者从不同的角度来自行
填补，即便能够自圆其说，也难以还原符号发送者原本的意图，而这种情况在
《周易》文本内比比皆是，无不体现其符号弱编码的特性。

　　在认知中，意识所面对的"事物"可以分成三种：第一种经常被称为
"物"，它们不只是物体，而且包括事物，即物的变化；第二种是再现的，媒介
化的符号文本；第三种是别的意识，即其他人（或其他生物或人工智能）的意
识，包括对象化的自我意识。这三种"事物"形成了世界上各种意义对象范
畴。④ 这三类事物有很大的差别，第一类是客观存在物；第二类是已经媒介化
的符号载体，是我们生活中已经具有形态的绝大部分符号再现物；第三类事物
则较难把握，是未经媒介化的符号形态，甚至包括所谓的"心像"。后两类都
可作为携带意义的感知，是符号。而客观存在物具有整体特征，只有当它作为
某种意义的再现体时，它才成为符号，被片面地关注。物本身具有无限的细

---

① 赵毅衡：《哲学符号学：意义世界的形成》，成都：四川大学出版社，2017 年版，第 209 页。

② （魏）王弼、（晋）韩康伯注，（唐）孔颖达正义：《周易正义》，（清）阮元校刻《十三经注
疏》，上海：上海古籍出版社，1997 年版，第 19 页。

③ （魏）王弼、（晋）韩康伯注，（唐）孔颖达正义：《周易正义》，（清）阮元校刻《十三经注
疏》，上海：上海古籍出版社，1997 年版，第 24 页。

④ 赵毅衡：《哲学符号学：意义世界的形成》，成都：四川大学出版社，2017 年版，第 3~4 页。

节，比如一支钢笔在样式、材质、品牌、规格、耐用程度、产地、是否为限量款等方面均可以被意识考察，每一个方面都有可以具体分析的细节，这些并不是人的认知可以穷尽的，正如人类对知识的学习只能上下求索却注定永无止境。"物本质上的超理解性，因为意识把部分观相变成符号而获得意义性，符号对意义世界的模塑，形成周围世界的可理解性；物的细节无限性，因为意识的有限能力，变成意义世界的有限性。"① 意识在观照物的时候，物只有部分特征会得到意识的注意。每一次对物进行考察，物都会就意识关注的内容反馈一个信息给意识，从而填补认知差。在意识观照符号文本时，符号文本也同样给予意识一个反馈，只不过符号文本自身作为载体是携带意义的，意识未必能达到文本最初被赋予的意图定点，但这两种认知过程是极为相似的。譬如一座古希腊时代的雕像，是一个符号文本，在当时人的眼中可能代表对某一神灵的信仰和崇拜，但是在现代人的眼中，我们更多关注的是精美的雕刻技艺和繁荣的古代文化。不在同一文化圈的阐释者，甚至无法辨别这是古代神话里的哪一位神祇。但是这些阐释皆是针对符号文本某一方面的解读。

在"物-符号"二联体中，物都可能携带意义而变成符号，当物携带的意义被极度缩减和忽略以至于不再关注物携带的意义，那它就不能被称为符号了，只是客观存在物。在不同的语境下，物和符号之间能够互相转化，不存在完全不可能携带意义的物。所以，对符号类型进行分析会发现，符号可以凭借自身符码特征在"物-符号"二联体指向的两极中寻找风格定位。强编码符号的元语言相对严整而单一，符号具有更强的规约性质，没有过多想象和生发的余地。符号的解读和意图定点体现为阐释群体的约定俗成，符号所携带的意义即使没有充分的理据性也可能得到有效传达。因为意图定点极为明确，意象性活动已经对对象的意义作出明确的解读。在"物-符号"二联体中，强编码符号的符码风格更偏向于"符号"的一端。

像似符号更多依赖于符号的理据性，在意识构建符号理据的同时也给予阐释巨大的空间，这是弱编码符号的特征。正如前面所提到的造像艺术，不论是雕塑或者是绘画，都是很典型的像似符号。一幅关于苹果实物的画作无论如何形象逼真，我们在解读出画上是一只苹果的同时依然会发掘画作更深层次的意

---

① 赵毅衡：《哲学符号学：意义世界的形成》，成都：四川大学出版社，2017年版，第26页。

义。因为获义的意向性要求意识对其不断解读，我们潜在地认为一幅画作有其深层的意义，至少这不仅仅是一个单纯的指示符号。这样，符号便通过某种像似性关联来表达某种意义，其意义的解读却可以从不同的角度具体阐释，最终的结论也会不同。抽象派绘画看似意义模糊，却更能够引起人心像的共鸣，阐释的空间更大。符号的显像在意识中的呈现，类似于意识对客观存在物的观照。当符号的规约性越少，像似性越多的时候，就越能趋近"物－符号"二联体的"物"属性，反之则更趋近于"符号"的属性。指示符号在修辞上属于提喻，既不能脱离符号关联的意义主体，同时在关联的过程中又摆脱不了某种程度的意义规约，因此处于"物－符号"二联体坐标轴的中段。教室里占座位用的书包作为指示符号，从规约的角度很明确地提示此座位有人占用。但是我们依然可以从书包与其所有者的关联这个符号解读出其他的信息，譬如书包的款式提示其主人是一个男生还是女生等。

弱编码符号处于靠近"物"的一端，并不是否定其符号性，也并非其携带意义稀少，而是强调在认知过程中，弱编码符号相对符码压力小，也没有精确固定的意义指向，往往在意识中构建物象乃至心像，从而使意识对文本的观照能够达到多维度的效果，在不同的语境下得出多方面的意义。在获义的意向活动中，意识观照的对象呈现出被符号化的多种可能性。符号阐释趋近于对物的认知，物的细节无限，阐释便无限。

二、《周易》取象思维构筑符号意义生成

在《周易》中，符号意义的构筑总是与取象的思维密切相关。正如前一部分所说，《周易》文本的符号是弱编码性质的。在解读符号之前，虽然已经有可供参考的符码规则，但是《周易》的符码规则是多重的。在实际的占卜过程中，不同层次的元语言共同作用，使符号的具体指向只能随着客观语境差别而发生变化。《周易》表意之复杂也在于其意义构筑呈现多层次。文本被分为卦画、卦辞和《易传》三个部分，三者之间已经呈现了一种互释的关系。在这符号的三个单元系统内部，意义建构的过程依然有自身的层次和复杂的结构。但不论卦画、卦辞或者《易传》，对符号意义最基本的经验依然来自对"象"的理解。

卦画符号，由三画和六画的阴爻或阳爻组成。从取象表意的角度来看，卦

画符号或断或续的线段构筑的图形本身即为一个层次，这个图形本身即可以被取象，如《鼎》卦、《颐》卦。《鼎》卦的卦形图案看起来很像鼎的实物，阴爻代表了空虚，六四就成了鼎腹，初六像是鼎足；《颐》卦有颐养之意，与饮食相关，卦形看起来就是一张张开的嘴。其实，相当一部分甚至全部卦画符号图形如果一定要和某种意义相联系，我们都可能给予其一个合理的解释。康德认为："我们有一种作为人类心灵基本能力的纯粹想象力，这种能力为一切先天知识奠定了基础。"[①] 在认知过程里，首先被对象化的很可能是卦画的图形形象本身，这是一个卦所呈现的最基本的"象"。胡易容认为，"象"的核心意义仍具有"对象化"的意义。在符号学中，"对象物"（object）其本身作为一种自在物，并不构成符号。但它是符号表意不可或缺的要素，是对符号的召唤。[②] 卦画形象引起了意识的关注，在意识压力下首先获得一个感性化的认知。被取象的思维带动，随之将其关联到现实中某种形象事物上，经过考察而得出一个结论。解释者经过这一认知过程后完全可以给图形一个自圆其说的意义。与此同时，这种关于图形取象的解读并非完全来自天马行空的想象，卦画符号永远依附于卦名本身的意义统摄。在进行符号意义的想象关联时，思维不能超越卦名本身的意义范畴，得出的所有意义结论也就必须受到先行意义的统觉和指导。因此，卦画符号系统最初对意识起到指示符号的关联作用，但关联到的必然是相关对象在意识中的呈现以及统觉后的意义对象物，必然关注到"象"，脱离了象，也就无法对卦画意义作解读。

从另一个层次来看，卦画关涉的"象"并非只是事物形象的像似，更多的是皮尔斯所谓的图表像似，乃至比喻性像似。卦画内部各个爻画的高低位次与事物发展的时序相对应，这其中带有图表像似的规律。并且，八经卦相互组合构成六十四别卦，每一个六爻卦符都可以拆解为代表天地山川的两个八卦符号，即所谓的上卦和下卦，代表占卜时的主客关系。那么，一个别卦的卦义就从经卦的取象中被再次观照为两种自然属性之间的杂糅交会，这也再次形成了卦画的表意建构。也就是说，即便是卦画的取象也不仅仅限于图形取象或组合意义取象的单一层次。在另一层次卦画符号组合的表意取象中，对于八经卦的

---

① （德）康德：《纯粹理性评判》，邓晓芒译，北京：人民出版社，2004 年版，A124 节。

② 胡易容：《"象似"还是"像似"？一个至关重要的符号学术语的考察与建议》，《符号与传媒》，2014 年春季刊，第 39 页。

三画符号，我们已经进行了这样一个卦画图形的释义过程，并将之累积在经验里，这个经验也会因阐释者原有的认知能力和经验的不同有所差异。八经卦的符号还具有已经被规约的意义，乾是天，坤为地，这些最基本的意义范畴依然不会改变。因此，在对别卦进行取象阐释时，除了首先对图形的取象和意义关联的解读，从另一角度还会促使解释者考虑经卦组合间的取象关系，在八经卦被规约的意义范畴中结合自身对八经卦的经验释读。意识首先观照的是两个经卦符号代表的自然类属之间的取象及其交会，形成一个感性认知，然后再随着想象去关联现实事物。如果说前一次卦画图形解读中的想象关联要结合对卦名本身意义的经验，这一次对卦画意义组合的解读就要更多关注到解释者先前关于经卦意义的经验。在这个意义上，卦画的意义是以天地等物象的关系来比喻现实中某种事物的运行发展规律，卦画也体现出比喻像似的关系。六十四卦中每一卦的符号意义都离不开这样的两次取象认知统觉的过程。

此外，最终意义经验在形成的过程中，也会受到《周易》其他符号元语言规则的影响。《说卦》将事物和八经卦之间的意指关系作过分类，在一些卦义的解读中皆有体现。《升》卦的卦画为䷭，上坤下巽，其《象》曰："地中生木，升。"这里将巽卦解读为木而不解读为风，《升》卦之象为地中生木，而不言地下生风，直接影响了意识对卦画形象的统觉和意义阐释。又如一个别卦的上卦和下卦之间生成主客关系，结合了经卦与五行之间的所属关系，主体和客体之间就形成了五行之间的生克关系。这些都会对符号意义的阐释与实际占卜时的吉凶判定造成影响。对于一个卦画意义的解读同时要综合以上几个层面的取象和意义阐释经验，经过意识的统觉最终形成一个意义经验，而这个经验也只是后面卦辞乃至《易传》对卦爻进行再度阐释的一个基础。

卦辞的释读首先结合了卦画阐释的经验，因为卦辞本身即是对卦画符号的文字性解读；并且，每一个爻辞分别对应卦画中的爻画，卦辞和爻辞的意义就必然与卦画符号的形象密切关联。以此为基础，卦辞将一种停留在物象上的符号阐释发散到抽象的人际行为中。爻辞的意义阐释不能脱离卦画和卦辞本身的意义范畴，却对整体的卦画的意义过程作出时序和阶段性分节。在《周易》元语言规则中，每一个爻画在一卦意义发展变化内有自己特定的位置。爻画的进一步分析也使《周易》卦义产生更多的细节变化，意义不是仅停留在整体概念上，而是引导思维对具体卦义作出细致分析，变整体的意义概念为一个变化发展的意义过程，体现了符号表意随时间和阶段而变化的特点，也涉及了符号意义与实际阐释语境的关联。祝东《符号学视域下的易学元语言研究》一文援引高亨对于别卦两个经卦关系的分析，指出两个经卦组合间至少有六种关系。①不同的关系中，卦爻位次与事物的发展运行变化趋势相一致，这体现出前文提到的卦画的图表像似关系，只不过卦辞和爻辞是以文字的方式作出说明。

《易传》则进一步解读了卦辞和卦画之间的关系，更多将符号的形象意义引向文化意义的解读。经过《易传》的阐释，符号的意义经验不断累积，甚至生成新的意义范畴和元语言规则，反过来也会影响解释者对卦画的理解，某种程度上加深或校正某些先前认知的经验，从而引导意识对卦画形象的统觉。霍尔提出，人类面对的是两套"再现体系"："一是所有种类的物、人、事都被联系于我们头脑中拥有的一套概念或心理表象"；而第二个再现系统是符号，即"我们用于表达带有意义的语词、声音或形象中的术语"。②《乾》卦六爻图形象征天，《象》曰："天行健，君子以自强不息。"我们头脑中原有关于天的概念或者经验表象，《易传》对符号系统的阐释再次加深了我们对天的理解，为天的形态加入了一个抽象品质——"健"。这个品质逐渐融入意识对卦义的主观经验，甚至作用于文化意义中对天的阐释，也作用于意识对六阳爻卦画的经验，再次影响了后续的卦义解读。《周易》的取象和解读不断生发出新的视角和规律，阐释活动的重复积累也为阐释不断增添符码规则，以便在其他的阐释中有效运用相关方法和视角，使意义的结果更加确切而全面。

"思维必然用人类天生的想象能力，梳理感知和经验，并加以'有序化'，从而把事物转换成意义对象。"③《周易》的意义阐释随时都是与"象"和思维的想象能力相结合。意义不会单纯呈现于物本身，也不在主观的意识中，而在于意识关注到物所产生的"象"，或者是对象投射于意识统觉而成的一种心理表象。胡塞尔说："意识活动之所以能够构造出意识对象，是因为意识活动具有赋予一堆杂多的感觉材料（立义内容）以一个意义，从而把它们统摄成为一

---

① 祝东：《符号学视域下的易学元语言研究》，《符号与传媒》，2016 年春季刊，第 56 页。

② （英）斯图亚特·霍尔：《表征：文化表征与意指实践》，徐亮、陆兴华译，北京：商务印书馆，2013 年版，第 22～23 页。

③ 赵毅衡：《哲学符号学：意义世界的形成》，成都：四川大学出版社，2017 年版，第 33～34 页。

个意识对象的功能。"① 通过多层次的元语言规则对思维加以统摄，感知被思维的想象力加以综合之后，才能够产生认知。《周易》在不同层次的解读中始终运用想象思维，而其意识统觉后的产物也终究不能完全脱离卦画形象所呈现的物象。所以，卦画是《周易》符号系统表意的基础。既然《周易》的取象思维使符号往往要通过构筑"象"来传达意义，无论是物象还是心像（即便只是符号，不能与客观的具体事物相比较），总是拥有被意识多方面关注的潜能，规约性越弱，对"象"的阐释便越能较少受到符码的压迫。因此，"象"从思维上被构筑成物的形式，利用我们认知客观事物相类似的认知模式，从多角度来考察"象"，在某种程度上打破符号规约的片面性，从而得出多维的意义结论，以满足不同语境下的阐释要求。《周易》的意义世界中，符号（卦）如果被看作一个事物的符号载体，每次进行占卜和阐释，我们都是从符号的一个侧面去认知。"让事物的过多品质参与携带意义，反而成为表意的累赘：再多的'被感知'并不能使意义复原事物本身，恰恰相反，符号因为要携带意义，迫使接收者对事物的感受片面化，迫使事物成为意义的'简写式'，因为真知并非一次获义活动能完成。"② 我们的思维局限于要解决的问题上，这样，卦的一个片面被感知到、被对象化，从而解读出意义，并将此意义作用于对所求知问题的判断。我们不可能穷尽所有的占卜，也就不能占有意义解释的所有可能性，因为卦在此刻是被观照的对象物，具有了"物"的细节无限性。意识关注的范围有限，在个别的占卜判断中才呈现出有限的认知。弱编码文本与强编码文本一直徘徊在"物－符号"的两极，符号趋于物的属性越强，也就越具有物的细节无限性，在被符号化和对象化的过程上也就更加能够在阐释中解读出无限可能。并且，弱编码符号文本并没有非常明确的意图定点，符号阐释的无限衍义就可以进行下去，在人类的整个认知领域内无限延展。

纵观中国传统文化的表意建构，取象思维也奠定了经典化文本的符码类型。弱编码促使古代文本（尤其是儒家著作）解读普遍推崇微言大义，这往往对于符号过度阐释起到推波助澜的作用。例如《论语·学而》云"贤贤易色"，这句话的阐释就有多种，主要是对"色"字的解读存有争议。如果将"色"理

---

① 倪梁康：《胡塞尔现象学概念通释》，北京：生活·读书·新知 三联书店，2007 年版，第 61 页。

② 赵毅衡：《哲学符号学：意义世界的形成》，成都：四川大学出版社，2017 年版，第 59 页。

解为女色，此句话的意思是注重贤德而轻视女色；也有人将"色"理解为"容色"，进而引申为"态度"，那么此句话的意思就是注重贤德而改变自己的态度。"色"字有其本意，意识通过对其本意的统觉构建出物象，从这个物象来看，无论是女色还是人的"容色"都是其本意的一个侧面；或者通过对此物象的阐释，解释者也可以从其他角度出发，给出更为不同的解读，只要文本意义能够自洽，便没有道理认定某种解释一定是错的，而这些例子在中国历代文化典籍中还有很多。不同于西方以逻各斯中心主义为核心建立起的阐释基础，中华文化讲求比类合宜，利用了符号构筑"象"的能力，使意义阐释焕发绵延不绝的生命力。当西方诗坛苦恼于文字表现力丧失，着力构筑新奇语言形式时，中华经典却在穿越千年，进入当代的新语境，与时代发生着共鸣。

综上所述，弱编码文本和强编码文本分别趋向于"物－符号"二联体属性的两极。弱编码文本偏重于"物"，在符号认知的过程中，符号文本作为意识的对象往往能获得类似于意识观照于事物所具有的整体性特征。虽然意识活动能够关注的方面有限，但符号文本在多次的阐释中可以多角度被观照，从而获得多维度的意义解读。《周易》取象思维正是由符号构筑起弱编码文本，意识通过"象"得以对文本意义进行多方面解读，使阐释具有无限性。取象思维是《周易》文本解码的重要模式，也深刻影响了中华传统文化经典文本的建构与阐释。

第三节 占断中的思维方法和区隔跨越

在《周易》卜筮占断的实践中，占断者对卦爻辞的解读，原则上要遵循一定的方法。然而具体操作时的占断解读却往往突破成规，阐释理据变化复杂，难以找到固定的模式。究其缘由会发现，《周易》文本的意义建构和卜筮占断中的阐释解读皆依靠联想思维和取象的认知方式。《周易》占断通过二者将文辞的吉凶预兆与现实生活联系起来，从而打破现实世界与文本世界乃至虚构世界的意义区隔。

一、《周易》的占断方法与"唯变所适"原则

《周易》经传起源于上古，成书于战国。考察先秦时期的《周易》卜筮，

只能在《左传》《国语》等书中找到有关占例的记载。从文献资料来看，上古时期多用的方法是占卜，也就是在火上烧龟甲和牛肩胛骨，观察甲骨裂纹呈现的卦象来判断事情的吉凶，只可惜具体的操作方法并没有被记录下来。今天有章可循的只有《易大传》中保留下来的关于蓍草占筮的方法，也就是所谓的"过揲法"，即通过在占筮中计算蓍草数量得到阴阳的卦象，十有八变而成卦。至于如何解卦，在《周易》经传中却找不到相应的依据。有些解读《周易》的方法是从对占例本身的解读中总结出来的。即便是古人也只能从以往的占例中搜集资料，作出总结。虽然上古时期的占卜运用这些方法在当时必然是有相应的规则依据的，但因年代久远，又没有具体的文献资料做详细说明，因此后人从典籍中的占例总结出的方法未必与原本的规则完全相同，而对于其中道理的解说更是千差万别。

朱熹在《易学启蒙》中提出卦爻占筮解读的具体方法，根据变爻的数量考察主卦或之卦相应的卦辞和爻辞。由于朱熹在其后来的文化中的重要地位，他的这种解说也产生了相当大的影响。然而，对比先秦典籍中的占例可以发现，朱熹的变爻阐释解说与上古时期的占筮出入极大，尤其是朱熹解说两个变爻、四个变爻以及六爻全变的占筮解卦规则，在《左传》和《国语》中根本没有相关的占例。据此，刘大钧先生也认为这些规则极有可能是朱熹的个人之见。[①]那么，《周易》占筮解读的规则究竟是什么呢？是依据爻辞、卦辞，或者是象辞乃至易象和图谶？晋文公重耳要去觐见被狄兵打败的周襄王。在去之前，他让卜偃通过卜筮求问吉凶。《左传·僖公二十五年》记载了这个占例：

> 秦伯师于河上，将纳王，狐偃言于晋侯曰："求诸侯莫如勤王，诸侯信之，且大义也！继文之业，而信宣于诸侯，今为可矣！"……公曰："筮之！"筮之遇《大有》之《睽》，曰："吉！遇'公用享于天子'之卦也，战克而王飨，吉孰大焉！且是卦也，天为泽以当日，天子降心以逆公，不亦可乎？《大有》去《睽》而复，亦其所也。"[②]

① 刘大钧：《周易概论》，成都：巴蜀书社，2016年版，第86页。
② （晋）杜预注，（唐）孔颖达等正义：《春秋左传正义》，（清）阮元校刻《十三经注疏》，上海：上海古籍出版社，1997年版，第1820页。

对卜筮卦象的解说参照的是本卦《大有》九三变爻的爻辞：公用享于天子，正好预示晋文公援救天子是吉兆。这是以爻辞为阐释依据的占例，并且一爻变以本卦变爻爻辞为占，正符合朱熹提出的占筮解读规则。《国语·晋语》中有一段讲述晋文公靠秦穆公帮助重返晋国，晋文公同样让人占筮求问吉凶：

> 十二月，秦伯纳公子……董因迎公于河，公问焉，曰"吾其济乎?"对曰："……臣筮之。"得《泰》之八，曰："是谓天地配亨，小往大来。今济之矣，何不济之有!"……①

从卦象来看，泰卦上坤下乾，阳气上升，阴气下降，正是阴阳彼此交接变化。刚柔相济是个吉兆，所以董因说重耳必将得偿所愿，执掌晋国。阴阳之间相交流动，阳为大，阴为小，阳气上升居于高位，所以"小往大来"。这句话来自《泰》卦的象辞。这是占筮中以象辞结合卦象解读的占例。更为复杂的占例中还加入互卦卦象进行解说，如《左传·庄公二十二年》中的一例：

> 陈侯使筮之，遇《观》之《否》，曰"是谓'观国之光，利用宾于王'……坤，土也；巽，风也；乾，天也。风为天于土上，山也"。②

从《观》卦和《否》卦的卦象来看，均没有所谓的"山"象。杜预在注释该文字的时候，从《否》卦的二、三、四、五爻互象，得出互卦《渐》，其二、三、四爻构成艮，也就是山象。在这个占例中，只有《观》卦六四一个变爻。但是卦象阐释并没有按照朱熹提出的方法按照本卦变爻的爻辞来解读，反而将本卦与之卦的内外卦象分解，并结合之卦与互卦作出意义导向。

从以上的占例分析可以发现，春秋战国时期的卜筮并没有固定的方法来说明要从卦辞、爻辞或者是象辞、象辞等来解读所得的卦象。因此，《周易》在卜筮中的意义阐释更多体现了《易传》中所说的"不可为典要，唯变所适"。

---

① （战国）左丘明撰、（三国吴）韦昭注：《国语》，上海：上海古籍出版社，2015 年版，第 241 页。

② （晋）杜预注，（唐）孔颖达等正义：《春秋左传正义》，（清）阮元校刻《十三经注疏》，上海：上海古籍出版社，1997 年版，第 1775 页。

然而，所谓"唯变所适"又似乎过于笼统和模糊。即使具体的易象解说方法不明确，易学阐释在思维方式上也不应该是毫无规则和特点可循的，否则就完全打破了符号与意义之间的因果关联，符号表意的有效性也就被消解了。总体而言，《周易》的意义在二者的张力之间生成，在变与不变之间，既规定了方法论，又不惮于打破成规，既坚持变化，又申明万变不离其宗。通过以上的几个占例会发现，虽然卜筮原则能够产生一系列的卦象变化，但卦象符号意义和现实生活的联系却往往要通过联想和取象来建构。

二、《周易》占断中的联想和取象

《周易》的表意无不与"象"息息相关，这一点我们在分析符号系统表意的部分有过论述。前面章节探究了认知中"象"的生成，而在《周易》变化的规则下，我们还要考察"象"如何在思维逻辑上与文本的表意和占断相联系。

《周易》的表意运用的是形象思维。李廉在《周易的思维与逻辑》中总结了这一特点，他认为形象思维在《周易》中的语言表达方法是"描述"；形象思维的基本形式是单一的类"形象"；形象思维的认知方式是比喻；形象思维的推知形式是"想象"。[①] 卜筮解读看似逻辑关系明确，其实充满了形象思维的推论过程。《周易》中形象思维推知的方式，相比"想象"，更确切的说法是"联想"。按照心理学的定义，"所谓想象，就是我们大脑两半球在条件刺激物的影响之下，以我们从知觉所得来而且在记忆中所保存的回忆的表象材料，通过分析与综合的加工作用，创造出来未曾知觉过的甚或是未曾存在过的事物的形象的过程"[②]。也就是说，"想象"中的"象"更强调被创造出来的事物，这些事物是主体原本不曾感知，甚至可以是凭空设想的虚幻事物。而联想则是因一事物想到与之有关事物的思想活动，这更符合《周易》表意的实际。因为不论是文本中单一的卦爻符号与所指的关系，还是具体卜筮操作中符号对现实情况的说明，阐释都不可能在虚幻的形象上站住脚，最终必须将符号的意图定点关联到具体的事物中来，否则《周易》卜筮的实用意义就不存在了。因此，《周易》取象根本的推知方式更准确来说是"联想"。

---

① 李廉：《周易的思维与逻辑》，合肥：安徽人民出版社，1994 年版，第 23 页。
② 杨清：《心理学概论》，长春：吉林人民出版社，1981 年版，第 291 页。

　　《周易》卦爻符号解读既然调动联想思维，就必然有关联的相应范围和指示物。形象思维的基本形式是单一的"类形象"，这个"类形象"在《周易》符号系统中可以关联多层次的"象"集合，而最基本的符号能指——其中的八经卦卦象，自然也就指代八种类别的物象，即乾、坤、坎、离、巽、艮、震、兑分别对应的天、地、水、火、风、山、雷、泽等不同物象及其代表的一系列更深层的文化内涵。这些物象可以彼此组合，形成多层次的系统，取象的意义也就随着"象"的变化而变化。陈良运先生曾论述"巽"的经卦意义以及包含"巽"的别卦之间的关系："巽为风"是基本卦象；风吹树木而摇摆，推导出"巽为木"；木有花叶之美犹人之美德，"巽"可代称人之美德；风与木皆性柔，"巽"为"柔"的观念外化；风吹万物无孔不入——"巽，入也"；风遇坚强之物曲回退让——"巽，逊也"；风自空中吹来，"风上而化下"，"巽"可喻君主制教令感化，训导臣民。[①] 从这个推知过程中，可以看到符号如何从基本的意义出发，进而关联到其他事物，再衍生新的意义。经过这样的联想实践，巽卦的意义就有了七种之多，从而使含有"巽"的别卦也产生多种象变。陈氏继续以《涣》卦为例分析：坎下巽上为《涣》。以"巽"为木，木浮于水上是船，《象》中说"利涉大川"。《系辞》进一步解释："刳木为舟，剡木为楫，舟楫之利，以济不通致远，义利天下。"《象》以"巽"为风，"风行水上"，结合"风上而化下"之意，推导出"先王"以德教化育百姓，应为他立庙，以"神道设教"。[②]《涣》卦符号中有巽作为组合成分，因此符号的意义也就有了巽的意义加入；并且由于巽的意义的多重性，《涣》卦的符号意义阐释就找到了相应的理据性。

　　由此可知，《周易》的取象和表意运用联想思维，在逻辑上将普遍与个别相统一。从不同的事物中关注到相同的特点，将相同特点的事物分门别类。这其中所取之"象"是通过联想制作的精神存在，它们与物质上的对象物形象既相似，又相异。"象"是对指示物的反映，但不是准确的反映。就如上一节中得到的结论："象"用以表意时，作为符号必然具有片面性特征，就如同对象物，只能从中选取一个侧面作为意义的指规。因此，在同一"象"类别中的事

[①] 陈良运：《论〈周易〉的符号象征》，《哲学研究》，1988年第3期，第62页。
[②] 陈良运：《论〈周易〉的符号象征》，《哲学研究》，1988年第3期，第62页。

物，联想皆取象于对象物某个相同的侧面。"象"也就成为从个别物中抽象出的一般类别特征。就如同上文论述《巽》卦的多种意义，这些意义中都包含了"风"这一物象的意义特点。这种情况有时候就类似于解答逻辑证明题，符号阐释的意图定点是明确的，必须使符号指向既定的对象物和解释项。卦爻符号之间的意义关系就需要阐释者从中搭建理据性。这种理据性的建构离不开联想思维的取象，联结"象"和一般对象物之间的特征来完成。朱伯崑先生断言"在卦爻象和卦爻辞之间不存在必然联系"，而关于"卦象结构以及象辞之间各种联系的探讨"，也只是"锻炼了中华民族的思维能力"。①

弗雷泽在《金枝》中指出，原始巫术都具有一定的表现形式。这些表现形式与巫术要作用的对象事物必须建立联系。这种联系方式一般可以分为两类，一类是与对象物接触的，甚至是对象事物的某个部分。通过作用于这个接触物，可以认为其与对象物产生关联，因此巫术能够作用于对象物，这种关系被称为"接触率"。而另一类情况是摹仿对象物，这样就是通过联想建立一种与对象物相似的"象"，巫术的表现形式便是对这个"象"的表达。以此相似关系建立巫术形式与对象事物间的理据性，便依照了巫术与现实间的"相似率"。其实，《周易》中的符号意义和取象思维与此同理。《说卦》中，卦符号的多重阐释，如所列举《巽》卦的多项所指意义，几乎都可以通过接触和相似来建立联系，实际卜筮解读中的卦象释义也莫不如此。这两种关系在修辞中甚至可以被视为提喻和隐喻的反映。而无论哪一种，都要通过联想的思维才得以实现。

在前文中引述的《左传·庄公二十二年》陈厉公生敬仲那个占例中，周史对占筮中的卦象所指作了如下的具体分析：

> ……风为天于土上，山也。有山之材而照之以天光，于是乎居土上，故曰："观国之光，利用宾于王。"庭实旅百，奉之以玉帛。天地之美具焉，故曰："利用宾于王"。犹有观焉，故曰其在后乎。风行而著于土，故曰其在异国乎。若有异国，必姜姓也。姜，大岳之后也。山岳则配天，物莫能两大，陈衰，此其昌乎！②

---

① 朱伯崑：《易学基础教程》，北京：九州出版社，2011年版，第45页。
② （晋）杜预注，（唐）孔颖达等正义：《春秋左传正义》，（清）阮元校刻《十三经注疏》，上海：上海古籍出版社，1997年版，第1775页。

在此占例中，占得《观》卦之《否》卦。《观》卦上卦为巽，巽为风。《否》卦上卦为乾，乾为天。故有"风为天于土上的说法"，因为此二卦的下卦皆为坤。坤的基本义是"地"，从"地"可直接联想到"土地"中的"土"。此段记载中指明"山也"，而卦象中却没有山。周史将《否》卦二至四爻组成互卦为艮，这样就有了"山"的卦象。后面说"山岳则配天"，又与《否》卦的互卦艮与外卦乾对应上，进而从卦象中的"山"联想到现实中的泰山。故观泰山之后的国家必定是姜姓的国家，因为只有这个姓氏当时分封于此。这是从卦象直接关联到现实事物的占例。又如前面提到《左传·僖公二十五年》那个占例。晋文公要觐见周天子，得到"公用享于天子"的占断辞。而在这个爻辞中，占断辞中的情境为意识所关注，成为意识对象化区隔出的文本，从而建构出一个"象"。这个"象"和晋文公求问的事情非常接近，有明显的关联性。也就是说符号及符号组合的意义与对象的预测之间形成一种相似结构，这样就顺理成章地从卦爻辞的吉凶演绎联想到现实情况的占断。

同样的卦爻辞判断，同一求问者，求问同一事件，但是面对不同的阐释者，或者不同的时空状态，卦爻阐释的叙述很可能变成另一番景象。从理论上说，卦爻对吉凶的判断应该是确定的，也就是说，在逻辑上只有一个真值存在。但在具体的实践操作中，每一次卜筮实际上都是一次随机的叙述，并且具体解读援引的理据也不尽相同。不同阐释者，不同的时空语境都会使阐释结果产生变化。即便最终的吉凶预测不会被影响，但是阐释中建立的理据却可能差异极大。这是因为占断者在阐释操作过程中依据所得卦爻辞展开联想，但建构出的"象"却不尽相同，这样关联事物所作的判断自然产生差异。而从另一方面来说，《周易》的"变易"特点也在某种程度上认可卦爻的再度阐释会得到不同的结论。因为意义会随着时空状态的变化而变化，世界不能静止停留，意义自然随着时空流转。正因如此，《周易》才得以实现"穷则变，变则通，通则久"。故而求问者都要请行家指点，这样才能"算得准"，而不至于被经验不足的阐释者误导；并且，同一内容的反复占筮不被认可，这样得出的阐释结果很难自洽。卜筮必须是实用的，不能给自己找麻烦，正如《蒙》卦的卦辞所言"初筮告，再三渎，渎则不告"。

《周易》的阐释思维是一种与现实紧密相关的实践思维，而并非通过语言逻辑的推理判断得出，在这个表意过程中很难脱离卦象去做独立解读。李幼蒸认为，语义的逻辑性划分是将客体纳入"内涵—外延"分类之等级结构，语言的作用是"代表性的"，是客体朝向的。中国哲学概念词的形成欠缺客体逻辑分类学基础，不是客体朝向，而是主体朝向……通过具体的客体媒介来指示"态度—行动"的方向和级别。[①] 不同于西方哲学中以语言逻辑作为认知和推理的基础，东方哲学更强调通过调动思维和知觉的各个维度，获取知识和经验。中国文化讲求心、神、意的和谐统一，就如国画艺术中不以形象的逼真为高妙，而更追求所谓的"气韵"和"神似"。佛家常说到"眼耳鼻舌身意"，即视觉、听觉、嗅觉、味觉、触觉和意识等媒介的综合运用。调动多元感官可以建立知觉与事物间的体悟和关联，正是因为人的思维可以天马行空，卜筮解读的联想才可以围绕卦象变化自由展开，灵活运用各种阐释规则，甚至在一定程度上突破既定规则的限制。

三、《周易》占断操作中的区隔跨越

"区隔"是一个叙述学概念，本章第一节提出了《周易》文本叙述的分类：《周易》文本中的卦画和文辞为文本内叙述，卜筮操作中对卦象文辞的解说为文本外叙述。《周易》用以预测现实，文本的内外叙述就必须打破区隔，实现意义的沟通。区隔的跨越虽是一个文本叙述的问题，却反映了《周易》意义生成中的思维模式。

从叙述学的理论来看，我们存在和生活的世界是现实世界。将现实世界通过某种媒介再现和表达出来，这样现实世界就与文本世界有了区分，这是叙述中的一度区隔，也就是文本化。如果所叙述的事物并非是对现实生活的直接反映，而是虚构性的，那么这种虚构性叙述就与纪实性叙述又有了一层分别，这便是二度区隔了。《周易》是一部实用性极强的卜筮书籍，它的关注点不在于自身，而是要指导现实生活。如果将《周易》看作一个叙述文本，从语力模态上讲，《周易》的叙述属于意动性叙述。因为这个文本是用来推算未来的，并且其中包含了诸多趋吉避凶的意义导向，具有意动性特征。意动性叙述要求叙述整体的真实性，文本内叙述凭借联想通过文辞所建构的"象"却可以是虚构的。在《周易》的占断中，求问者所处的现实世界是一个层面。而在文本的世

[①] 李幼蒸：《理论符号学导论》，北京：中国人民大学出版社，2007年版，第750页。

界中，若按照《系辞》中"近取诸身，远取诸物"的说法，《周易》的内容似乎都是对现实生活场景的记录。但是，文本描述的内容根本难以考证其具体对象，尤其那些带有故事情节的片段，我们无法知道它们究竟是对当时社会中哪些人物生活的真实描述，还是作《易》者在编故事用以说明某种道理。所谓"诗无达诂"，而《周易》毕竟不是一部历史书，我们难以判断其中到底有多少虚构成分。《周易》文本中的图像和部分文辞（文本内叙述范式中的"卦名""意动成分"和"占断成分"）是对现实世界的文本化，应当为一度区隔。而《周易》文本中用于阐发道理而加入的叙述成分却可能是虚构的，这个部分大多存在于内叙述语言范式的"比喻成分"中，这时候就出现了二度区隔，如《睽》卦上九爻"见豕负涂，载鬼一车"，这类的叙述带有明显的引述和虚构性质。占断阐释的外叙述中，描述现实问题和占断过程的部分属于一度区隔，其中包含占断得到的《周易》文本内文辞大多带有虚构性质，属于二度区隔。

卜筮占断中打破区隔界限的第一种方式是直接对象化。这是取象中的极端情况，将符号所指直接关联现实事物。这样，卦爻辞符号就不是仅停留在文本内部，而是冲破叙述中的区隔限制，直接跨越到现实世界中来。前文中引述的《左传·庄公二十二年》陈历公生敬仲那个占例，卦画符号也是文本内叙述的一种形式，《否》卦互卦为艮，论证中关于"山"的卦画符号直接指向现实世界中的东岳泰山。这里本来应通过卦画符号联想建构出"山"的意象，但是周史的解读中，所指跳过了意象，直接对象化联结现实事物，因此也就打破了区隔的限制。又如《论衡·卜筮篇》记载的一个占例传说：

> 鲁将伐越，筮之，得"鼎折足"，子贡占之以为"凶"，何则？鼎而折足，行用足，故谓之"凶"。孔子占之以为"吉"，曰："越人水居，行用舟，不用足，故谓之吉。"鲁伐越，果克之。[1]

这个占例中，"鼎折足，覆公𫗧，其形渥，凶"本是《鼎》卦九四爻的爻辞。从文辞的字面意思来看，此爻并不吉利。鼎折断了足，可以联想到大厦将倾的意象。孔子却将鼎足与行军打仗用脚走路直接对象化，意义的关联不是通

---

① （东汉）王充：《论衡》，长沙：岳麓书社，2006年版，第312页。

过意象而是通过文辞意思与现实直接关联。其中"鼎折足"的描述是一种比喻，因此这是虚拟的场景。可见，这个文本外叙述跨越了文本世界与现实世界的界限，并直接打破了现实与虚拟的二度区隔。从逻辑上看，以直接对象化的方式打破区隔往往是站不住脚的，这类情况大多在一些带有传奇性质的占例中出现。

第二种打破区隔的方式是通过符号意义的类比关系，将文本内符号的某些特征与现实事物关联。《周易》自携元语言中已经将事物做了一系列的类属划分，对象物与符号类属之间的关联可以打破区隔的限制，沟通文本内外的真实性。还是以《左传·闵公元年》的占例探讨：

> 毕万筮仕于晋，遇《屯》之《比》。辛廖占之曰："吉，屯固，比入，吉孰大焉！其必蕃昌。震为土，车从马，足居之，兄长之，母覆之，众归之，六体不易，合而能固，安而能杀，公侯之卦也。公侯之子孙，必复其始！"[①]

辛廖的阐释中以解释卦的名义入手。《屯》卦下卦为震，《比》卦下卦为坤，由《屯》卦变为《比》卦，所以是"震为土"。又因为"震"在《说卦》划分的意义集合中有"车"的意思，"坤"有"马"的意思，所以又说"车从马"。震在《说卦》中又为"足"和"长子"，故阐释中有"足居之，兄长之"。最后说"合而能固，安而能杀"，这是结合了"震为土，车从马，足居之，兄长之……"这一系列的意义综合得到的结论。在这类的占例中，卦名和卦象与意义分类中的某种现实指称物关联，并由此使符号世界与现实世界沟通起来。与直接对象化不同的是，这类指称关联关注的是对象物的特点和事物之间的规律，而非简单的意义对象替换。符号占断的判定最终依据的是占断者对符号和现实物象关系的经验，在逻辑上有一定的合理性，可以拓展人们看待问题的角度，从而引导对事物吉凶的判断。

第三种方式是通过取象同构，这也是其中最难理解的一种。对占断所得到

---

① （晋）杜预注，（唐）孔颖达等正义：《春秋左传正义》，（清）阮元校刻《十三经注疏》，上海：上海古籍出版社，1997年版，第1786页。

的文辞展开联想，建构出其中的意象，将这种取象与现实场景进行比照关联，从而建立一种彼此对应的理据性。这样，文本内的符号和符号组合的意义就与现实对象联系起来，并使求问者从中获得经验指导。即便是文本内的虚构情境，一旦与现实生活同构，便可以打破文本世界的区隔，建立起符号指称的理据。《左传·襄公二十八年》：

> 郑伯使游吉如楚，及汉，楚人还之，曰："宋之盟，君实亲辱。今吾子来。寡君谓吾子姑还。吾将使驲奔问诸晋而以告。"……子太叔归，复命，告子展曰"楚子将死矣，不修其政德，而贪昧于诸侯，以逞其愿，欲久得乎？"《周易》有之，在《复》之《颐》。曰："迷复凶。"其楚子之谓乎！欲复其愿，而弃其本，复归无所，是谓迷复，能无凶乎！……"①

占例中郑简公派游吉出使楚国，楚康王自恃为霸主，拒不接见大夫游吉，要郑简公亲赴聘问。游吉回国复命后，告诉上卿子展楚子不修德政，贪恶行径必遭祸患。爻辞的意思是说在"迷茫中复归，凶险"，这是通过一个情境的联想建构出意象，这个意象与楚子现在的状况形成同构关系。楚子想满足自己的愿望，却抛弃了自己的本分，不可能复归到原来想要的位置，这正是迷复的状况。爻辞符号通过这种取象关联到现实，从而指导了现实世界的判断，完成了区隔的跨越。"自然—人事"的伦理论证包含着中国伦理学深层的复杂结构性，它既向外去寻找一种伦理的根本律，又必须要求主体的内化和自律。而这种论证能够成立的前提就是象思维的"取象"特征。②《周易》从自然的规律中判断人事的吉凶，正是通过"象"的构建使文本与现实联系起来。

综上所述，《周易》的占断阐释虽然有一定的规则，但是具体操作中往往会出现很多变化。主导符号意义的是阐释中展开联想所取得的"象"，利用"象"来引导符号对现实的吉凶判断。而在占断阐释中，符号可以通过直接对象化或者关联卦名类比意义以及取象同构等方式打破叙述文本世界和现实的区隔，使卜筮占断在实践中发挥作用。

---

① （晋）杜预注，（唐）孔颖达等正义：《春秋左传正义》，（清）阮元校刻《十三经注疏》，上海：上海古籍出版社，1997 年版，第 1999 页。
② 杜海涛：《伦理符号学与〈周易〉符号伦理思维》，《周易研究》，2016 年第 5 期，第 24 页。

第四节　符号系统中的类比逻辑和意义多值

《周易》符号在不同的阐释条件下可以解读出不同的意义。这些意义都与卦符号联想建构出的"象"具有某种同构关系，因此被归为特定的类别。《周易》符号表意普遍运用这种类比的逻辑，将事物的意义分门别类与符号指称关联起来，进而影响了社会生活多方面的文化建构。由于符号的所指具有多值的特点，在修辞逻辑中就呈现了"同喻异边"的状况。

一、《周易》符号系统中的类比逻辑

上一节中论述过，符号可以通过相似性和接触性与对象建立指称联系。事物通过这种联系，依据事物中的特点进行归类。这些类属关系体现在各个方面，通过类比逻辑将事物依据"物–符号"关系中偏于"物"的一级，区隔出某部分特征，符号就形成了归类。完成这种分类的不是推理思维，而是形象思维，从形象中找到事物特征的一个侧面，从而建立关联，最终形成体系。并且，这种体系最终构建起了庞大的类结构系统，遍布文化的各个方面。

《周易》表意中普遍运用类比逻辑。所谓类比，其关系中既有分类，又有同类事物之间以及与不同类别事物关系的比照。既有同类之间意义的相似性，又有不同类别之间意义的差异，这样彼此才能构成相互区别而又整合统一的分类。通过观察，人们可以将周围的事物抽象出某些意义特点，并以此作为分类的依据。"以通神明之德，以类万物之情"即是说《周易》通过对万法之"观"而推及人事。[1] 类比关系的形成通过两种方法：一是划分，二是归纳。划分要抽象出事物中的某种共通性，从而归纳事物大范围的类别特征。《系辞》中"其称名也小，其取类也大"，即是言以一个小的名目涵盖一个大的事物类型。同时，依据特征划定事物的类别范围之间必须是没有重叠部分的，否则彼此之间的类别关系不明确，符号的意义指称就会出现混乱。例如马路上的交通信号灯，红灯亮起意味着车辆和行人要停下。但这个意义不是红灯单独表达出来的，而要有整个系统中黄灯和绿灯的配合。类别划分的道理与这个例子相似，

---

① 杜海涛：《伦理符号学与〈周易〉符号伦理思维》，《周易研究》，2016 年第 5 期，第 22 页。

类别之间也不是彼此独立的，而是共同构成一个完整的表意系统。

《周易》的"经"与"传"在当时人们的认知基础上，将自然界分为八个大类，这八个大类与现实生活的诸方面密切相关，在符号体系中抽象为八个经卦符号。高怀民先生说："八个卦象，对上而言象是道，对下而言又象个别事物。"① 每一个经卦符的意义又可以进一步阐释出若干子类意义，这在《说卦》中有具体的论述。子类意义之间都具有某种共通性特征，因此构成了一个类别。《文言》曰："同声相应，同气相求。水流湿，火就燥。云从龙，风从虎。圣人作而万物睹，本乎天者亲上，本乎地者亲下。则各从其类也。"② 这里已经体现归类的思想。《易大传》的作者认为相同性质的事物容易彼此亲近而汇聚到一起，反之也就不能被归为一类。

《周易》运用形象思维来表达事物的道理，完全不同于语言逻辑中的概念式认知。《周易》的认知依靠形象思维和联想取象，完成了从自然到人事的意义类推。吴克峰先生说："西周思想家立论必先讲自然，然后再由自然类推出人事，借自然以言人事，尽最大的可能在自然那里找到人事的根据。"③ 以"乾"为例，"乾"的基本义是天，其引申义可以是"朝廷"，是"君子"，是一切充溢阳气的事物和所有具备阳刚品质的形象；并且，经卦的意义同样可以类推到含有经卦的别卦之中，从而影响别卦的意义。陈良运先生对此作过论证，他指出多义的象征符号组合的六十四别卦，其象征意义是呈几何级数出现的。与"乾"有关的，"乾"作为外卦的卦有《乾》《否》《无妄》《姤》《讼》《同人》《遁》《履》；"乾"作为内卦的卦有《泰》《大壮》《小畜》《需》《大有》《大畜》《夬》。这十五卦便因"乾"意义不同而使每卦所表示的吉凶意义不同。④ 由于六十四卦是八经卦彼此重叠而成的，所以《易大传》阐释六十四卦的时候往往把经卦的引申义加以发挥，由两个经卦的引申义整合出别卦的象征意义。例如《屯》卦是由坎和震组成的，它的象征意义就是坎、震两个原型象征意义的引申和发挥。坎象征水，也有天上云气的意思；震象征雷，蕴含一种

---

①　高怀民：《先秦易学史》，桂林：广西师范大学出版社，2007年版，第45页。

②　（魏）王弼、（晋）韩康伯注，（唐）孔颖达正义：《周易正义》，（清）阮元校刻《十三经注疏》，上海：上海古籍出版社，1997年版，第16页。

③　吴克峰：《易学逻辑研究》，北京：人民出版社，2005年版，第292页。

④　陈良运：《论〈周易〉的符号象征》，《哲学研究》，1988年第3期，第60页。

爆发的力量。雷声滚滚，天上彤云密布，但是云在雷之上，表示雨水还没有降下。这是下雨之前的状态，象征事物发展的初期阶段。万事起步必然有艰辛，但随着成长和发展，形势必然好转。

归类思维在心理学上是符合人类思考的经济原则的，分类本身是对事物特征的总结，在思维的过程中，类似的事物特点和情况就可以进行批量处理。对于《周易》实践操作来讲，《周易》符号系统形成了阴阳统摄下的八卦分类，八卦符号不仅仅是其卦画本身或者对应指称的单一对象物，更代表了一种性质特征。而不同的特性之间存在复杂的关系，在具体的卜筮中，有时候只能将具体物象融入卦符号的特性，其受到卦符号特性的统摄才能与其他物象产生关系，用以解释卦爻符号表现的吉凶特征。因此，对事物进行分类也是《周易》卜筮实践的需要。

二、符号类比关系与阐释中的意义多值

在《周易》中，同一个符号能指由于类比关系可以有多个所指，这便形成了符号意义多值。《说卦》中每一经卦卦象都可以指向多种对象，或者说，有多种对象与之"等值"。例如坎，《易传》中归纳了这一经卦的意义集合："坎为水，为沟渎，为隐伏，为矫鞣，为弓轮"等。同样，其他经卦也呈现多重意义。在认知过程中，同一事物的类比特征可以表现在多个方面，将符号本身的意义作为源域，阐释出的意义便是靶域。那么，"源域和靶域都不是唯一对应。因此，源域可以具有多重隐喻义，靶域也存在多种隐晦说法"[1]。源域的意义具有多重维度，靶域在理解中也呈现多重的向度乃至无限衍义，并且源域与靶域之间没有唯一的指定性，这样也就出现了意义与解读之间的多边隐喻。所谓隐喻多边，指的是"同一个语言成分指称多个不同话题"的现象，今天的学者称之为喻体"多义性"（vehicular multivalency）。[2] 多义性的形成与认知中最基本的类比过程是一致的。戈特利说："隐喻产生于连接一事物与他事物的类象形联想。然而联想在本质上是一种不受限制的创造性活动。语言中任何

① 汪群：《从隐喻认知视角看〈周易〉的象征系统》，《牡丹江师范学院学报》（哲学社会科学版），2012年第4期，第70页。
② （英）戈特利：《隐喻的语言》（The Language of Metaphor），伦敦：劳特利奇出版社，1997年版，第258～260页。

一个实词都可以被解析为几乎是无穷数量的语义义素，其中许多义素也包含在别的词语之中。这一状况意味着类象形联想是开放式和多元性的，因为一个喻体可以与多个本体相结合，而一个本体也可以与多个喻体相结合。喻体与本体之间的对应只是局部的。可见隐喻性思维不是简单地将两个不同的事物作一比较，而是'突显'了喻体中类似于本体的某个或者若干特征。"①

　　陈道德也认为："《易传》中原型（能指）与对象（所指）之间就是一种象征的语义关系。阴阳、八卦原型是《易传》作者从《易经》那里继承来的，是他们意识中已有的图式，他们把这些图式投射到新的认知对象上，这些对象就成了原型的所指。"② 从认知的角度来考虑符号意义的形成，能指和所指均可以被视为在认识层次上具有较高水平的分类结构。在话语实践操作过程中，它们产生的功能集合分别为表达变体的集合（能指）和感官的集合（所指）。"一方面，表达变体表现为感知对象（声音、颜色、静态或移动的形状等）；另一方面，特定的感官要在心理实体中找到一个明确的对应（心理表征、情绪状况等）。"③ 因此，符号意指的这一过程在认知上可以做以下形式的梳理：具体表现——一套等像似性变体—能指—相类比—所指——一套等像似性变体—具体的心理内容。④ 在符号意义的解释中，解释者在认知的过程中通过类比将能指的信息与所指的信息相联系。能指是编码者利用符号对对象进行模拟的一系列像似性变体，这些像似性变体在解码者的认知中又根据解码者的具体语境以及经验特点进行再次的像似性还原，而还原所得出的则是认知中心理图式在现实中的明确对应，是符号意义通过类比所得出的心理内容的表达。这样，一个符号意义的解读过程也就完成了，解码的关键即在于意识图式中能指与所指之间的像似性类比。在这个符号信息的类比转化中，意义的磨损与更新是不可避免的，能指与所指间也不可能达到百分之百的解码。同时，类比所偏向的领域却为解码所得出的所指意义领域提供了方向。比如，将自然界的草木荣枯作为一组符

① 转引自丁尔苏：《符号学与跨文化研究》，上海：复旦大学出版社，2011年版，第48页。

② 陈道德：《论卦爻符号的起源以及〈周易〉的意义层面》，《哲学研究》，1992年第11期，第64页。

③ （意）圭多·费拉罗：《在"新古典主义"符号学理论框架内的类比联系》，云燕译，《符号与传媒》，2013年秋季刊，第124页。

④ （意）圭多·费拉罗：《在"新古典主义"符号学理论框架内的类比联系》，云燕译，《符号与传媒》，2013年秋季刊，第124页。

号，人们在解读时就往往将人事的盛衰与之类比，人事的变化也就与自然的变化形成了同构关系。这种意义的类比一旦形成，符号本身的模塑作用也就成为可能，自然的符号意义模塑人们的社会生活，也就在文化思想和制度规约上奠定了春天主生物，秋天主刑杀。中国古代的刑罚一般都规定秋后问斩，以顺应天地之气，这反映了符号表意的类比逻辑。

类比逻辑可以使已知的类的知识演绎扩展到同类而未知的对象。《系辞》曰："引而伸之，触类而长之，天下之能事毕矣。"当阐释者认知中两个对象或两类对象的某种属性相同，并且其中的一个对象还有其他属性，推而广之，另一对象也很可能具有同样的属性。依照这种方法来理解事物，那么天下的事物就都在掌握之中了。海德格尔曾说："在理解中敞开的东西，总是按照下述方式被通达的，那就是在它身上可以明确地提出它'作为'什么。"① 海德格尔认为世界万物只有在人的理解中才具有意义，我们将事物"作为"什么去理解，那它便会是什么。这也就是说，文化中的组分之所以被归类统摄，正是我们抓住了它们具有的某种特点，这种特点虽然只是它们整体特征的一个侧面，却是被我们理解和接受的部分。《周易》的符号认知正是通过这个道理来形成符号意义的归类，从而建构彼此之间的关系。"由于象征的语义关系是靠类比联想建立起来的，这样能指与所指之间的联系就不是一一对应，而是一多对应。一个能指往往在类比联想的作用下意指不同的对象。所以，八卦原型能够'范围天地之化而不过，曲成万物而不遗'。"② 正因如此，八卦的类推能广泛作用于文化建构，将自然事物和社会生活全部囊括其中。

文化中无不体现着类比逻辑的统摄。所谓"文化"，《说文解字》中将"文"解释为"错画也，象交文"。③ "化"在《周易》之《贲》卦中有云："观乎天文，以察时变，关乎人文，以化成天下。"④ 因此，中国古代的"文化"有用符号来教化社会的含义。"日月得天而能久照，四时变化而能久成，圣人

---

① （德）马丁·海德格尔：《存在与时间》，陈嘉映、王节庆译，熊伟校，北京：生活·读书·新知三联书店，1987 年版，第 186 页。

② 陈道德：《〈周易〉——古代中国的符号宇宙》，《湖北大学学报》（哲学社会科学版），1991 年第 1 期，第 65 页。

③ （汉）许慎：《说文解字》，北京：中华书局，1963 年版，第 185 页。

④ （魏）王弼、（晋）韩康伯注，（唐）孔颖达正义：《周易正义》，（清）阮元校刻《十三经注疏》，上海：上海古籍出版社，1997 年版，第 37 页。

久于其道，而天下化成，观其所恒，而天地万物之情可见矣。"① 圣人观察天地四时变化的道理，将这种道理演绎到对人事行为的指导中，这样便使符号应用于规约社会生活，发挥"化成天下"的作用。李定指出"六合、八卦、六十四卦是致思的极则，但不是思想的紧箍咒，卦象逻辑是开放的探索过程，卦象作为动态的文本，藏有为于无为中，生有形于无形中，让思绪全方位发散，创造的是自由地联想和想象的氛围。"② 这里的"无"的概念可以理解为"空符号"，符号能指没有固定所指，可以通过理据性建构填充多种所指，这样的能指是无意义的，却包含了无尽的意义。通过类比逻辑，不同的文化中的意义系列就可以在划分出的意义类别中与符号对应，同一个符号就可以指称多种文化意义，而整体上的文化系统关系也就这样建立起来了。

在《周易》中，八卦与方位结合，以后天八卦为例，震为东方，离为南方，兑为西方，坎为北方。之后五行与之结合，东方为木，南方为火，西方为金，北方为水，中央为土。这样，八卦、五行和四方也都能够完整对应。八卦中，震、巽为木，离为火，乾、兑为金，坎为水，艮、坤为土，八卦在五行中也得以各从其类。无论是六合系统还是五行系统，各文化组分都是在类中彼此关联，并且能够形成一个整体上自洽的文化体系。就如同"六合"概念的文化演绎，这是从《周易》符号系统方位排布中归纳出的一个概念。通常认为这个概念包含了天地和东西南北四方。随着文化分类统摄的发展，很多概念被融入"六合"的体系。《周礼》中的六卿分为："天官冢宰，地官司徒，春官宗伯，夏官司马，秋官司寇，冬官司空。"③《周礼》云："以玉作六器，以礼天地四方。以苍璧礼天，以黄琮礼地，以青圭礼东方，以赤璋礼南方，以白琥礼西方，以玄璜礼北方。"④ 从这里也可以看出《周易》与五行的关联理据。天玄地黄，故而以苍璧礼天，以黄琮礼地，有一种说法认为"天玄"之"玄"意味苍青色。东方象征春天，以青色为代表；南方象征夏天，以赤色为代表；西方象征秋天，以白色为代表；北方象征冬天，以玄色为代表，这个玄色即黑色。

① （魏）王弼、（晋）韩康伯注，（唐）孔颖达正义：《周易正义》，（清）阮元校刻《十三经注疏》，上海：上海古籍出版社，1997年版，第47页。

② 李定：《符号学视野下的易学》，广州：华南理工大学出版社，2017年版，第141～142页。

③ 刘国新主编：《中国政治制度辞典》，北京：中国社会出版社，1990年版，第120页。

④ 郝铭鉴、孙欢主编：《中国探名典》，上海：上海锦绣文章出版社，2014年版，第805页。

《周礼·考工记》："画缋之事，杂五色，东方谓之青，南方谓之赤，西方谓之白，北方谓之玄，天谓之玄，地谓之黄。"① 色彩、方位、时间相配合构成了六合象征的多重系统。符号通过类比推理，使符号与文化中的多个意义相对应，由此形成符号的文化意义多值。《周易》符号认知中的类比逻辑不仅是八卦系统表意的重要思维，也奠定了文化中的意义建构方式，促进了中国传统文化体系的生成。

三、意义多值与修辞中的"同喻异边"

对于同一符号阐释中的多义性问题，钱锺书先生说："一物之体，可面面观，立喻者各取所需，每举一而不及余；……《大般涅槃经·狮子吼菩萨品》第一零之三'引喻不必尽取，或取少分，或取多分'，……'分'者，不尽、不全之意，……以彼喻此，二者部分相似，非全体浑同。"② 从不同的角度去观照，符号的设立者可以选取事物的某一个方面，而忽视事物的其他侧面，这也反映了符号的片面性。符号意义的阐释结果也是对此一方面特征的比拟。"夫二物相似，故以此喻彼；然彼此相似，只在一端，非为全体。苟全体相似，则物数虽二，物类则一；既属同根，无须比拟。"③ 比喻本身即是有选择性的，如果符号表意不经过选择，那么表意本身就无法成立，对意义的阐释也无法进行。符号存在说明了意义的缺失，必须有不同于符号本身的意义存在，这个意义要通过对符号的类比来突出，否则便沦为对符号的简单复制。符号的意义通过类比生成，比喻即会产生多义的现象。"比喻有两柄复具多边，盖事物一而已，然非止一性一能，遂不限于一边一效。取譬者用心或别，着眼因殊，指（denotatum）同而旨（significatum）则异；故一事物之象可以孑立应多，守常处变。"④ 同一个事物作为符号在不同的侧面都可以得到阐释。钱锺书先生在《管锥编》中对这一现象有一段生动的举例描述，"譬夫月，形圆而体明，圆若明之在月，犹《墨经》言坚若白之在石，不相外而相因。镜喻于月，如庾信《咏镜》：'月生无有桂'，取明之相似，而亦可兼取圆之相似。茶团、香饼喻于

---

① 陶明君编著：《中国画论辞典》，长沙：湖南出版社，1993年版，第163页。
② 钱锺书：《管锥编》，北京：中华书局，1986年版，第40页。
③ 钱锺书：《谈艺录》，北京：中华书局，1984年版，第51页。
④ 钱锺书：《管锥编》，北京：中华书局，1986年版，第39页。

月，如王禹偁《龙凤茶》：'圆似三秋皓月轮'，或苏轼《惠山谒钱道人烹小龙团》：'独携天上小团月，来试人间第二泉'；只取圆之相似，不及于明。月亦可喻目，洞瞩明察之意，如苏轼《吊李台卿》：'看书眼如月，非并状李生之貌'环眼圆睁'。月又可喻女君，太阴当空之意，如陈子昂《感遇》第一首：'微月生西海，幽阳始代升'，陈沆《诗比兴笺》解为隐拟武则天，则圆与明皆非所思存，未可穿凿谓并含阿武婆之'圆姿替月'、'容光照人'。'月眼'、'月面'均为常言，而眼取月之明，面取月之圆，各傍月性之一边也。"① 以月亮为符号，不同的阐释者因其关注点不同就会得到不同的意义解读。

一个比喻中可以产生"同喻多边"的现象，这种多边的类比组合在一起就可能形成一定的系统。在《周易》中，常常会出现这种成体系的多边类比。若是以最基本的八经卦符号为例，结合《说卦》以及文化中的解读，符号的多边比喻可以得到较为清晰的梳理（见表4-1）：

表4-1　周易卦义对应表②

	乾	坤	震	巽	坎	离	艮	兑
基本义	天	地	雷	风	水	火	山	泽
功用	君	藏	动	散	润	煊	止	说
方位	西北	西南	东	东南	北	南	东北	西
性情	健	顺	动	入	陷	丽	止	说
动物	马	牛	龙	鸡	豕	雉	狗	羊
人身	首	腹	足	股	耳	目	手	口
人伦	父	母	长男	长女	中男	中女	少男	少女
时令	立冬	立秋	春分	立夏	冬至	夏至	立春	秋分

由表4-1可见，八经卦的符号在其基本义的基础上，从不同的方向去解读就产生了不同层面的意义指向。这些不同符号的意义在每一个相同层面都有相应的阐释，排列在一起就形成了一个完整的解读框架。符号的模塑作用通过

① 钱锺书：《管锥编》，北京：中华书局，1986年版，第39~40页。
② 表引自张庆利：《〈易传〉的中和之美与文学精神》，《东北师大学报》（哲学社会科学版），2011年第4期，第135页。

类比最终形成了系统，系统又有其自身的特点。系统本身具有整体性、转换性和自我调节性，这样，当符号在文化中的模塑作用到其中一个因素时，整个系统都会受到影响。符号在类推的过程中要求必须由相应的意义项形成一个系统，从而与符号的符形系统对应。这样，在性情或动物的对应系统中，以《巽》卦为例，若其对应的性情不是"人"，则必然要选取另一个相关的性情因素与之对应，否则系统就失去了调节性。而以方位、时令作为对应项的两组中，八个方位和四分四至日分别具有八个元素可以与八卦的类型符号对应，如果缺少了其中某个元素，那么系统的类推关系就会被打破，整个系统就失去了自洽性，也变得不完整了。同样，一些其他数量的项目分组只有通过与之方便对应的符号系统来形成类推关系。如五音、五方、五味、五脏、五情在这个系统中不能直接对应于八卦，只能先关联于五行的理论，再通过五行与八卦卦性的关系，最终将事物的类推变化联系成一个整体。查尔斯·菲尔默认为，"框架"是由系统地相关联的概念所构成的复杂的语义整体。因而，如果你不能理解概念作为其构成部分的整体，便不能理解其中之一。《周易》符号系统往往在同喻异边的规则中进行释义，而这种释义又是与模塑的类比关系相暗合的，并且多向度的释义结果在类比的样态中共同构成了意义相关的系统。在系统中，符号之间又建构出新的符号域，元语言规则的作用也随之产生新的变化。符号在原有基础上加入了符号间性中的意义影响，并转而生成进一步的模塑结构，这也最终使模塑的范围和作用成倍扩大。

从逻辑上来观察《周易》表意中的类推关系，会发现其六十四卦都是按照一定的模式来比喻事物。易学的思维是一种重视整体观和互补性的思维。《周易》通过言与象的组合来共同表意，基本上可以将其类同于一种普遍的模型：

A＝A 语句，B＝B 语句

A 和 B

C 和 D　　p 和 q

⋯⋯⋯⋯⋯

对上述模型我们可以这样理解，A 语句是每一卦的图像，B 语句是描述和说明卦画图像的卦爻辞。这样，《周易》六十四卦的表达就依从如下逻辑形式。

A 如果是乾卦的卦画，则 B 为乾卦的卦辞。C 可以为坤卦的卦画，D 则为坤卦的卦辞。其他卦的表述可以类推。但从模型可见，虽然 A、B、C、D 等符号表示的具体对象不固定，但六十四卦的符号系统表述皆符合这样一种逻辑形式；并且，我们可以在这种相同的形式中再抽象出一个总体的表述模型，即 p 和 q。p 是图像的形式，q 是语言形式，所有的其他模型图式都是从这个总的逻辑图式演绎出来的。在逻辑上，《周易》是从一种象与言的表达组合关系发散出去的，类推于六十四卦的具体模式表述中。然而，六十四卦虽有其相关所指，却依然是从林林总总的现实万物中抽象出来的规律表述，发散到实际事物中，六十四卦的每个时空场域就会将所指关联到更为确切的意义上。从义理的角度来讲，"p＋q"的关系是对《周易》思想中"天地之大德"、生生之意的总体描述，其中蕴藏着阴阳变化的终极内涵。"A＋B"等表述形式则是阴阳变易的思想内涵在不同时空场域中的特有发展状态，类推于具体的生活便又用于现实生活中具体事物的规律性指导。按照这样一种逻辑关系，如果 A、C 等是符号载体，那么 B、D 等就可以反映具体符号的某种意义指向。将这种结构关系抽象出来，则 p 代表了符号整体上的多重变化，q 代表了解释中类比的多重变化，二者的结合也就构成了《周易》符号阐释的无穷变化。

因此，符号表意通过类比逻辑得以进行，而不同的符号根据某种阐释的角度生成的意义往往可以形成相应的系统。《周易》符号系统在意义解读中就是通过这种多边的类比形成其系统性的解码图式，并通过这样一种类比逻辑成就其意义的无限。

第五章 《周易》符号阐释的文化意义

《周易》符号系统对中华传统文化产生了重大影响，历代关于此文本的阐释不断增加了易学文化的积淀。《周易》在阐释中，表意效果受到时间、空间以及伦理的制约。《周易》文本在传承中也塑造了文化的形态，引领教化着人们的日常行为，同时折射出社会生活中的文化意识形态。

第一节 《周易》符号系统中的文化模塑

文化往往能体现一个民族的思维方式和生活传统。文化传承的过程无时不体现符号模塑的作用。在文化符号学中，我们效仿生物学"基因"的概念，认为文化中符号与其意义解释方式的稳定延续能够保证文化符号编码与解码的有效延续，文化就可以在历史的发展中一代一代地传承下去，这个承载文化不断复制的元素被称为"模因"。"模因"是携带了各种意义，能够在符号域中传播的单位，不同的模因相互组合，就形成了文化中的各种思想、论说和体系，并最终构建出文化的源语言集合。传承中的各种文化，也是由模因之间的组配产生所谓的传统与风格的差异性。《周易》中包括大量的文化模因，同时发挥着符号系统对文化的模塑功能。

一、传统文化符号域中的《周易》模因系统

洛特曼的"符号域"是有边界的，其中的各个符号系统既具有独立性，又在共时关系上彼此交换；同时，符号系统自身具有记忆功能，并在历史纵向上相互影响。换言之，符号域就是一个模因集团起作用的范围，也就是一个文化社群。在传统文化中，我们可以认为这个符号域是《周易》的符号系统发挥效能的语境。

　　卡西尔认为，人是使用符号的动物。[①] 符号一方面是认知世界和理解世界的手段，另一方面又在影响和重塑着人类的生活。怀特也说过："全部文化或文明都依赖于符号。正是使用符号的能力使文化得以产生，也正是对符号的运用使文化延续成为可能。没有符号就不会有文化，人也只能是一种动物，而不是人类。"[②]《周易》中的诸多模因对传统文化的建构，由于符号的分节与阐释机制，在符号圈作用中，文化文本逐渐形成了自己的符号结构体系。而符号模塑的这一运作实际上还存在符号与人之间的模塑互动以及文化动力学中的变化过程。每个符号都是模塑，它通过把有机体的经验包括在内进行模塑，一方面是一种认识和理解的手段，另一方面是被制造的任何东西。[③] 文化本身可以说是符号模塑的产物，又可以反过来影响人类的生活，使文化中的人不断认同文化的特点，从而使符号的模塑功能进一步发挥作用。《周易》文本产生于中国古老文明的发源阶段，其中包含了文化中的大量模因。作为一个符号系统，它使人在生存和发展中依照符号的意义阐释重新对生活中的事物作出分节；同时，符号域中的人也就完成了对事物的认知过程，进而掌控生存的环境。这既是一个双向互动的过程，也包含文化不断更新的诸多机制。《系辞》中依据卦画的形态来改造生活："上古穴居而野处，后世圣人易之以宫室，上栋下宇，以待风雨，盖取诸'大壮'。""古之葬者厚衣之以薪，葬之中野，不封不树，丧期无数，后世圣人易之以棺椁，盖取诸'大过'。"可见，符号形成后也反作用于人的生活。上古先民本是住宿在荒野之中的，圣人通过"大壮"的卦画形象发明了房屋，从此人类便有了房屋这种建筑，改变了原有的生活状态。先民原本的葬俗是不将死去的人用棺椁盛殓的，只是用厚的柴草将之包裹，葬在野外，也不为其封坟立墓。圣人从"大过"的卦画形象中受到了启发，改革了原有的葬俗，从而逐渐形成了一整套丧葬文化，最直观地体现了《周易》卦画符号与解释义义对人们文化生活的影响。卦画结构本身即是《周易》中文化模因的组成部分。

---

　　① （德）恩斯特·卡西尔：《人论》，甘阳译，上海：上海译文出版社，1992 年版，第 34 页。
　　② （美）L. A. 怀特：《文化的科学》，沈原、黄克克、黄玲伊译，济南：山东人民出版社，1988 年版，第 33 页。
　　③ （英）保罗·科布利：《劳特利奇符号学指南》，周劲松、赵毅衡译，南京：南京大学出版社，2013 年版，第 53 页。

文化之所以可以模塑人，有以下几个原因。首先，人既是文化模塑的主体，也是被文化模塑的客体。在经过长期的进化和演变后，人类获得了与动物有本质区别的生理和心理基础。与此同时，人类还具有了意识和自我意识，从而有能力去接受文化，进而创造和传播文化。其次，在经历了长期的进化与演变后，人类已经逐渐形成了一定的文化，既包括文化知识，也包括文化环境以及文化氛围等，这也就为之后的文化模塑提供了原料。此外，人们在长期的社会实践中还形成了文化模塑的媒介——语言、文字以及其他符号，这也使人与人之间的信息传递与沟通交往成为可能。文化模塑可以通过这些媒介顺利地进行下去，人们就可以再一次完成对生存于文化之中的人的模塑。在这个过程中，文化的模塑也呈现主动性和被动性的不同特点。[①] 在文化传承的过程中，人们对其符号不断进行重复阐释，使其在文化发展中被继承下来，并上升为文化中的象征和典范而得到推崇，进而塑造和规范了文化生活样态。

世界"文本化"的过程也就是世界"文化化"的过程，原则上有以下两个途径。首先，世界是一个文本，它有着丰富且神秘的意义，是理性的传达。人对世界的"文化化"在于研究自然文本，并将之翻译成人类可以明白的语言。此时自然就好像一本书，人解读其中的奥秘，就如同解读中世纪和巴洛克时期的文本一样。从另一个角度来说，如果不将世界作为一个预先设立的文本，那么它也就没有先在的意义，而只是原初的、未开化的蛮荒世界。"'文化化'就在于将文化的结构赋予世界。在这种情形下，我们不是阅读和翻译已经存在的文本，而是将尚未进入文化规约的非文本变成文本，将森林变成耕地，排干沼泽的水，灌溉荒地，这是一个人为创造的过程，从而将非文化的风景变成一道道文化景色，这些都可以看成是将非文本变成文本。正是在这个意义上，森林和城市之间存在着原则上的差别，因为前者是未经雕琢的现象世界，后者却带有根植于社会符号中的人类生活的各个方面的信息，所以说城市不同于森林，城市是一个文化文本。"[②] 这反映了世界如何成为文本及其在文化意义中被阐释的双向过程。

---

① 于东：《走出特定文化模塑的藩篱——由当今国人文化模塑趋向引起的思考》，《天府新论》，2006 年第 3 期，第 108 页。

② 康澄：《文化及其生存与发展的空间——洛特曼文化符号学理论研究》，南京：河海大学出版社，2006 年版，第 33 页。

在《周易》符号系统的文化意义建构中同样可以看到世界文本化的一系列过程。上古先民因为对宇宙和生命充满了敬畏感，认为它们都是上天有意为之的存在，因此通过对世间万物变化的认识就达到了对宇宙意义或者说"天意"的把握。《周易》符号系统的最初形成即来源于对自然符号的阅读与揭秘。在符号的基本形态确立之后，符号对于文化的建构作用则体现在人类生活的方方面面，既体现于人类社会的各种场景中，也反映在对自然意义的分节上，而这里被意义化的自然已经不再是原本现象直观中不加经验的客观存在，转而化身为人类社会文化中重要的组成部分，是人化的自然。从这一角度，我们也可反观《周易》符号结构在传统文化语境中的模因构成，并探究《周易》符号模塑下的传统文化样态。

混沌是文明开始之前的状态。中国古老的创世神话，表现了天地初创之时的氤氲迷茫，从根本上讲，是由于符号表意尚未形成而不足以对环境界进行模塑。"并不是存在被'安放'在时间和空间当中，而是存在本身创造了时空。"① 当符号对事物的分节逐渐形成系统，最先反映在文化规制上的则是对时间与空间问题的把握，因为时空关切了人类最基本的存在感。从时间上看，邵雍的《皇极经世》是《周易》的衍生性文本，其中展现了历史的演变过程。《观物内篇》中说："日经天之元，月经天之会，星经天之世。以日经日，则元之元可知矣。以日经月，则元之会可知矣。以日经星，则元之运可知矣。以日经辰，则元之世可知矣。……"以天象日月星辰匹配计算时间的单位：元、会、运、世。又说："元之元一，元之会十二，元之运三百六十，元之世四千三百二十。会之元十二，会之会一百四十四，会之运四千三百二十，会之世五万一千八百四十……"② 按照这个规则计算，折合年数，一世为三十年，一运则为十二世，一会则为三十运，一元则为十二会。一元的时间也就是十二万九千六百年。邵雍之子邵伯温对这个宇宙长河的表达式进行了推演，制定了一个宇宙年表，并从第六会开始，将中国古代的历史编入其中。

从《周易》符号系统与方位之间的关系来看，按照后天八卦的方位排序，坎为北方，离为南方，震为东方，兑为西方，乾为西北，坤为西南，艮为东

---

① （苏联）米哈依·洛特曼：《主体世界与符号域》，汤黎译，《符号与传媒》，2013 年春季刊，第 152 页。

② （宋）邵雍：《皇极经世书》，郑州：中州古籍出版社，2007 年版，第 502 页。

北，巽为东南。时间与空间相关联，在方位的体系上，四时变化，日月的升降变化皆与卦画相匹配，主要的四时节气和太阳高度与八卦共同建构出了一个符号系统（如图 5-1 所示）：

图 5-1 八卦与二分二至日及太阳高度对应图①

　　图中的八卦分别处于八个方位上，又与所在的时令季节相互对应，既反映了空间的关系，也突出了时序的变化。春夏秋冬的四时变化是以年为参照的，而在一天之内，图中也反映了卦画符号的变化与太阳变化和卦画的对位。阴阳的对立在这里体现为温度的变化，温暖是阳，寒冷是阴，或者说太阳运动趋近地球时表现为阳的特征，反之则为阴。一年之中，立春时阳气开始升腾，在《坤》卦冬至阴气盛极的状态中出现了阴阳的转化，初爻变为阳爻，就出现了《巽》卦。随着节气的推移，到立夏时，阳气进一步上升，二位的阴爻也转化为阳爻，《兑》卦便出现了。直到夏至时节，阳气上升达到了极致，三画卦中的阴爻全部转化为阳爻，这样就得到了《乾》卦。而在夏至之后，阳气下降，阴气上升，卦画的变化又转为一个相反的过程。这样，年复一年，周而复始。而一日之内日出日落的道理也与此相同。卦画符形的变化与时节的转变在思维习惯上形成了紧密的关联，相互诠释，最终形成了中国文化特有的时空观念。

　　时空关系中反映出来的配位关系逐渐形成了一种对位的思维模式。这种思维模式由于时空图引发自然变化与社会生活的结合，而使社会日常伦理系统在此基础上建立，并获得一种"天经地义"的理据性。《说卦》中说："昔者圣人之作《易》也，将以顺性命之理，是以立天之道曰阴与阳，立地之道曰柔与刚，立人之道曰仁与义。兼三才而两之，故《易》六画而成卦，分阴分阳，迭

---

　　① 图出自杨星丽：《周易·说卦与原型理论》，《吕梁高等专科学校学报》，2009 年第 3 期，第 20 页。

用刚柔，故《易》六位而成章。"① 然而，越是看似完美精妙的系统，越是显现出有意为之的痕迹，真正完善的系统往往是不可能显现出其完善性的。体现的完美不过为制度的制定提供一个看似合理的根据。举例来说，阴阳分立最初来自对天地日月等自然运行变化的把握。阴阳二元对立的符号系统模塑人类社会的伦理关系，就出现了对男性和女性关系地位的分属规约。乾为天，坤为地；乾为阳，坤为阴。天地的性质是不同的，乾坤的性质也就不同。天行健、地势坤、乾德刚健、坤德柔顺，其符号的基础元素阴与阳还分别代表了高低、贵贱、君子与小人、高尚与卑劣等多重维度的两极分化，并且分化的结果均崇阳抑阴。随着社会语境的改变，符号的意义也会相应地作出改变，文化则出现畸变和转码。但阴阳的分类本质在事物中依然是有所体现的，只是其具体的所指会作出调整，调整的结果几乎无法脱离阴阳二分的类别限定。因为《周易》"生生之谓易"的元语言规则已经对其作出限定，意义的最终形成也必将作用于元语言的压力之下。符号设立的原初本是以任意性的规约为基础的，只是符号一旦设立必然会对文化造成影响。在中国传统文化的一系列特征中，我们均可以看到这一文化模因的缩影。

二、《周易》符号模塑的系统特征

按照人与自然世界的不同层次关系，模塑也有不同层级的系统划分。当代塔尔图学派的符号学家库尔（Kalevi Kull）提议："外在于周围世界的自然，可以被称为零度自然（zero nature），零度自然是自然本身（例如绝对的荒野），一度自然（first nature）是我们所看到、认出、描述和解释的自然；二度自然（second nature）是我们从物质上解释的自然，是被改变，被生产出来的自然；三度自然（third nature）是头脑中的自然，存在于艺术和科学中。"② 这样，零度自然不在人们认识和考察的范围内。从一度自然开始才是用符号得以描绘和阐释的自然，因而一度自然范围内的事物可以使用语言和文字等符号来描述。二度自然和三度自然都是人们在认识的基础上进一步实践和改造甚至

---

① （魏）王弼、（晋）韩康伯注，（唐）孔颖达正义：《周易正义》，（清）阮元校刻《十三经注疏》，上海：上海古籍出版社，1997 年版，第 93～94 页。

② Kalevi Kull："*Semiotic ecology：different natures in the semiosphere*"，*Sign systems studies*，1998，No. 26，P. 355.

想象出来的自然。在实践和改造的过程中，符号系统不仅停留在最初的描述阶段，也在人与世界的交流中得到积累和更新，同时产生出了文化中众多约定俗成的仪式与象征意义。因此，从生物符号学出发，引入自然环境中的因素可以划分出三级模塑体系：自然语言应当在文字语言之先，这也是首要的模塑系统；次级模塑系统是以句法为基础的各种模式所构成的领域，比如文字语言——文本；第三重模塑系统是建立在前两种系统的基础上获得了象征性价值，由符码、规约和各种文化结构所构成的领域。

在《周易》中，卦画、卦辞和《易传》三个部分在文本内部完成了一个符号意义的指涉过程。卦画是《周易》基本的表意图像符号；卦辞是图像符号所指对象的描述，在表意上若将其作为语言符号，其意义也将指向《易传》的论述。因此，无论是卦画还是卦辞，都是《周易》表意的符号，用以表达系统深层的文化内涵。"《易经》至少包含了两种截然不同的系统：1. 非语文符号的卦，包括本卦及别卦；2. 由语文符码书写的'辞'及'传'。……我们可以说第一种非语文系统是属于表达系统，是语文空虚的；第二个系统是内容系统，是语文充实的。从空虚系统转化为充实系统，要透过语文化作用。"[1] 图像的系统是语文虚空的，也就是说卦画本身是可以不依靠语言的描述，独立表达意义的一个符号系统。卦辞是语文充实的系统，如果说语言是对前语言意义结构的重新表述，那么卦辞的确是将卦画符号的表意内容作了语言化的解译。《易传》也是语文充实的符号系统，却是对前两种符号意义的进一步阐释。"我们所谓的《易经》是由三种截然区分但有重叠的层次所构成的综合文本：系统一，非语文的系统；系统二，一个语文化了的命名系统，用来取代系统一；系统三，一个第二度的语文规模，用来解释系统一和系统二，但在译码过程中，其实是在替系统一和系统二建码。"[2] 从中可以很清晰地发现《周易》三类符号的性质和关系：《周易》的卦画符号系统可以作为一级模塑体系；卦辞符号系统是二级模塑体系；《易传》对文化深层含义展开的论述，可以作为三级模塑体系。在《周易》这三个符号模塑体系中，一级符号系统本身即可以进行完整的表意。《易》历三圣，伏羲画卦，文王系辞，孔子作了《易传》。可见，至

---

[1]　张汉良：《文学的边界——语言符号的考察》，上海：复旦大学出版社，2012 年版，第 94 页。
[2]　张汉良：《文学的边界——语言符号的考察》，上海：复旦大学出版社，2012 年版，第 95 页。

少在卦画符号创立之初，符号本身是单独进行表意的。卦画最初形成在结绳记事时期，文字还没有出现，《易传》中说："上古结绳而治，后世圣人易之以书契，百官以治，万民以察，盖取诸'夬'。"这也说明，书契的发明是在卦画符号产生之后，卦画的表意最开始并没有语言文字的注解。而且，书契的产生即是得益于《夬》卦的卦画符号，这也充分反映了作为自然符号的一级模塑体系对文化的模塑作用。卦画符号的意义表达与《易传》中的意义解读之间并没有《夬》卦卦辞的辅助。《夬》卦辞说："扬于王庭，孚号有厉；告自邑。"从卦画符号所得出的书契形象与卦辞中的描述并没有明显的联系。二级系统在一级系统表意的基础上形成了自己的语言模塑体系，符号双重系统的表达之间也会相互影响。一级符号系统使符号解码者通过感知来把握意义，其表意并没有语言概念所规约的侧重方向，因此可以使人处于更广阔的意义域中。在《周易》中，卦画的一级符号模塑也就直接作用于深层的文化模塑体系上，体现了一级符号模塑体系向三级模塑体系的跨越。

从《周易》符号模塑系统这个特点来看，符号对于文化的模塑建构作用就不仅仅局限于语言文字的二级体系。对于《周易》中卦画符号等一级体系的探究将更加着眼于卦画的成"象"，正所谓"尽意莫若象"。通过对"象"的把握，本来具有符号片面性的表意模式被打破，阐释的思维从"象"出发，以至于开启一种类似于考察事物一般的对于"物象"的观察。卦辞在对"象"的阐释中虽然起到辅助的作用，但符号的意义已经大大超出了卦辞字面上所涵盖的意义范围。《周易》模塑系统的这一特点使其广大悉备，从而可以建构和影响文化生活的诸多方面。

三、《周易》符号模塑与儒道文化中的转码

洛特曼的文化符号学理论认为："符号形成文本，文本形成文化，文化形成符号圈。就像文化空间是由已经创造出的、正在创造的和能够在该文化中被创造出的所有文本构成的一样，符号圈——这里所有文化的文化和保证它们有可能出现和存在的环境。"[①] 也就是说，所谓的文化是由符号组成的，并且必

---

① （苏联）尤里·洛特曼：《俄罗斯文化的历史和类型学》，转引自康澄：《文化及生存与发展的空间：洛特曼文化符号理论研究》，南京：河海大学出版社，2006年版，第185～186页。

然存在于一个更广阔的文化叠加系统之内，同时还要经过系统之间的动力平衡才能达到其表意机制的有效运作。洛特曼认为，"没有一个符号机制能孤立地在真空中起作用，进入符号域（即引文中的'符号圈'）——符号的空间是其运行的必要条件"①。符号域并非是凝滞，而是具有如太极图黑白鱼一般的轮廓分界线，无法判断此界限属于阴或者阳，界限却必须存在。"对话是符号域的本体特征，这也同时意味着符号域的外部与内部边界应当是'双语的'。"②在文化转变的动态研究中，符号域存在中心和边缘的分化，并且中心和边缘在语言组织和意义强度上是不匀称的。

符号域的中心是主流文化最稳定的部分，符号域的边缘则是亚文化存在的区域，也就在文化语境中最为松动。符号域的中心建立起来以后，总是力图将自身的语法规则传播到整个符号域之中，即将符号域的边缘囊括于中心语法规则的规约之下。这样，符号域中占据主要地位的文化，其某一种具有优势的语言也就成为描述这种文化的元语言。符号域的中心建立起来以后，这一语言规则不仅用于描述其自身，而且也用来描述符号域的边缘部分。这样，处于符号域边缘的话语就被认为是"不符合规范的""不正确的"甚至是"不存在的"。③例如，在中华文化圈中，早在先秦时代就有诸子百家的各种论说，每一种论说都是总体文化圈中的语言构成。主体如儒家、墨家在当时被称为显学，就是在文化圈中处于中心地位，拥有主导话语权。而一些小的学派，如名家、农家、纵横家、阴阳家等，就处于文化圈中相对边缘的位置。秦国吞并六国，将法家思想作为国家的基本指导思想。这样，法家思想也就处在了文化圈的中心地位。而为了巩固自身的地位，将原本势力强大的儒家话语边缘化，秦国实施了焚书坑儒的政策，这也是文化语境中争夺话语权最为极端的例子。后来，汉武帝时期罢黜百家独尊儒术之后，儒家思想正式成为国家的正统思想，一直在中华文化圈中延续下去，其他的边缘话语逐渐被规约。而随着时代的发展，关于九流十家中所谓的小说家、阴阳家等的叙述恐怕如今也只能在史籍中

----

① （苏联）尤里·洛特曼：《符号圈》，转引自康澄：《文化及生存与发展的空间：洛特曼文化符号学理论研究》，南京：河海大学出版社，2006年版，第30页。

② （爱沙尼亚）皮特·特洛普：《符号域：作为文化符号学的研究对象》，赵星植译，《符号与传媒》，2013年春季刊，第161页。

③ 康澄：《文化及其生存与发展的空间——洛特曼文化符号学理论研究》，南京：河海大学出版社，2006年版，第45页。

找到几个语焉不详的名词了。符号域中充满了不同文化之间的交流和博弈。在这个过程中，符号域不断变化，同时又维持着自身的系统性。这样，文化也就在社会的发展中逐渐出现了畸变和转码，文化系统便得到更新。

在符号域中，边缘话语在受到中心话语的侵蚀时，原有的符号模因不断被中心话语的模因取代。中心话语的模因会逐渐在边缘的文化话语中发挥其模塑效果，并逐渐将边缘化的话语统一到中心话语的规制之下。中国传统文化要求语言含蓄深刻，实际上与《周易》中通过"言、象、意"关系来阐释"道"的符号结构模式密不可分。《周易》是儒家经典，本身即在儒家正统文化的语境之内，其文本又极力推崇圣人的明达，与儒家崇古抑今的思想相一致。这样，《周易》的符号就更加成为文化中各个层次模仿的范本。《周易》言说的话语模式与语言特点也就成为语言文化中被效仿的对象，更加突出地发挥了其符号的模塑作用。吴兴明认为中国关于语言一般意义论模型的建立要追溯到《庄子》的《齐物论》，并对此提出了"源域"的说法。"'源域'即摆脱了一切实用性语境而单纯从语言的揭示性和意义之原始发生来论意义。……它解脱了一切'用'的工具性规定——认知、道德、政治、实用，但又是一切'用'的基础和根据之从来。实际上，它差不多就是西文中那个与此非常相近的概念：'存在'（Being）。"[①] 笔者认为，《周易》已经为这种传统文化表意奠定了原始的基础，在后世庄子等人的发展中才逐渐形成了这样一套独有的体系模式。"源域"的概念即以天道来探析意义的表达。这个"源域"也可以认为是文化符号域中，语言表达理念的中心话语。其中也体现出了儒家和道家在语言表达方式上的一些相通性，但仍无法排除历史发展中符号域内部不同话语之间的分立与对抗，最终呈现出某种相互融合的态势，并且道家的思想理念也在某一程度上被儒家吸收，成为儒家文化中的模因而传承下来。

所谓"书不尽言，言不尽意"，然圣人之意如何察而可寻呢？在《周易》中，尽意本身乃是言及圣人之意，圣人之意乃是秉承天地之至道。可见，尽意本身并不是目的，即使尽圣人之意仍然不是最终目的，而仅仅是彰明天道的一个途径。"原域文论的思想是就天道而论文，它将对文的思虑、打量置放在天

---

① 吴兴明：《比较研究：诗意论与诗言意义论》，北京：北京大学出版社，2013 年版，第 65～66 页。

人之间。……而原域的文论是要在天人之际察言、文意义的原始之发生，其命意所指是要不断地回返意义的本始。因此，原域文论中的所谓'天道'并不是儒学中被王道化、社会化了的礼仪、制度、规范、理气等等，而是永远无法道出'意之所随'，即意义的根据。正因为它是抛开一切历史状态中的意义体系——思想、理论、体质、言辞、传统、是非等事实性的意义规定、意义状态而源始地思量意义之所从来，因此，我们将它命名为'原域'的文论。"① 因此，道也就是中国语言表意中的一个特有概念，在实际表达中则表现为一个无所不包的聚合性谱系。一切表达都涵盖在内，而一切表达也无法触及其内核乃至将其包容，无论如何努力也只能无限趋近而已。《周易》的符号模式形成了"言、象、意、道"之间的特殊表意关系。同样，《周易》中表意以达道的这种模式也在文论中给中国文论带来了不同于西方和印度文明传统的又一样式。这是中国文化圈中主导话语在其符号模塑作用下文化语言表达的生成过程及特点。

在符号的模塑作用下，人逐渐为文化所规约，并且重新掌握符号进而更新符号的模因，并利用模因再度模塑文化。符号模塑的活动从来没有停止，模因随着历史的发展，其内部特征会出现消亡和创生的转换。在同一文化圈内，不同的符号话语在彼此间的对立与融合中产生了文化发展中的动力作用，也使模因不断发生变化。"符号域是（广义的）文本的整体，文本与其他文本一道形成（广义的）文本。"② 中国传统文化中有最为典型的儒释道三家学说，其中儒家与道家皆源自先秦思想，历史悠久。道家讲究"玄德"；而儒家讲求"明德"，所谓"大学之道，在明明德"。"德"本身是一种功能，《周易》所彰显的正是"天地之大德"。"生生不息"是天地之大德，也就是天地间宇宙运行的主要功能。"玄德"是偏于幽微的，而"明德"则是"德"光明显露的一面。道家的精神是本于坤的，利牝马之贞，乃是一种上善若水的柔顺之德。儒家则讲求"天行健，君子以自强不息"的刚健精神，这是本于"乾"的精神。《乾》卦纯阳，《坤》卦纯阴，从根本上讲仍可以归于阴阳符号系统的模塑作用。中国传统精神讲求的天地合德，既健且顺是将阴阳的性质相结合。阴阳结合可化

---

① 吴兴明：《比较研究：诗意论与诗言意义论》，北京：北京大学出版社，2013年版，第65页。

② （爱沙尼亚）卡列维·库尔：《符号域与双重生态学：交流的悖论》，张颖译，《符号与传媒》，2013年春季刊，第169页。

生万物，变幻无穷，则是通于神明之德。在对《周易》的不断阐释中，反映中国传统学术中儒家与道家理论逐渐融合于《周易》的《乾》《坤》卦义阐释。由此可见符号模因之间的复杂关系。不同文化在传播过程中相互作用和影响，最终导致文化出现转码，模因不断更新，文化的样态在历史的发展中出现潜移默化的改变。

经过历史的积淀与涤荡，《周易》符号系统塑造了中国人特有的思维模式，人类最基本的生存与发展的时空分节依然体现符号的模塑与系统的作用，这些都保存在传统文化中并成为其典型的特征。同时，符号的模塑在历史的传承中发挥功能，使文化的基本样态得以一代代延续下去，并随着发展不断出现更新和转码。从《周易》对文化模塑的分析可以发掘传统文化之间的相互作用。古老的符号思想一直存在于中国人的行为和观念中，也在中国当代文化的诸多方面依然保留传承着其传统的文化基因，影响着今天的生活与价值导向。

第二节　时空语境之下的《周易》阐释

符号阐释往往受到时间和空间语境的影响，尤其像《周易》这种与实际应用相结合的符号文本，其意义解读更讲求时效和场景状况。符号在每一次解读中皆处于特定的时空中，符号自我在时空中出现位移，自我与存在场域之间的关系也会出现变化，从而导致符号意义解读的诸多差异。

一、线性时间推移中的阐释差异

在《周易》的符号意义阐释中，"时"始终是一个重要的概念。因为《周易》的阐释是具有时效性的，任何阐释都不能脱离意义所在的时空场域。易的本质便是在变与不变之间转化，"穷则变，变则通，通则久"。一切应时而变，时变则意义关系瞬息万变。《周易》中的六十四卦，每一卦都寓意着天、地、人之间的某种时空场域，六十四卦则是六十四个时空场。每一卦中的六爻变化无不体现事物之间的规律以及人在某种时空变化中的种种状态。"夫卦者，时也；爻者，适时之变者也。"[1]

---

① （魏）王弼：《王弼集校释》，北京：中华书局，1987 年版，第 604 页。

首先，《周易》所列六十四卦的规律就强调了"时"的重要性；卦义要申明事物之间的规律，最开始便是要与"时"的分析相结合。欲知其意，先明其时。"夫时有否泰，故用有行藏；卦有小大，故辞有险易。一时之制，可反而用也；一时之吉，可反而凶也。故卦以反对，而爻亦皆变，是故用无常道，事无轨度；动静屈伸，惟变所适，故名其卦则吉凶从其类，存其时则动静应其用。寻名以观其吉凶，举时以观其动静，则一体之变，由斯可见矣。"[①] 其次，在《周易》的《象》中也经常会将"时"直接提出来，诸如"时大矣哉"的说法屡见不鲜。六十四卦中在卦辞里提到"时"的卦有《豫》《随》《遯》《姤》《旅》《坎》《睽》《蹇》《颐》《大过》《解》《革》十二个卦，有些说法又将其称为"十二叹卦"。其中《豫》《随》《遯》《姤》《旅》五卦的卦辞为"时义大矣哉"。这些卦的意义有效性皆来自所处之时，强调其意义与时间、时势等因素的紧密联系，从而加深人们对卦义的理解。以《豫》卦为例，其《象》说："豫顺以动，故天地如之，而况'建侯行师'乎？天地以顺动，故日月不过，而四时不忒。圣人以顺动，则刑罚清而民服。豫之时义大矣哉！"[②]《豫》卦象征欢乐，却时刻劝告人们不要贪图享乐，以免乐极生悲。卦画坤下震上，所以说是"顺以动"。《象》所赞并非无原则的《豫》乐，而是要强调君子要效仿圣人，效仿天地那种自然而顺动平和之乐，做到"上交不谄，下交不渎"，这样才能"四时不忒""刑罚清而民服"。《豫》卦《象》赞叹《豫》之时的重要内涵，对其意义的理解离不开对其"时"的把握。

《坎》《睽》《蹇》三卦皆不是嘉美祥和的意思，普通人在占卜中得到此卦喻指其所处的艰难境遇。此三卦的意义在圣人那里却可以结合所在的时势和环境，得到因势利导的运用。所以卦辞曰"时用大矣哉"。例如《坎》卦《象》曰："天险不可升也，地险山川丘陵也，王公设险以守其国。险之时用大矣哉！"[③]《坎》卦是大险的卦象，只有圣贤才能扭转危险的局势，转而化不利为有利，借天地间的险峻之势为己所用。王公等有德居位之人，往往可以利用山

---

① 苏渊雷：《易学会通》，郑州：中州古籍出版社，1985年版，第89页。

② （魏）王弼、（晋）韩康伯注，（唐）孔颖达正义：《周易正义》，（清）阮元校刻《十三经注疏》，上海：上海古籍出版社，1997年版，第31页。

③ （魏）王弼、（晋）韩康伯注，（唐）孔颖达正义：《周易正义》，（清）阮元校刻《十三经注疏》，上海：上海古籍出版社，1997年版，第42页。

川之险峻作为其国家的防御工事。险峻是否能化为有利因素要看人所处时势，更要强调如何因时而用。又如《睽》的《彖》："天地睽而其事同也，男女睽而其志通也，万物睽而其事类也。睽之时用大矣哉！"[1] 睽本是乖异的意思，小人用之，就会执着于相背之意。意义相背离则不能沟通，所以不能与人共事。而大德之人却可以秉承中正之道，求同而存异，做到和而不同。这样才能"其事同""其志通""其事类"，《睽》的道理才能彰显。"睽之时用大矣哉"强调对其意义的掌握既要知"时"，更要知"用"，此非圣贤之人所不能为。

《颐》《大过》《解》《革》，皆是大事变革的重要时段，故曰"时大矣哉"，希望人们可以对所处的时势有明确的认识，从而有所戒惧，谨言慎行。"时运虽多，大体不出四种者：一者治时，'颐养'之世是也；二者乱时，'大过'之世是也；三者离散之时，'缓解'之世是也；四者改易之时，'变革'之世是也。故举此四卦之时为叹，余皆可知。"[2]《周易正义》认为，人生在世，或逢治世，或逢乱世。要想安然处于其间，其中有很大的道理。此四卦皆言"时大矣哉"，乃是不同时势的象征。

其次，《周易》的符号系统象征了一种宇宙的动态运作模式，按照其生生不息的原理，宇宙万物无一不在时间的长河中发展变迁，因此，《周易》的时间性也体现了其创造性。在《周易》之中，每一卦或一爻的"位"不同，所遇的时也不同，故而有"时位"的说法。程伊川认为《周易》是因时而取义的。变易是《周易》的永恒之道，生生之谓易，是阴阳的变化，阴阳不测之谓神。正因为阴阳不测，事物的发展就会随着时间的推移而变化。李觏的《易论》认为："时"有大小之分；有的是将一世作为一时，如《否》卦、《泰》卦之类，此乃是天下人所处之时，也是大的"时"；有的是将一个事件作为一时，就如《讼》卦、《师》卦这一类，这就是小的"时"。由于"时"的类型是不同的，所应对的事情也各不相同，所以占卜的意义也就不能混淆或相互替代。"诸卦之时，君之所遇者多，以事无不统也。臣之所遇者寡，以事有分职也。或一人之身而兼数事，或终食之久而移数时，时既屡迁，迹亦皆变，苟不求其心之所

---

① （魏）王弼、（晋）韩康伯注，（唐）孔颖达正义：《周易正义》，（清）阮元校刻《十三经注疏》，上海：上海古籍出版社，1997 年版，第 50 页。

② （魏）王弼、（晋）韩康伯注，（唐）孔颖达正义：《周易正义》，（清）阮元校刻《十三经注疏》，上海：上海古籍出版社，1997 年版，第 31 页。

以归而专视其迹，则散漫简策，百纽千结岂中材之所了耶?"①　重要的是，在面对不同的状况时，要以顺应时势的心态去因势利导，把握事情的发展。不能专注于具体的卦象和一时的事例，因为事物的发展不会停止，而是随时随地都会发生变化。如果只专注于一时一事，就很容易时过境迁，一切皆为陈迹，那么占卜的意义就不存在了。只有从整体上理性考察事物的变化，才能随时作出正确的反应。

因此，时间和意义几乎是共生共灭的，时间改变则意义也不会停滞不前。《比》卦的卦辞说"比，吉。"意为亲比而得到吉利。然而卦辞上注明"不宁方来，后夫凶"。先与后是一对时间概念，之所以"后夫凶"，按照《正义》的解释，因为亲比贵速，若及早而来，人皆亲己故在先者吉。若在后面而至者，人或疏己，亲比不成，故"后夫凶"。由此可见"时"的重要性。在《周易》的占卜中，"时"是有层次的。首先，通过占卜确定所处的总体时势，也就是六十四卦的卦时。然后，再在所处卦时中确定具体的爻时，也就是卦时的某一阶段。例如，如果占卜得到的是《比》卦，则规定了所行亲比之道的时势。不同的爻时处于《比》的不同阶段。依据卦义来看，亲比贵速，则上六爻所处之时便是卦辞中所言的"后夫"之时，在亲比的总体时势中就显现出凶险。其爻辞说："上六，比之无首，凶。"他人皆比，自己独在最后，为众人所弃，所以自然会出现困境。相反，《遯》卦初六则曰："初六，遯尾，厉，勿用有攸往。"《遯》卦所处正是一个逃遁的时势，逃遁就应该尽快远离。初六爻处于内卦最下，是最后逃遁的，因此是"遯尾"。既然已经是祸到临头，那么再想逃遁已经来不及了，反而有所行动就会被逮个正着，所以还不如老实地躲避起来，不要轻举妄动。故其《象》曰："'遯尾'之厉，不往何灾也。"此爻固然教导人们在面临灾祸时要沉着冷静，切勿妄言妄行，但遭遇遯尾之厉的最初原因始终还是没有掌握好时机，逃得太慢了。因此，要把握吉凶祸福，用正确的思想主导行动，首要条件还是对时机有清醒的认识。

此外，《周易》意在阐发天、地、人之间的相互关系，从揭示宇宙天地的自然规律出发，为人在天地之间的行为创立规则和典范。故《周易》之时，不

---

① （宋）李觏：《易论》，曾枣庄、刘琳主编《全宋文》，成都：巴蜀书社，1991年版，第42册，第87页。

局限于人类社会生活。李靓所说的大小之时皆从人事的角度出发，其实《周易》法象自然天地之造化，其中更是不乏对天时运行的描写。《剥》卦和《复》卦最能说明这一问题，二者是一对相反的卦。《剥》卦卦画是众阴剥一阳，阳气逐渐被剥蚀殆尽。《复》卦卦画相反，是出于阴极阳生之时，一阳始复的过程。这些是从天时的变化而来，寒来暑往，秋收冬藏。圣人仰观俯察，法于天地。君子朝乾夕惕，法于圣人。天时与人时本来互通，月有阴晴圆缺，人有祸福变化。天地曾不能以一瞬，而况于人乎！可见，《周易》之时，不仅为小时，更为大时，其道根本来源于天时。天时变化，客观的现象世界更替，其被感知到的意义自然随之改变，出现了春夏秋冬、生死荣枯的意义分节。人事中的时间变化同样伴随此在的不同阶段，任何事物也都遵循生、住、坏、空时间线索作出改变。事物的存在是确定在时空之内的，空间可以相对静止，时间却是一维线性的，不能有片刻的停息。就如古希腊名言所说，"人不能两次踏入同一条河"，即使是同一个空间位置，今日所处之地已经不同于昨日之地，而明日又非今日。有人说，乡愁是时间的而非空间的，因为时间不可倒退，纵然故地重游，昔日的"杨柳依依"也早已化为眼前"雨雪霏霏"之不可言说的无奈悲哀。从这个角度来讲，意义的分节更多是界定在时间之上的。

《系辞下》云："神农氏没，黄帝、尧、舜作，通其变，使民不倦；神而化之，使民宜之。易穷则变，变则通，通则久。是以自天佑之，吉无不利。"[①]要知所处之时，适时之变，才会自天佑之，吉无不利。许多先秦典籍同样强调了时间对于事物发展变化意义的重要性。《左传》所言"相时而动"[②]；《国语·越语下》："夫圣人随时以行，是谓守时。"[③] 这些都是极富说明性的例子，表明了《周易》时代先人对时间的看法。无论在客观上采取何种行动，其思考的着眼点从根本上讲依然是时间推移所带来的意义变化。面对时间更迭导致意义变化的必然性，《周易》提出了"知时"的观点。知时自然是要认清所处的时势，然而深入分析这种思想，依然可以发现其含义的不同层次。知时的最低层次是不违时。违背时势而行动就是与某一时间所处的意义相悖，这时便是妄

① （魏）王弼、（晋）韩康伯注，（唐）孔颖达正义：《周易正义》，（清）阮元校刻《十三经注疏》，上海：上海古籍出版社，1997年版，第86页。
② 李梦生译注：《左传译注》，上海：上海古籍出版社，2004年版，第44页。
③ （春秋）左丘明：《国语》，上海：上海古籍出版社，1988年版，第641页。

动，容易招惹灾祸。所以，至少要做到不违时，才能基本保证处于"无咎"的状态。如果能做到"及时"，那便符合事物发展的规律，在一定程度上增加"吉"的因素，提高处事的成功率。《乾》卦《文言》九四曰："君子进德修业，欲及时也，故无咎。"若不能"及时"便是错失良机。时间的一维性也从根本上导致了意义的不可重复性。再确切的表意也只能无限接近意图定点，完全达到从理论上讲是不可能的，意义的磨损不可避免。通常意义的"知时"是一种"因时"的状态，即把握事物发展的时机，因势利导。《乾》卦《文言》九三曰："君子进德修业，欲及时也，故无咎。"要想把握时机，就要朝乾夕惕，时时反省自身，反复其道。"故乾乾因其时而惕，虽危无咎也。"而"知时"的最高境界应该是"先时"，即走在时间的前面，在细微的征兆中把握意义的变化趋势，从而作出预先的准备，正所谓"知几其神乎"。《坤》卦初六爻辞曰："履霜，坚冰至。"这里既反映了自然时序变化的规律，同时是先贤倡导预见先机的睿智。把握事物发展的先机，就可以在某种现象和意义出现之前做好准备，从而采取正确的行动。占卜的作用就是为预见先机提供一种手段，如果人掌握了这种"先时"的能力，那么大可不必求神问卜，即所谓"善易者不占"。

二、卦位空间变化中的阐释差异

符号意义的阐释受到横向时间语境的影响，在共时的关系中，又会随着空间关系的变化而产生差异。符号编码和解码的过程都存在于某种时空关系之中，不存在脱离时空关系的意义。因此，符号在某一时刻被赋予意义，而在其解释的过程中却有可能时过境迁，从而导致传达的意义产生差异。同样，空间关系依然是符号表意语境中的重要问题。

《周易》的符号系统讲求空间和时间上的关联，符号与空间有密切的对应关系；并且，《周易》中的空间关系并非仅仅是客观的方位分别，其中不同空间位置在社会伦理中占有不同的地位。《说卦》中说："万物出乎'震'，'震'东方也。齐乎'巽'，'巽'东南也；齐也者，言万物之絜齐也。'离'也者，明也，万物皆相见，南方之卦也，圣人南面而听天下，向明而治，盖取诸此也。'坤'也者，地也，万物皆致养焉，故曰：致役乎'坤'。'兑'，正秋也，万物之所说也，故曰：说言乎'兑'。战乎'乾'，'乾'西北之卦也，言阴阳相薄也。'坎'者，水也，正北方之卦也，劳卦也，万物之所归也，故曰：劳乎'坎'。'艮'，东北之卦也。万物之所成，终而成始也。故曰：成言乎'艮'。"[1] 从这几句概况性的描述中可发现，《周易》与时间和空间存在紧密联系。通过八卦与具体方位关联的解释可以看出，方位与符号的对应背后还存在当时社会政治文化的主导。后天八卦出于周代初期，不乏周朝取代殷商的政治背景。《乾》《坤》二卦象征天地却不在正北和正南，而是代表西北和西南方向，这恐怕也与当时周国统治区域处于殷商的西边有关系。从简单的八卦方位对应上就可以窥见空间语境对符号系统意义限定的端倪。在《周易》符号系统的阐释中，与时空紧密相关的因素奠定于其元语言之内，而具体的表意过程中结合语境时空的变化便会造成一系列更为复杂的状况。

《周易》的符号系统中对空间关系集中表达最典型的还是出现在卦画符号的六爻排列中。"天尊地卑，乾坤定矣。卑高以陈，贵贱位矣。动静有常，刚柔断矣。"[2] 这是说明《周易》之不易的道理，即天地上下的等级尊卑，阳贵阴贱的高低是亘古不变的。将之赋予"位"的意义，可见《周易》六十四卦每一卦中俱有六爻，六个爻位的高低位势表意是相对固定的。"《易》之为书也，广大悉备，有天道焉，有人道焉，有地道焉，兼三才而两之，故六。六者非它也，三才之道也。"[3] 六位中的初位和二位为地，三位和四位为人，五位和上位为天，这是用六位的位势来譬喻人世的三才之道。六位中又分阴阳，其中初、三、五位是阳位，二、四、上位是阴位。若以贵贱论之，则初位为庶民，二位为士人，三位为大夫，四位为公，五位为天子，上位为宗庙。后世《易纬·乾凿度》以及《京氏易传》等均依此立论。在这个上下分别的模式中确立了"位"的空间表意的相对稳定性。六位界限分明，并以内卦、外卦两两上下组合的形式构成六十四卦。其中，上卦中的中爻与下卦中的中爻，即爻位中的二位与五位在六位空间分布中处于中间的位置。从中可以明显地看出，"位"的概念在表意中具有相对稳定的空间性。而且，必须要强调一点，《周易》爻位对应的空间关系虽源于客观存在的方位位置，但在文本符号内部的阐释中已

---

① （魏）王弼、（晋）韩康伯注，（唐）孔颖达正义：《周易正义》，（清）阮元校刻《十三经注疏》，上海：上海古籍出版社，1997年版，第94页。

② （魏）王弼、（晋）韩康伯注，（唐）孔颖达正义：《周易正义》，（清）阮元校刻《十三经注疏》，上海：上海古籍出版社，1997年版，第75～76页。

③ （魏）王弼、（晋）韩康伯注，（唐）孔颖达正义：《周易正义》，（清）阮元校刻《十三经注疏》，上海：上海古籍出版社，1997年版，第90页。

经在此基础上作了抽象的处理，转而隐喻社会生活中的权位贵贱与社会等级，这就和人的自我价值以及社会的伦理道德联系起来。

符号阐释的主体是人，人在《周易》的占卜中也作为占卜的对象主体。人是由不同层面的自我组成的，占卜的目的实际上还是明确自我与外界的关系。在纵向上，符号自我存在上下的位移，上到社会的、精神的、责任的、道德的，下到本能的以及"自由"的。德国社会学家卢曼提出，社会中的个人可以分成六个层次：一个"心理的"个人，向上成为"（人际）互动的""组织的"甚至"社会的"自我，向下可以成为"有机生物的"，最后成为"机械的"自我。① 这个纵向划分在共时事物基础上规定了上下两级，同样支持精神和物质对立的二元观念。引入符号自我纵向关系的讨论会发现，其与《周易》六爻中位次上的空间变化具有互通关系。空间位置的变化是阐释主体语境的变化，影响符号意义的解读，转而意义又对符号自我的建构产生影响，从而更新自我与外界的关系。在《周易》中，人与外界之间的纵向关系往往在卦位的排布中得以体现，而卦位的排列呈现了上下空间的位次关系。这并非仅仅是就事物客体的空间位置而言，也包含了人与宇宙自然的关系乃至社会生活中的等级状态。

首先，在《周易》的卦画符号阐释中，根据位的高低，即使在相对一致的时空场域里也会出现不同的吉凶状况。依然以《豫》卦为例，除九四一爻为阳爻，其余皆属阴爻。众多的阴爻与九四阳爻相感应而"豫"。初六和六三两个阴爻以阴居阳位，所以不正。以此结交九四阳爻，就所谓"上交有谄"。六五同样以阴居于阳位，是为不正，阴柔不足以统领阳刚，所以不能与九四的阳爻相争。以阴柔乘阳刚，其处境依然岌岌可危。只是由于其处在上卦中位上，地位尊贵，故而能保"恒不死"而已。上六爻居处极位，过于纵乐，如果不能有所戒惧，加以改变，其结果也不言而喻了。只有六二这一爻，是以柔居阴位，居中得正，所以能做到"上交不谄，下交不渎"，故而没有凶险的结果。又如《解》卦，其六三爻说："负且乘，至寇至，贞吝。"六三是阴爻处于阳爻的位置，这是不当位的，所以不正。爻辞中运用了一个身份尴尬的比喻。"负"是小人做的事，而"乘"却是大人的出行方式，也就是小人僭越了身份，做了大

---

① 转引自赵毅衡：《符号学：原理与推演》，南京：南京大学出版社，2011 年版，第 355～356 页。

人的事情而其自身的身份本质仍没有改变，这样就酿成了祸端。这样不合法度的情景自然引起了盗匪的注意，其结果也就可想而知了。虽然是对卦画符号关系的比喻，但"位"对社会伦理秩序的隐喻却表现得很明显。可见，"位"的等级高低直接导致了主体与外界之间关系的差异，从而对符号的阐释、吉凶的预见产生了深远的影响。

其次，即使是在同一个占卜判断中，主体地位的不同也会为吉凶判断带来不同的结果。《师》卦卦画为䷆，坤上坎下。其六五爻的爻辞为："田有禽，利执言，无咎。长子帅师，弟子舆尸，贞凶"。六五爻是阴爻处于中位，但是出师打仗要刚健才可驾驭，所以六五的阴爻不足以帅师，必须委任他人。五位与二位相应，九二爻又是阳爻，具有刚健之德，正好委任，相当于长子。六三爻为阴爻，为弟子，则不堪重任。故而爻辞说"长子帅师，弟子舆尸，贞凶。"如果是长子，则可以委以重任，可以在战争中取得胜利。若是派弟子出去就必然会遭遇舆尸的惨败。此处面对同一事件给出了两种不同的结论。那么，在事物应对上就必要慎重考虑当事者的社会地位和权力等因素，才能作出适当的决策。因此，《周易》符号系统强调"位"对语境和意义的作用，要求充分考虑占卜主体及当事者的身份地位，从而对事物吉凶发展得出正确的预见。

同时，人们在运用占卜指导生活时，却也在种种的符号意义交流中确定自我的位置和意义。面对占卜得到的卦象和卦辞解释，主体要结合自身的身份语境来作出适合自己的判断，从而再一次地确定自我在纵向上的符号意义。相反，在无法确认自己所处位置和阶段的时候，可以从占卜显示出来的自我与外界事物的关联中重新界定自我的身份和符号意义，从而增进对自我的认识和理解。如《旅》卦，讲的是羁旅之中的世事变化。初六爻"旅琐琐，斯其所取灾"，因此爻处于卦体最下处，在羁旅的过程中必为卑贱之役，不得所安，故有此灾祸，意志困顿。而上九爻"鸟焚其巢，旅人先笑后号咷"，此爻就刚好相反，处于卦体的最上处，是将自己所居的位置放在了高危之处，如同鸟的巢穴。羁旅的身份造成自身与旁人的疏远，却处于最高的位置上，这是非常危险的。高位必被他人侵夺，犹如鸟被人焚毁了巢穴。事物判断的结果皆与所处的卦爻位次息息相关，从占卜的结果与实践中可以反观自身所处的地位。从反复的印证中有所感悟，进而重新认识自我，对未来的发展作出合理的计划。这也是符号意义的循环阐释和试推的过程，自我在试推中不断校正原有的意义，并再度建立起符号自我的价值，也说明了意义阐释中"我错故我在"的道理。

在以上论述的基础上同样会发现，《周易》中"位"的空间语境及其社会伦理意义必须结合"时"的关系来看。"位"是兼具时间、空间双重向度的模型，随着"时"的变化，"位"可能在主体的发展中出现变化，而"位"一旦出现变化却是一定处于时序的流变中。在不同的"时"中，即使是相同的位所表示的意义也会具有很大的差异。以《艮》卦为例，其《象》曰："艮，止也。时止则止，时行则行。动静不失其时。"强调物的止息，各有不同的时运。从"初六，艮其趾，无咎，利永贞"到"六五，艮其辅，言有序，悔亡"是自下而上变换止息的部位，每一个部位的止息过程皆在特定的时空中进行。随着时间推移，施行禁止的部位也随着卦爻的位次作出改变。因此，六位的空间排列本身即存在于一个流动的时序变化中，故而无法脱离"时"而谈"位"的意义。不同的"位"在空间上的相互指涉只是机械地反映客观世界中的一种现存等级差异。但在世事动态的转换平衡中，"位"的转换也只有通过"时"的转变才可以达成。"位"不仅体现了主体对自我身份的认同，同时也是符号自我与过去和未来之间的对话。王弼《明卦适变通爻》曰："夫卦者，时也；爻者，适时之变者也……卦者，统一时之大义；爻者，适时中之通变。"[①] 应该说，"位"是"时"中之"位"，"时"是其存在的本质元素，是位势转变中的应有之义，也是阐释其"位"之吉凶的主导参照物。就如在《周易》中，六爻的中位（即二位与五位）往往是吉位。但是在不同的"时"下，其吉凶也不尽然。《节》卦的二位"九二，不出门庭，凶"，即是因为处于"节"的时势下，以制度节事为宜之故。二位本处中正，应该宣扬其制度，此处却"不出门庭"，因而错失时机，使节道荒废，故而凶莫甚焉。《周易》的"趋时说"也反映出"时""位"相依的特点。"时"与"位"并生而存在，得位之吉可能因失时而变为凶险，而失位之凶却常常因得时而化解。由此可见，"位"在阐释中可以被理解为一个具有时间和空间双重向度的模型，其表意最终要在"时"的导向下才能得出适当的解释。符号自我也是通过语境中"时"和"位"在横向与纵向双重维度上对符号的阐释得出意义，进而反观得出的。

综上所述，《周易》符号阐释离不开相关的语境，尤其是时间和空间等最

---

① （魏）王弼：《王弼集校释》，北京：中华书局，1987 年版，第 604 页。

基本的语境。此时之自我并非彼时之自我，此处之自我并非彼处之自我，一切相关的意义和联系都处于动态的交互与变化之中。对事物的看法常常会因语境的不同而改变，自我与外界的关系也就出现转换，从而获得新的意义。因此，符号自我与时间和空间的双重语境有着密切的联系，也就使《周易》符号阐释出吉凶祸福各种状况，同时也彰显文化中的伦理价值规约。

第三节　伦理语境之下的《周易》阐释

《周易》作为五经之首，在社会价值建构上秉持着儒家的礼法与精神。其文本虽源于卜筮应用，在吉凶祸福的阐释中却渗透了对人精神修养的引导和道德行为的规约。卦画的图象和卦爻辞、《易大传》的解说也蕴含了传统思想中的上下尊卑观念。这些社会伦理因素体现在社会关系与人自身德性对意义的影响上，也成为《周易》阐释的文化语境制约条件。

《周易》虽然可以预测未来的发展变化，但人事的吉凶在很大程度上仍然取决于人的认识和行为，特别是人的道德和能力，这种观点被称为"吉凶由人说"。实际上是指不迷信鬼神可以告示人的祸福，强调人的道德品质对事件成败的重要作用，也体现了《周易》作为儒家经典本身所具有的伦理规范作用。"夫《易》，圣人所以崇德广业，以知为德，以礼为业也，故知崇则德崇矣。此论《易》书之道，而圣人亦所以教人。……天地设位，故《易》行乎其中，知礼成性，则道义自此而也，道义之门，盖由仁义行也。"[①] 可见，德性能力作为考察的因素在《周易》占卜的吉凶判断中具有重要的参考价值。

《周易》文本中有大量针对人的德性作出的吉凶判断。《坤》卦《文言》说："积善之家，必有余庆。积不善之家，必有余殃。"这直接便从社会伦理和德性的角度为事物发展规律进行了论说。《系辞下》又对其进一步解释："善不积不足以成名，恶不积不足以灭身。小人以小善为无益而弗为也，以小恶为无伤而弗去也，故恶积而不可掩，罪大而不可解。"[②] 引用《噬嗑》卦上九爻辞："何校灭耳，凶。"《周易正义》曰："若罪未及首，犹可诫惧归善也。罪已'及

---

① （宋）张载：《四库家藏 张载论易集》，济南：山东画报出版社，2004年版，第81页。
② （魏）王弼、（晋）韩康伯注，（唐）孔颖达正义：《周易正义》，（清）阮元校刻《十三经注疏》，上海：上海古籍出版社，1997年版，第88页。

首'，性命将尽，非复可诫，故云'及首非诫'也。校既'灭耳'，欲将刑杀，非可惩改，故云'灭耳非惩'也。"① 若是罪行还不严重，那么尚处于《噬嗑》卦初六爻"何校灭趾"的情况，虽不能走路，但依然有让人弃恶从善的机会。对于犯错之人小惩大诫，此后便不再重蹈覆辙，未必不是一件好事。如若怙恶不悛，日后必然祸及"灭耳"之凶，到时候一切的悔悟都来不及了。从《噬嗑》一卦的卦画诸爻及其爻辞结合人体自下而上的部位，形象地说明了德性善恶对于人事吉凶的导向，与《坤》卦中的精神相对应，在文本中对同一意义进行了互文阐释，也使整部《周易》文本的表意呈现统一性。蜀汉昭烈帝刘备嘱咐儿子刘禅"勿以恶小而为之，勿以善小而不为"②，说的也是这样一个道理。《系辞上》中明确定义说："吉凶者，言乎其得失也；悔吝者，言乎其小疵也；无咎者，善补过也。"③ 这些文本中常常出现的判断之词无一不与道德意义息息相关。《周易折中》引何楷曰："悔有改过之意，至于吉则悔之著也，吝有文过之意，至于凶则吝之著也，原其始而言，吉凶生于悔吝，要其终而言，则悔吝著而为吉凶也。"④《周易略例》指出："凡言无咎者，本皆有咎者也，防得其道，故得无咎也。"⑤ 这段话指出，对于德性的强调在《周易》内涵的意义指向中比比皆是，几乎无处不在。

易学史上的义理学派皆认为不应将占筮视为向神灵卜问吉凶祸福，而应是依据卦爻辞中的义理，解决疑惑，判断吉凶，从而指导人的行动。张载《易说·系辞上》曰："易之为书，有君子小人之杂；道有阴阳，爻有吉凶之戒，使人先事决疑，避凶就吉。"⑥《周易》虽可以推测未来的发展情况，但人事的祸福吉凶最终还是取决于人自身的行为，尤其是道德品质与能力。《左传·襄公九年》中有这样的占例记载：鲁国的穆姜夫人被贬进东宫时曾进行占卜，最终得到一个《随》卦。史官根据卦辞推测说："随，其出也，君必速出。"此是

---

① （魏）王弼、（晋）韩康伯注，（唐）孔颖达正义：《周易正义》，（清）阮元校刻《十三经注疏》，上海：上海古籍出版社，1997年版，第37页。

② （晋）陈寿：《三国志·蜀书》卷二，上海：商务印书馆，1944年版，第21页。

③ （魏）王弼、（晋）韩康伯注，（唐）孔颖达正义：《周易正义》，（清）阮元校刻《十三经注疏》，上海：上海古籍出版社，1997年版，第77页。

④ （清）李光地编纂，刘大钧整理：《周易折中》，成都：巴蜀书社，2010年版，第379页。

⑤ （魏）王弼、（晋）韩康伯：《周易王韩注》，长沙：岳麓书社，1993年版，第255页。

⑥ （宋）张载：《四库家藏 张载论易集》，济南：山东画报出版社，2004年版，第82页。

从卦爻辞的意义解释穆姜不久会被解除禁闭。可是穆姜自己却说："亡。是于《周易》曰，'《随》，元亨利贞，无咎，元，体之长也。亨，嘉之会也。利，义之和也。贞，事之干也。体仁足以长人，嘉德足以合礼，利物足以合义，贞固足以干事，然故不可诬也，是以虽《随》无咎。今我妇人而与于乱，固在下位，而有不仁，不可谓元；不靖国家，不可谓亨；作为害身，不可谓利；弃位而姣，不可谓贞。有四德者，《随》而无咎；我皆无之，岂《随》也哉！我则取恶，能无咎乎？必死于此，弗得出矣。"① 也就是说，穆姜根据卦爻辞的解释结合自己的德性得出了判断结果。虽然《随》是一个较为顺遂的卦，但究竟生活是否能如卦象所征兆的发展变化还要看人的行为。穆姜本于《随》卦包含的"元亨利贞"四德与自己作的比较，叹息自己无此品行，故而不能迎合《随》卦所征兆的未来转变。

在占卜所得卦象判断中本不存在绝对的吉或者凶，一切还要取决于具体语境中行为主体的应对状态。又如《坎》卦，其卦义本为险陷，因此占得此卦可知其凶险。然而，在有德之人面前，即便面对艰难险阻也会顺应时势，找到趋吉避凶、化险为夷的办法。因此，《坎》卦在占卜中只是对未来变化趋势的一个推断，而在事情没有发生之前，人多少有机会可以改变时空场域的性质，从而转变事物的发展走向。在道家来看，万物都可齐而划一。《逍遥游》中言："今子有大树，患其无用，何不树之于无何有之乡，广漠之野，彷徨乎无为其侧，逍遥乎寝卧其下。"② 物是否有用关键要看人如何去利用，而在庄子的眼中世间没有无用之物。因此，随万物之性而发展，将世间的生死吉凶都看得平常，才能达到逍遥游的状态。而在儒家看来，辨别万物之性，对事物发展因势利导同样很重要。只有把握事物变化之理，才能扭转变化的趋势，乃至利用变化的趋势帮助人们取得成功，做到"从心所欲而不逾矩"。因此，卦象本无吉凶定论，占卜真正拷问的是人的德性与能力。

金景芳先生曾说："一部《易》书从始至终，归根结底就是告诫人们两件事，一是敬惧，一是求得无咎。两件事是相联系的。《易》之道如此而已。无

① （晋）杜预注，（唐）孔颖达等正义：《春秋左传正义》，（清）阮元校刻《十三经注疏》，上海：上海古籍出版社，1997年版，第1942页。
② （春秋）老子、（战国）庄子：《老子 庄子》，西安：三秦出版社，2007年版，第98页。

咎就是善补过，无咎必须敬惧。"① 面对同样的信息，不同的人会采取不同的应对方法。人通过符号与外界进行交流，根据人所处的环境和自身的经验的差异，对符号意义的解释也就会千差万别。且有时候符号携带的意义具有模糊性，又难免会给人的理解蒙上一层迷雾。秦始皇至死不知"亡秦者胡也"的真正所指是其次子胡亥，却令长城之下填埋无数白骨。占卜可以显示某种征兆，但是对符号的解说和处理却关系到人自己的认识和经验。《讼》卦上九爻曰："或锡之鞶带，终朝三褫之。"而《晋》卦的卦辞却说："康侯用锡马蕃庶，昼日三接。"从两句文辞的意义可以看出其描写的事件很相似，即臣子受到了国君的赏赐。但是事情的结果却有很大的差异。康侯得到了国君赏赐的车马众庶，同时国君一日之内多次召见他，体现了作为臣子受到晋封的荣耀。《晋》卦以坤为下卦，象征臣子秉受顺德，故而得到天子的嘉许。而《讼》卦《象》曰："以讼受服，亦不足敬也。"《讼》卦上九爻处于此卦的终极，是在争讼中取得了胜利。若是如《晋》卦中通过谦顺而得到赏赐，则可以长久持有。而在争讼中纵然得到利益，最终也难免被剥夺，因此"终朝三褫之"。在两卦之中，其阐释对象的德性与处事态度有很大的不同，故而在相似的情景中呈现相异的吉凶状况。人的德性不一样，不只是包含于其内在，反映在外在中则表现为解决问题的态度和能力的不同，也就对实际的局面造成不同的结果。因此，人的高低贵贱、吉凶祸福并不能都归结于造化，更要看到自身德性和能力的作用，正所谓"性格决定命运"。

孔子的易学中具有浓重的偏重德性的倾向。仅在《易传》中，就有近百处涉及"德"的论述。大到国家政策礼法的制定，小到个人行为的规范，皆要合于一定的道德和价值标准。即使日常的言论，孔子也认为不可以不重视："君子居其室，出其言，善则千里之外应之，况其迩者乎？居其室，出其言，不善则千里之外违之，况且迩者乎？"② 可见孔子对德性的重视。孔子易学中所讲的"德性"大致可以概括为四个因素："第一，卦爻辞本身就包含的道德教训和治世智慧；第二，卦爻符号系统本身具有的德性象征，乃天理之德；第三，卦爻符号系统呈现出的蓍德、卦德、卦义、爻义，以易学话语系统探寻宇宙万

---

① 金景芳、吕绍刚：《周易全解》，长春：吉林大学出版社，1989年版，第538页。
② （魏）王弼、（晋）韩康伯注，（唐）孔颖达正义：《周易正义》，（清）阮元校刻《十三经注疏》，上海：上海古籍出版社，1997年版，第79页。

物变易之理；第四，借助卦爻符号系统，发挥儒家的道德、德性，以易学话语系统寄寓儒家的仁义道德理念。"① 周代在文化上对商代迷信鬼神的风气进行了改革，提出了"维德是辅"的思想，修治文德。孔子对其加以肯定，说周朝礼制教化"郁郁乎文哉，吾从周"②。春秋以降，易学系统中强调道德品行的因素也更为明显，德性因素被纳入卜筮体系，成为解读占卜意义的一个重要因素。

符号文本的阐释依靠文本与文化的关系。"任何一个符号文本，都携带了大量社会约定和联系，这些约定和联系往往不显现于文本之中，而只是被文本'顺便'携带着。在解释中，不仅文本本身有意义，文本所携带的大量附加的因素，也有意义，甚至可能比文本有更多的意义。"③ 因此，符号文本的意义不仅来源于文本自身，更受到文本之间关系的影响。这些"顺便"携带着的符号文本，被称为"伴随文本"。《周易》注重德性修养与当时的社会状况有密切的关系，既有时代变革和历史因素的影响，同时也为后世的文化精神发挥导向作用，这些在其与其他伴随文本之间的联系中皆有体现。《周易》本身并不是一部内容同时产生的文本，其文本的最终呈现及其意义指向的形成可以说是一个历史发展并且仍在继续发展的过程。如果将《周易》作《易经》和《易传》的区分，那么《易传》本身就可以算作《易经》的伴随文本。《易传》对《易经》的阐释起到了至关重要的作用，直接影响了后世对其符号意义指向的判断。春秋时期社会变革，诸子百家纷纷立说。《非命》中说："今天下之士君子，忠实欲天下之富而恶其贫，欲天下之治而恶其乱，执有命者之言不可不非，此天下之大害也。"④ 墨子此言论反映了当时社会的流行观念，同时对当时崇尚天命的思想进行了批判，从中也可以看到《周易》中吉凶由人观念形成的一些动因。

而在孔子及儒家的诸多论说中，有大量的文本与《周易》的符号阐释密切相关，这些儒家的论说也是《周易》的伴随文本。伴随文本涉及原文本阐释的一系列文化影响因素，大大扩展了文本阐释的内语境。如《恒》卦九三爻辞：

① 程旺：《孔子易学中的德与占》，《周易文化研究》，2012 年年刊，第 30 页。
② 杨伯峻译注：《论语译注》，北京：中华书局，2009 年版，第 28 页。
③ 赵毅衡：《符号学：原理与推演》，南京：南京大学出版社，2011 年版，第 141 页。
④ （春秋）墨子：《墨子》，长沙：岳麓书社，2014 年版，第 248 页。

"不恒其德，或承之羞，贞吝。"《论语》中记载了孔子对此的看法。子曰："南人有言：'人而无恒，不可以作巫医。'善夫！""不恒其德，或承之羞。"子曰："不占而已矣。"① 又如《益》卦之《象》曰："风雷益，君子以见善则迁，有过则改。"正如孔子所说："择其善者而从之，其不善者而改之。"② 孔子在日常的言论中多有对《周易》的评论，这些评论被记录下来，直接作为后世解读《周易》思想的重要参考。

同样，《尚书》和《左传》中也有大量关于占卜的记载。《左传·昭公十二年》：

> 南蒯之将叛也……枚筮之，遇《坤》之《比》。曰："黄裳，元吉。"以为大吉也。示子服惠伯曰："即欲有事，何如？"惠伯曰："吾尝学此矣。忠信之事则可，不然必败。外强内温，忠也；和以率贞，信也。故曰：黄裳元吉。黄，中之色也；裳，下之饰也；元，善之长也。中不忠，不得其色；下不共，不得其饰；事不善，不得其极。外内倡和为忠；率事以信为共；供养三德为善；非此三者弗当。且夫易不可以占险，将何事也？且可饰乎？中美能黄，上美为元，下美则裳。参可成筮，犹有缺也，筮虽吉，未也。"③

昭公十二年，鲁国季氏的家臣南蒯背叛了季氏，事先占了一卦，得到《坤》卦之《比》卦。按照占卜规则，卦中有一个变爻要依据本卦变爻的爻辞来判断吉凶，就得到《坤》卦六五爻辞："黄裳，元吉。"惠伯解说，"忠信之事则可，不然必败"。要有忠、善、信三种美德，这个"元吉"的卦义判断才能成立，而南蒯所为皆不合三德的规范，因此虽占得吉卦，其结局也必是凶险的。这与上文所说的穆姜占得《随》卦却不能解除禁足是一样的，这些历史记录都表现了德性在占卜判断中的重要影响，也为后世《周易》的意义解读提供了实际操作的先例。后人的评述也多是在先前的传统上予以生发，《汉书·艺

---

① 杨伯峻译注：《论语译注》，北京：中华书局，2009 年版，第 139 页。
② 杨伯峻译注：《论语译注》，北京：中华书局，2009 年版，第 71 页。
③ （晋）杜预注，（唐）孔颖达等正义：《春秋左传正义》，（清）阮元刻《十三经注疏》，上海：上海古籍出版社，1997 年版，第 2063 页。

文志》中说："杂占者，纪百事之象，候善恶之证".[①] 意义不仅存在于文本符号中，更存在于文本间性的作用之下，《周易》的众多伴随文本无不是在彼此关联的阐释中形成了意义最终的价值导向。而在不断的意义阐释中，也逐渐形成了华夏文化独特的意识形态。在意义的语境分析中往往要讨论历史语境的作用，意识形态作为深层的伴随文本同时会反作用于意义的生成与解读，最终形成悠久的易学文化和伦理精神。同时，人们在运用占卜指导生活时，也在种种的符号意义交流中确定自我的位置和意义。面对占卜到的卦象和卦辞解释，阐释者要结合对象的身份语境来作出适合自己的判断，从而再一次确定自我在纵向上的符号意义。相反，在无法确认自己所处位置和阶段的时候，可以从占卜显示出来的自我与外界事物的关联中重新界定自我的身份和符号意义，从而增进对自我的认识和理解。如《坤》卦强调一种顺承的精神，常可以为不知进退、跃跃欲试的人敲敲警钟。《坤》卦六爻皆是阴爻，强调由始至终顺从。在事物的成就中应该起到辅助作用，不要居功自傲，更不要自作聪明乃至僭越自己的本分。六三爻云："含章可贞，或从王事，无成有终。"即要将美包含于内，不要随便拿来炫耀。为王者做事要不居功，才能达到好的成就和结果。若是不考虑自己的身份和能力，任由事态发展，就难免生出祸端。上六爻云："龙战于野，其血玄黄。"这就是坤道走到了终极和衰亡，打破了顺的精神，转而与阳刚相争。在古代的君臣关系中则表现为权臣谋逆，主上不堪，最终两败俱伤。在占卜中，当事者会根据其卦所示的指导方向对身处的环境和事物进行判断，从而重新认识自己所处的位置。这也是符号意义的循环阐释和试推的过程。

在《周易》的符号世界中，伦理是解读其符号意义的重要因素。《周易》符号体系本身即包含了伦理的导向，维护等级秩序与社会关系的稳定。在伦理的语境下解读《周易》，充分体现了其文本中蕴含的弃恶扬善、吉凶由人的思想。在这个意义上，《周易》这部著作得以在高度重视伦理与德性的中国古代社会中被奉为经典。

---

① （汉）班固：《汉书》卷三十，郑州：中州古籍出版社，1996 年版，第 1276 页。

第四节　符号解读的片面性与阐释社群文化

《周易》的具体占卜解读往往对解释者提出考验：同样卦象的解读会出现不同的阐释结果，典籍中有记载的筮例不胜枚举。因此，符号的解读也就涉及阐释的真知问题。符号无法提供绝对的真知，而我们认为的解释准确性只是在某种程度上达到了阐释的心理预期，实质上也只具有片面的准确性。即使是《易传》这种权威性的解读文本依然不能达到所谓"真知"的终极解释项地位。在符号的解读中，人们虽然不断对真知进行求索，总体上仍然陷入居于权威地位的阐释社群所提供的认识。阐释社群的变化也反映出文化的变革。《周易》在古代社会中具有重要地位，经历了漫长的历史流变，也对当代文化产生了深远影响。要理解一种思想文化，必然要考察社群对此文化承载符号的解读。我们可以从《周易》的具体占例及其阐释社群的情况对此文本做一番分析。

一、《周易》占例解读中的片面真知

《周易》最早是用于占卜的书籍，具有实用性，正所谓"君子居则观其象而玩其辞，动则观其变而玩其占"。关于《周易》的占卜，其准确性依然是为人所津津乐道的话题。历史上有很多著名的占例，从中可以发现符号的阐释角度是多元的，并且得到的阐释结果也不一定相同。《左传·襄公九年》有记载：

> 穆姜薨于东宫，始往而筮之，遇《艮》之八，史曰："是谓《艮》之《随》。随，其出也，君必速出。"姜曰："亡。是于《周易》曰：'《随》，元亨利贞，无咎。'元，体之长也。亨，嘉之会也。利，义之和也。贞，事之干也。体仁足以长人，嘉德足以合礼，利物足以合义，贞固足以干事。然故不可诬也，是以虽《随》无咎。今我妇人而与于乱，固在下位而有不仁，不可谓元；不靖国家，不可谓亨；作而害身，不可谓利；弃位而姣，不可谓贞。有四德者，《随》而无咎；我皆无之，岂《随》也哉！我

则取恶，能无咎乎！必死于此，弗得出矣！"①

穆姜被囚禁于东宫，她让史官占了一卦，得到《艮》卦之《随》卦。史官说《随》卦有外出之意，穆姜一定会很快离开这里。穆姜却不同意史官对卦辞的分析。她认为事情并非如卦辞显示这样简单。《随》卦的卦辞说"元亨利贞，无咎"，但是何者为"元亨利贞"呢？穆姜一一作了阐释，同时又反观自身：自己一个妇人，祸乱国家，是身在下位行不仁之事，不可以称为"元"；使国家不得安宁，不能称为"亨"；作乱危害了自身，不能称为"利"；放弃了尊贵的地位与臣子做娇媚之态，不能称为"贞"。从《随》的卦义来看，有"元亨利贞"四德的人才能"无咎"，而穆姜一条都没有，又怎么能够无咎呢？因此必定死在这里，再也出不去了，后来穆姜真的在东宫薨逝了。史官只是遵从卦辞本身字面意义来解释卦辞，穆姜却结合自身的状况来反观卦辞意义从而得出吉凶判断，可见，同一个卦象并非会得到相同的意义解读，而每一次的卦辞阐释所得到的结果都可能根据视角的不同产生结果的差异。又如《左传·襄公二十五年》记载：

> 棠公死，偃御武子以吊焉。见棠姜而美之……武子筮之，遇《困》之《大过》。史皆曰："吉"。示陈文子，文子曰："夫从风，风陨妻，不可娶也。且其繇曰：'困于石，据于蒺藜，入于其宫，不见其妻，凶。''困于石'，往不济也，'据于蒺藜'，所恃伤也；'入于其宫，不见其妻，凶'，无所归也。"崔子曰："嫠也何害。先夫当之矣。"遂取之。②

齐棠公死后，崔武子前去吊丧，见齐棠公的妻子棠姜很美，便要娶她。崔武子用《周易》占了一卦，得到的是《困》卦六三爻变，之卦为《大过》。史官们因为畏惧崔武子的权势，都说此卦是吉卦。但是依照《周易》占卜的规则，一爻变卦要以本卦变爻为占，也就是《困》卦的六三爻辞："困于石，据

---

① （晋）杜预注，（唐）孔颖达等正义：《春秋左传正义》，（清）阮元校刻《十三经注疏》，上海：上海古籍出版社，1997年版，第1942页。

② （晋）杜预注，（唐）孔颖达等正义：《春秋左传正义》，（清）阮元校刻《十三经注疏》，上海：上海古籍出版社，1997年版，第1983页。

于蒺藜，入于其宫，不见其妻，凶。"这很明显是一个凶兆。陈文子看了卦象后作了分析，认为棠姜不可娶。但是崔武子色迷心窍，不听陈文子的劝告，认为一个寡妇不能引发什么祸患，这些凶险都被她原来的丈夫承担了，于是娶了棠姜。如上一个占例一般，史官得出结论自然会找出相关的依据。陈文子认为娶棠姜是凶兆，很明显是从《困》卦六三爻辞所得来。至于崔武子认为棠姜不会带来祸患，虽然是他主观愿望将凶险转嫁于死去的齐棠公，但是哪一种解释最为准确只能通过实践来印证。从《左传》的思想倾向来看，这个故事是以齐国祸乱，崔武子家破人亡结局，借用卦象占卜的情节预设，反映了史官阿谀奉承，崔武子权势滔天、刚愎自用。但是仅从卦象的不同解读来印证事件发展，如果故事没有后来的凶险结局，史官和崔武子个人的判断就不能说绝对不正确。也就是说，不论事情如何发展，总有一种解释能够说得通，不同的阐释角度得出不同的阐释结果，实际上都给卦象解读开了一道后门。反过来说，也就没有任何一个解释可以说是全面的，因为它并不可能覆盖所有的可能性。"符号的目的就在于表达'事实'，它把自己与其他符号相连接，竭尽所能，使得解释项能够接近完全的真，或绝对的真，也即接近真的每一个领域……存在世界的'圆极'，也就是说，世界的每一个部分都是由符号构成的。"① 符号的意义阐释自然追求向真知的迫近，然而并非阐释都能得到正确的或者说令人满意的理想结果。这也说明了在《周易》的探究中，占卜的方法容易掌握，但实际运用却困难得多，阐释卦象的方式会直接影响对卜问事件结果的预判。还是引用《左传·庄公二十二年》的占例：

> 陈历公……生敬仲。其少也，周史有以《周易》见陈侯者，陈侯使筮之，遇《观》之《否》，曰："是谓'观国之光，利用宾于王'，此其代陈有国乎？不在此，其在异国，非此其身，在其子孙。光远而自它有耀者也。坤，土也。巽，风也。乾，天也。风为天于土上，山也。有山之材而照之以天光，于是乎居土上，故曰：'观国之光，利用宾于王。'庭实旅百，奉之以玉帛。天地之美具焉，故曰：'利用宾于王。'犹有观焉，故曰

---

① （美）C.S. 皮尔斯：《皮尔斯：论符号》，赵星植译，成都：四川大学出版社，2014年版，第56页。

其在后乎。风行而著于土，故曰其在异国乎。若有异国，必姜姓也。姜，大岳之后也。山岳则配天，物莫能两大，陈衰，此其昌乎！"及陈之初亡也，陈恒子始大于齐，其后亡也，成子得政。[①]

这个占例讲的是陈厉公生敬仲时，厉公让周史以《周易》占了一卦。得到的卦象是《观》卦之《否》卦，六四爻变。《观》卦六四爻的爻辞是："观国之光，利用宾于王。"是说臣子朝见国王，做国王的宾客，这是一个吉兆。从周史解读的字面意思来看，敬仲长大后会有很大的作为，做国王的宾客，或不在陈国，但一定会在别的国家得志，即使不是他本人，也一定是他的子孙。在这个占例中虽然没有对结果的不同阐释，但是从周史对卦象的分析中依然可以看出他对于符号阐释的角度和意义的取舍。《观》卦上巽下坤，坤为土。所以周史说："坤，土也"，这里没有取《说卦》中"坤为地"的解释。巽为风，故言"巽，风也"。当《观》卦变为《否》卦，上卦的巽变为乾，乾为天，所以周史说"乾，天也，风为天于土上"。同时，《否》卦的二爻到四爻组成了一个互卦艮，艮为山。刘大钧在分析此卦卦象时认为该卦可以表明：远在春秋时代，人们在运用卦象分析问题的时候，已经使用互卦之法。[②] 但是为何引用了《否》卦的互卦，而不采用《观》卦来形成互卦，《左传》中也没有更多解释。只是顺着周史的思路，我们只能从此卦象中得到"山"的意义。后面又说到"玉帛"，这个意义由来则要考察《否》卦。《否》卦上乾下坤，因《说卦》中有载：乾为天，为金，为玉；坤为地，为布帛，故而有"奉之以玉帛，天地之美具焉"。既然《说卦》中列出了诸般意象，为何周史仅仅选取了天地玉帛来解读卦象呢？从符号学的角度，这体现了符号聚合轴上意义的选择性。《观》卦还有等待、观望的意思，周史在子孙后代上有所观望，"犹有观焉，其在后乎"。"风行而著于土，故曰其在异国乎"，风的特点是飘忽不定，因此有在异国之象。前面提到《否》卦卦象涉及艮和乾，有"山岳则配天"的意思，从地理上只有姜姓被分封的几个国家是在泰山后面，正好与这个意思相符，因此周史又指出敬仲之后必然会去姜姓主政的国家，后来敬仲的子孙果然在齐国得到

---

① （晋）杜预注，（唐）孔颖达等正义：《春秋左传正义》，（清）阮元校刻《十三经注疏》，上海：上海古籍出版社，1997年版，第1775页。

② 刘大钧：《周易概论》，成都：巴蜀书社，2016年版，第74页。

了权位。

从这个占例分析中可以探知周史在解读卦象时，从本卦和之卦的卦辞和卦象上入手，同时结合了互卦的卦象，将这些信息综合起来得出了最终的意义解读。然而，在进行具体卦象分析的时候，为什么要结合之卦的互卦卦象，又为何在《说卦》中选取了卦象的意义，这似乎并没有绝对的合理性，因为《左传》记载的众多占例显示，并非所有的占卜都会参考互卦的卦象，或者采用某种相同的角度。如果结合的互卦不同，选取其他的卦象意义，占卜的结果可能会大相径庭。正因如此，解卦的方式和卦义解读最终的准确性也反映出阐释者的能力高下。事实上，无论卦象预测的结果与现实如何接近，依然不可能做到滴水不漏。所谓"人算不如天算"，符号意义阐释的最终结果只能是尽全力接近真知，永远不可能穷尽所有的意义，或者达到绝对的准确性。"真知和虚假只是一个命题的两个方面，并不是绝对的反题。……这不是认为真知与虚假等同的相对主义立场，也不是艾柯式的'符号撒谎观'，而是认为不同的符号文本都含有部分'真知'。"① 尤其在《周易》用于占卜和预测的文本中，"周"便有"易道周普而无所不备"的意义，唯其如此才能用于阐释无限变数的未来。那么对于卦象符号的解读如何能够说是全面的完备的真知呢？

《易传》是对《周易》卦象的权威性阐释。在前面章节中，笔者曾经结合皮尔斯符号三分理论对《周易》中的卦画、卦辞和《易传》之间相互阐释的关系做过一番讨论。其中，皮尔斯对符号三分式中的解释项又作了进一步的分类，即呈位、述位和论位。《周易》中的符号本身是对天地自然的模仿，是事物间无形规律的符号呈现和解释。如果将《周易》中的卦画、卦辞和《易传》作为解释项予以细致划分，那么卦画可以关联皮尔斯的呈位解释项，具有即时性的特点；卦辞是对规律的进一步阐述，可以作为述位解释项。然而《易传》虽然力图对卦画和卦辞做更为合理的解读，事物的规律和变化依旧是无法说得完备的。"亚里士多德曾经探究过有关'完善'（perfection）或'圆极'（entelechy）的概念，但他却从未将这个概念厘清。我将借用这一词来表示这样一种事实，那就是，理想的符号必须是极度完美的，并且它也是极度同一

---

① 赵毅衡：《哲学符号学：意义世界的形成》，成都：四川大学出版社，2017年版，第243页。

的……（真知是）每个符号的最终解释项。"① 《易传》不可能做到极度完美，阐释总是会留有余地。对未来不可知的预测总是存在变数，《易传》不会穷尽所有的解释，因此无法达到所谓"真知"的状态，也不是终极解释项。这表明，《易传》是不能与皮尔斯的论位同日而语的。即使在文本内部，《易传》本身就是符号无限衍义的阶段生成。而在历代易学研究中，《易传》中的解释又再次作为符号开始了新一轮的衍义和生发，这样才有了生生不息的周易文化。"任何符号的意义只有用另一个符号才能解释，而这个符号又需要另一个符号来解释，由此，在任何解释中，符号的链条延续到无穷。"② 历代出现的各类周易阐释作品也有被命名为《易传》的，如《京氏易传》《东坡易传》，依旧无法强调和认定哪种解释才是真知，而就《易大传》本身来说，再精辟的解读依旧无法统一阐释社群，远没有达到接近真知终极解释项的地步。"真理，亦即真实的存在者，亦即持存者、被固定者。作为对当下某种透视角度的固定，始终只不过是一种已经到达支配地位的虚假状态，也就是说，它始终只不过是谬误。"③ 在宋代欧阳修以前，一般认为"十翼"是孔子所作。孔子的阐释在古代阐释社群中具有权威性，几乎没人可以质疑其准确性，但依旧不可否认其中还有阐释的空间，否则就不会有历代注释经典的努力。在当今时代，孔子的认识是否绝对准确更是可以质疑的，没有完全正确的认识。"真知是一个与理想限度（ideal limit）一致的抽象声名，无尽的探究倾向于对此一致提供科学的信念，而这个抽象声名可能拥有这种一致性的原因，在于承认自身的不准确（inaccuracy）和片面（one-sidedness），这种承认是真知的首要成分。"④ 从这个意义上说，《易传》是不可能成为终极解释项的，它只能提供尽可能完善的片面真知。

① （美）C. S. 皮尔斯：《皮尔斯：论符号》，赵星植译，成都：四川大学出版社，2014 年版，第39 页。

② James Jakob Liszka："Some Reflections on Peirce's Semiotics"，《符号与传媒》，2014 年秋季刊，第 27 页。

③ （德）马丁·海德格尔：《尼采》（上），孙周兴译，北京：商务印书馆，2002 年版，第 237 页。

④ Charles Sanders Peirce. Collected Papers，Cambridge，Mass：Harvard Univ. Press，1931 – 1958，Vol. 5，P. 394.

二、《周易》阐释社群流变中的易学文化

在漫长的历史发展中，易学形成了诸多的流派。易学成体系的研究最突出的是象数学派和义理学派的分别。然而，作为中国传统哲学里一个独具特色的理论系统，易学的发生和发展融合了各阶段哲学思想流派的影响。传统社会里儒家思想占据统治地位，《周易》属于儒家的五经，而运用道家和佛家等流派的思想来揭示《周易》的著作也有一定规模。《正统道藏》中就有道家专门解读《周易》的类目，如《易外别传》《易筮通变》《周易参同契》等。同样的符号和文辞在不同的哲学思想影响下必然解读出迥然各异的所指。儒家强调的三纲五常在倡导儒家伦理精神的易学研究中被表达出来，而道家的易学专注于修仙论道，旨趣非常不同。

早在上古时期《周易》的阐释就很盛行了。《易大传》即便不是孔子本人的作品，其成书的年代也不会晚于战国时代。经过秦朝焚书，到了西汉初年"天下但有《易》卜，未有它书"，直到汉惠帝时期才撤销了民间藏书的禁令。纵观汉代的易学发展，汉初传《易》本于田何一家。田何教授《周易》于田王孙，田王孙又将其传给了孟喜、施雠和梁丘贺。到了班固撰写《汉书》的时候，已经有了十三家的易学，二百九十四篇。而其中孟喜、施雠和梁丘贺的易学成为最为重要的三家，被《汉书·艺文志》排在了首位。除了田何这一派系的易学研究，还有两个影响较大的流派。焦延寿以《周易》言说灾异，后来传于京房，有《京氏易传》传世，以纳甲、八宫、飞伏、四气等融入易学阐释。费直出古文《易》传人，属于汉代古文经学，然而在西汉并未列为官学，后来因为古文经学与今文经学的争斗日益激烈，费氏的古文《易》才应运而起。到了东汉时期，施雠、孟喜、梁丘贺以及京房的易学都走向了衰微，只有费直的易学由马融作传，郑玄作注，荀爽为其作传，得到广泛流传。除了以上三个大的派系，民间对于《周易》的论说更是纷繁多样，因为在西汉发扬儒学的时代，能够精通五经中的一经便可以免除徭役赋税，甚至能够做官。于是有些人便把治学作为晋身之途，对原有的易学理论提出了更多标新立异的创见。

从符号学的角度来看，这很明显地反映了阐释中的社群问题。人们根据自己对卦象意义的理解差异自然形成了不同的阐释社群。"只要在人们的研究中有足够的持续性，研究只要足够长久地进行下去，就会为他们所面临的问题提

供一个确定的解答。他们总能达到相同的结论，形成实在的信念。"① 关于易学观点的讨论，一些阐释者就某种看法不谋而合，达成了大致相同的结论，也就逐渐形成了一个阐释的流派。按照阐释社群的说法，"不是解释社群选择成员，而是成员选择某种解释，你就是选择加入了某个解释社群，解释社群就是采取这种读法的读者自然的集合。"② 读者提出了某种观点的同时，很可能自然而然地已经加入了某一个阐释社群。那么，究竟哪种理解才是正确的，阐释社群是否可以提供一种真知？这些阐释社群与文化的变革是一种什么样的关系呢？

仅就汉代易学而言，自田何传《周易》百余年后，"经有数家，家有数说……学徒劳而少功，后生疑而莫正也"③。汉代经学发展枝蔓极多，"如干分枝，枝又分枝，枝叶繁滋，浸失其本"④，尤其是谶纬之说的流行，也使象数易学愈加繁杂。汉人讲《易》，大多依据"象"来解辞，句句都会附会易象。八卦的取象基本援引《说卦》，但汉代学者，如荀爽、虞翻等人在阐释中又补充了大量的"象"。这样，对于《周易》的解读就愈发呈现出相对化、多元化的状态。意识对于符号的理解力求能够达到真知，而过度的解读会造成阐释的碎片化，阐释社群也呈现出分裂和零散的状态。《周易》的阐释逐渐陷入了绝境，所谓"真知"被遮蔽掉，更加难以探寻。易学文化看似繁花锦簇，事实上却出现了式微和变革，终于产生了王弼"忘象以求其意"的学说。

相反，阐释社群如果呈现整合单一的趋势，是否有利于文化的发展呢？这种情况是如何发生的？如前文所述，意识对于符号的理解从根本上是寻求"真知"的，没有人解读的目的是得到一个虚假的信息。然而，绝对的真知在我们的认知中似乎难以达到，解释者只能尽自己所能来取得一个近乎满意的结果。在现实生活中，用以衡量各种认知的真理或真相，仅是来自权威立场的解读。占有话语主导权的阐释社群会以自己认同的解释来整合同化不同阐释社群的理解，只要主导性阐释社群的权威力量足够强大，其他不同的观点就会被边缘化。不同流派的易学阐释中，相同符号能指的实际解读存在一个宽幅聚合轴，

---

① 赵毅衡：《哲学符号学：意义世界的形成》，成都：四川大学出版社，2017年版，第245页。
② 赵毅衡：《哲学符号学：意义世界的形成》，成都：四川大学出版社，2017年版，第256页。
③ （南朝）范晔：《后汉书》，北京：中华书局，1965年版，第1213页。
④ （清）皮锡瑞：《经学历史》，北京：中华书局，1959年版，第137页。

可供所指意义选择。《周易》作为儒家的经典，伴随着儒家思想占据中国思想文化统治地位，读者对《周易》的理解往往以儒家精神为指规，更侧重于对儒家伦理道德思想的阐释。之所以如此，离不开当时社会政治话语和学术话语所树立的权威，因此使儒家理论著述得到最广泛的传播。科恩在论及传播时曾提出，媒介在告诉人们怎么想这一方面可能并不成功，但是在告诉人们想什么的方面则异常成功。事实上也反映出这样的道理：即使我们并不一定认同某一位儒家先贤对《周易》的解读，我们也大多会随着这种解读所给出的话题继续理解。同时，主导阐释社群抛出的权威性解读在传播中还会引起"沉默螺旋"效应。大众传播所鼓吹的观点被人们认为是主流观点，于是持异见的人避免发表自己的观点，人际支持也随之减弱。在传媒的环境中，受众可以分析出什么是主导意见，何种意见正在增强，何种意见可以公开发表而不会遭受孤立。一旦有人敢于逾越现有的伦理道德规范，其言论就会被指责为异端邪说，是不受圣人教诲、不懂得礼法的"野人"。这样，一种强有力的伦理思想精神就在《周易》的符号系统中建构出来，并在传播的过程中被广为接受，产生深远影响。易学发展到了明代，胡广"奉敕"撰写《周易大全》，并以此作为科举取士的标准本，当时儒生为谋登科，无不以此书为《周易》权威解读标准。《周易大全》援引《周易程氏传》与朱熹的《易本义》为底本，又参入宋代别家易说编辑而成，在阐释的渊源上皆是对程朱易学理论的注解。明人多以此为范本，导致了明代易学盲目遵从宋代之易，所学僵化，两百多年间有独到见解的易学著作不多。皮锡瑞总结明代人的经学研究，称"经学至明为极衰时代"。可见，阐释社群如果被权威解读主导而走向单一势必会导致文化的僵死。

阐释社群当然不是一成不变的，而是随时发生着解散和重聚的动态过程。不论历经怎样的历史变迁，只要人类意识还在探寻符号的意义，阐释社群就不会消亡。正如皮尔斯所说："现在并不存在任何理由，今后也找不到任何理由，让我们感到人类以及任何心智种类将会永远存在。同样，也不存在任何理由来反驳此点……幸运的是，事实上并没有任何东西可以阻碍我们拥有希望，或者拥有一种平静而快乐的愿望，即这种社群可能会超越某种确定时间的限制而一直持续存在下去。"① 阐释社群不是某一时代的产物，而是人类意识一个超越时空的命题。在时代变化中，阐释社群的流变自然会反映出文化形态的变化。阐释社群过度多样使文化中核心价值失落，阐释社群极度统一也反映出文化中的专制霸权，无论哪种状态必然最终导致文化发展改变原有的发展路径，正所谓"穷则变，变则通，通则久"。当不同阐释社群的观点得到社会大众的普遍认同，又彼此交会、碰撞，文化才会出现积极活跃的状态。阐释社群的变化重组反映了人们对真知无止境的追求，尽管绝对的真知只能是思维能力的一种美好理想，这种理想却是意识中必须存在的求知之源。或许，阐释社群的观点可以被社群中的成员作为符号某一阶段的"近似真知"。纵然理解会发生变化，但至少这个阶段性结论能够满足人们对知识探索的欲求，而每一次的观点修正，也正体现出认知领域发生的演变，是人存在的价值和意义所在。

由以上论述观之，在《周易》的占例解读中，卦爻的意义推断不可能算无遗策，而是为符号阐释留有空间，体现符号表达真知的片面性。同时，对符号意义的解读产生不同的阐释社群，当阐释社群呈现分散多元的状态，符号意义很可能莫衷一是；而当居于话语主导地位的阐释社群提出了权威阐释，又可能导致不同的观点被边缘化，最终导致某种文化走向僵死状态进而出现转折和变革。

第五节　符号系统中的传统文化意识形态

在社会发展的任何一个历史阶段，都存在被普遍认为具有合理性的意识共性和价值标准，马克思主义理论的诸多阐述将其称为"意识形态"。阿尔都塞曾对相关问题作了专门的分析，他将意识形态理解为："具有独立逻辑和独特结构的表象（形象、神话、观念或概念）体系，它在特定的社会中历史地存在，并作为历史而起作用。"② 从这个定义上看，意识形态具有相应历史阶段的特点，而从历史的发展来看，某种特定意识形态也作为一种历史效应对后来的社会发展产生影响。在中国几千年来的传统中，儒家的修身治国理念一直是文化上占有绝对优势的思想观念。而《周易》乃是华夏诸思想文化的源头，也

---

① Charles Sanders Peirce. *Collected Papers*, Cambridge, Mass: Harvard Univ. Press, 1931－1958, Vol. 2, PP. 652－655.

② （法）阿尔都塞：《保卫马克思》，北京：商务印书馆，2010 年版，第 227~228 页。

被儒家尊为"五经之首"，在儒家理念建构中的重要作用不言而喻。在倡导复兴国学的今天，探寻《周易》经传中意识形态的作用和影响也就更有思考的价值。

一、阴与阳在结构上二元对立

《周易》六十四个卦画是由阴爻和阳爻的符号组成的。每一卦中有六个爻位，除了《乾》卦和《坤》卦是单纯由阳爻或阴爻构成的，其余各卦的符号全部掺杂了阴爻和阳爻。在一个卦画符号中，阴爻和阳爻变换出现，又从《周易》符号结构的整体上构立了一个体系严密的系统。总共六十四卦，共有三百八十四个爻，其中阴爻和阳爻在数量上是平均的。卦画符号中，诸如《师》卦和《比》卦，其中的卦画符号从上下位次顺序上看是相反的，这种被称为综卦。而卦画符号六个爻位符号中，阳爻的位置被替换成阴爻，阴爻则转变为阳爻，这样的变化又构成了相互间的错卦关系，如《剥》卦和《夬》卦，一个是众阴剥一阳，一个是众阳决一阴。在《周易》诸卦中，大部分的卦画符号都能找到对应的错卦和综卦，这些错综复杂的变化实际上都源于阴阳之间的对立转化关系。"昔者圣人之作《易》也，将以顺性命之理。是以立天之道曰阴与阳，立地之道曰柔与刚，立人之道曰仁与义。兼三才而两之，故《易》六画而成卦。分阴分阳，迭用柔刚，故《易》六位而成章。"① 从阴和阳的天道，转化到地上之道和人际关系之间的规律，阴阳的对立之中又加入了天地和刚柔等诸多表象。也有观点认为《周易》中包含了天、地、人的"三才"理论，但不否认其核心仍然是"由阴阳进而将柔刚、仁义、尊卑等社会文化的内容拉扯进来"②。

阴和阳作为两种事物运化类型在卦画中最典型的代表便是《乾》卦和《坤》卦，《乾》卦六爻皆阳，《坤》卦六爻皆阴。作为《周易》开篇的两个卦画，《易传》中对其有这样的论说："乾坤其《易》之缊邪？乾坤成列，而易立乎其中矣。乾坤毁，则无以见易。易不可见，则乾坤或几乎息矣。"又引孔子

① （魏）王弼、（晋）韩康伯注，（唐）孔颖达正义：《周易正义》，（清）阮元校刻《十三经注疏》，上海：上海古籍出版社，1997年版，第93~94页。
② 王俊花：《以三为体，以明阳为用：〈易经〉与皮尔斯现象》，《符号与传媒》，2016年春季刊，第90页。

的评论说："子曰：'乾坤，其易之门邪？乾，阳物也。坤，阴物也。阴阳合德而刚柔有体，以体天地之撰，以通神明之德。'"① 可见，《乾》《坤》两卦对于《周易》经传解读的重要作用。卦画符号最基本的组成是阴爻和阳爻，不能理解阴阳关系则不能明白《乾》《坤》所代表的天地之道，也就更加无法理解阴阳变化中更为复杂的规律和关系。而从《乾》和《坤》的对立中，我们又再一次看到了阴阳二元对立已经突破了单纯的经传卦画解读，而被逐渐确立为一种文化意识形态。

阴和阳代表了不同的性质，阳爻刚健、主动，带有光明的色调；阴爻则柔顺、被动，带有晦暗的色彩。从观念上来讲，阴爻随顺于阳爻，崇阳抑阴，阳大阴小。《泰》卦卦辞曰："小往大来，吉，亨。"《象》曰："泰，小往大来。吉，亨。则是天地交而万物通也，上下交而其志同也。内阳而外阴，内健而外顺，内君子而外小人，君子道长，小人道消也。"《泰》卦上坤下乾，所以是内君子而外小人，君子为阳，小人为阴。相反《否》卦则说："否之匪人，不利君子贞，大往小来。"《象》曰："否之匪人，不利君子贞，大往小来。则是天地不交而万物不通也，上下不交而天下无邦也；内阴而外阳，内柔而外刚，内小人而外君子，小人道长，君子道消也。"《泰》《否》之中的"小往大来""大往小来"的表述体现了卦爻之间的往来变化，而大小之论又是对阴阳关系的进一步论说。而支撑着中国古代封建社会最基本的意识形态——三纲五常，究其根源依然可以回到阴阳的对立关系中来。所谓三纲者，君为臣纲，父为子纲，夫为妻纲。与阴阳关系相匹配，则君为阳，臣为阴；父为阳，子为阴；夫为阳，妻为阴。从阴对于阳的关系顺从来看，那么君对臣、父对子以及夫对妻的控制也就显得顺理成章了。

虽然在《周易》整体中，阴爻和阳爻的数量是相对平均的，但是在一个卦画之内，阴阳的数量平衡却是相对的。所谓"阳卦多阴，阴卦多阳。其何故也？阳卦奇，阴卦偶。其德性何也？阳一君而二民，君子之道也。阴二君而一民，小人之道也。"② 从前文的论述中可知，阴阳被认为是天地之道的代言，

---

① （魏）王弼、（晋）韩康伯注，（唐）孔颖达正义：《周易正义》，（清）阮元校刻《十三经注疏》，上海：上海古籍出版社，1997年版，第89页。

② （魏）王弼、（晋）韩康伯注，（唐）孔颖达正义：《周易正义》，（清）阮元校刻《十三经注疏》，上海：上海古籍出版社，1997年版，第87页。

并且阴阳可与君臣关系相联系。那么，一君二民为君子之道，这本是封建社会中君臣关系一厢情愿的解释，偏偏要与阴阳关系扯在一起，得出"阳卦多阴、阴卦多阳"的结论。而从这段论述本身来讲，"阳卦多阴、阴卦多阳"的合理性似乎毋庸置疑，却被反过来当作君子小人之论的前提，这种手段在逻辑上是本末倒置的。王弼对此段论述的阐释为："夫少者多之所宗，一者众之所归。阳卦二阴，故奇为之君；阴卦二阳，故偶为之主。"① 也就是说，君主只能是一个，这样才符合封建社会中君主中央集权的整体需要。一个强有力的君主有多个能臣辅佐，这样才能符合君子之道，也就是阴阳平衡的一种形态。相反，当卦画中有一个阴爻为主导时，往往阴爻显得不堪所处，即便阴爻处于君位，也可能是软弱的君主，终不堪众强臣侵逼，正迎合了传统观念中所谓的"小人之道"。

"乾道成男，坤道成女"，这难免谈到封建伦理性别观念。所谓阴阳平衡不是数量上的等分，而是一种系统性的和谐。这也正好说明了一夫多妻制的合理性。《蒙》卦六三爻曰："勿用取女，见金夫，不有躬。无攸利。"其中描述的女子行为过于积极主动，不符合《坤》道柔顺的特点，因此"勿用取女"。而《大过》九二爻："枯杨生稊，老夫得其女妻，无不利。"《象》曰："老夫女妻，过以相与也。"而九五爻又有一个相似的比喻，只是主体性别不同。"枯杨生华，老妇得其士夫，无咎无誉。"《象》曰："枯杨生华，何可久也。老妇士夫，亦可丑也。""何可久""亦可丑"者，皆是以封建伦理思想来阐释经传爻辞含义。《家人》卦的《象》曰："家人，女正位乎内，男正位乎外。男女正，天地之大义也。家人有严君焉，父母之谓也。父父、子子、兄兄、弟弟、夫夫、妇妇，而家道正，正家而天下定矣。"② 从阴阳的对立变化到乾坤之道，再到治国齐家的大义中来。孔子做《易传》阐释之，也说明了家庭中的道德法则。这和儒家意识形态中"君君、臣臣、父父、子子"的论述可谓一脉相承。

阿尔都塞讨论意识形态问题时曾认为，意识形态所反映的并不是客观实际中人类同自己生存条件的关系，更多的是人们体验这种关系的方式。也就是说，在人们的意识形态中既存在真实的关系，同时又存在某种"体验的"或

---

① （魏）王弼：《周易注》，北京：中华书局，2011年版，第365页。
② （魏）王弼、（晋）韩康伯注，（唐）孔颖达正义：《周易正义》，（清）阮元校刻《十三经注疏》，上海：上海古籍出版社，1997年版，第50页。

"想象的"关系。在这种情况下，意识形态是人类依附于人类世界的表现，是人类对其自身生存条件的真实关系和想象关系的多元决定的统一。因此在意识形态中，真实关系也就不可避免地被纳入想象关系中，这种关系并不是对现实的描绘。从《周易》中阴阳对立变化，乃至《乾》《坤》所代表的天地之道，以及其统摄的三纲五常伦理观念来看，其中有现实中真实的生产生活关系，而更多的不妨说是统治阶级以所谓的阴阳天地之道为基础建立起来用于教化和规约百姓，方便统一思想和社会管理的意识形态工具。阿尔都塞说："意识形态表述了个人与其实在生存条件的想象关系。"① 阳被想象为天道、君权、父权等一系列的统治力量，阴被想象为地道、百姓、小民等一系列的被统治群体。阳的精神特点被赋予了上述的统治权力，而阴的精神特点则成为被统治群体的性格，这其中既存在真实的关系，更多则体现出了意识形态的想象关系。臣子和百姓要学会《坤》道的顺从，为民的要甘于被统治，听候差遣，为臣的要为君主鞠躬尽瘁，死而后已。这是《坤》道的精神特质对其作出的定位，而被要求遵守《坤》道的群体也在意识形态的潜移默化下接受并相信了这种想象关系的自然合理性，并不断要求自己按照相应的规矩约束自己，使自己成为一个被社会意识形态接纳和认可的人。恩格斯说："意识形态是由所谓的思想家通过意识，但是通过虚假的意识完成的过程。"② 在这种想象关系中生成的意识形态作用下，个体完成了其社会化的过程，社会形态和统治关系也得到了稳定。

二、"位"的形态与社会等级意识

《周易》的每一卦都是一个由六个爻组成的符号。从符形来看，六个爻所处的位次由下到上有高低之分；并且，按照《易传》中的解释，每一卦代表的是个时空场位关系，不同爻位所描述的态势会随着时间的推移出现变化。"《易传》在解释《易经》的过程中，也是十分精细地将蕴藏于《易经》中的这种空间与意义的关系抬了出来，如其论'位'即是。"③ 因此，《周易》中的卦位都

---

① （法）阿尔都塞：《哲学与政治 阿尔都塞读本》，长春：吉林人民出版社，2003年版，第353页。

② （德）恩格斯：《恩格斯致弗·梅林》，《马克思恩格斯选集》第4卷，北京：人民出版社，1995年版，第726页。

③ 祝东：《符号学视域下的易学元语言研究》，《符号与传媒》，2016年春季刊，第58页。

代表了特定时间和空间的事物特点，所谓"位"也就是一个时空结合的模型。如《乾》卦，以龙为喻，初九爻为潜龙，到上九爻已经转化为亢龙，可见爻位升降的时序变化。而《文言》中解释《乾》卦说"时乘六龙以御天"，六龙的位之高低也喻指社会等级地位的高下。王弼认为："爻之所处曰位，六位有贵贱也。"①"不管卦位还是爻位，其实都是在探讨取象及其空间位置对于意义的影响。"② 单从《乾》卦来看，乾是天，所以封建君王将自己称为天子，也颇有替天行道的意味，而其中更强调了一种君权神授的思想。皇帝居住在乾清宫，被称为九五之尊，因为《乾》卦的九五爻被认为是一卦的主位，又称"飞龙在天"，是权力最为鼎盛，身份最为尊贵的位次，这都是《周易》思想在意识形态中的体现。《周易》对文化的建构使君权获得了神圣的顺应天道的合理性，这些思想在意识形态国家机器的渲染中不断强化，也就衍生了对于君权绝对服从的极端思想，如"君让臣死臣不得不死，父让子亡子不得不亡"。汉代京房的《京氏易传》更将卦位与帝王将相等社会身份联系起来，将《周易》的符号结构建立成了社会等级排列的庞大系统。这样在社会文化发展中，君父观念在中央集权的统治下不断深入人心，也就使权力的主宰者被认同，人治的观念高于法治，官本位思想盛行。"位"的高低决定了权力，同时也规定了身份地位的合理性，低位者不应该越过身份，觊觎太高的权力。《小过》的六二爻曰："过其祖，遇其妣。不及其君，遇其臣。无咎。"《象》曰："不及其君，臣不可过也。"《周易》符号规则中，二与五是相互应和的，《小过》中的六二爻与上卦中的六五爻有应，因此越过了九三和九四两个阳爻。因为六五爻属于阴爻，所以从此卦的卦象来看，不是君王，否则六二爻超越本分的行为就有僭越的意思了，所以说"臣不可过也"。要在社会生活中得到认可，就要懂得恪守本分。《艮》卦的卦画中，上下两卦都表示山。《象》曰："兼山，艮。君子以思不出其位。"这也说明了不在其位，不谋其政。

　　《周易》强调"中"和"正"的关系，要求人处世要持中守正。所谓"中"，在卦位中代表了上卦的中位和下卦的中位，也就是五位和二位。"正"是指卦的六位中，一、三、五爻所在的奇数爻位属阳，二、四、六爻所在的偶

① （魏）王弼：《周易注》，北京：中华书局，2011年版，第343页。
② 祝东：《符号学视域下的易学元语言研究》，《符号与传媒》，2016年春季刊，第61页。

数爻位属阴。一卦之中，如果阳位上是阳爻，阴位上是阴爻就是当位，也就是"正"，否则就不当位。"二与四同功而异位，其善不同。二多誉，四多惧，近也。柔为之道，不利远者。其要无咎，其用柔中也。"卦位中的二位与四位都是阴位，性质是相同的，但是通常在吉凶的判断中出现不同的情况，这是因为二为处于下卦的中位，符合《周易》倡导的持中原则，因此往往会有吉利的判断。马克思主义认为社会某一阶段的形态也是由生产力发展所决定的，西周时期的奴隶制经济催生出宗法制的社会形态，嫡庶有分，长幼有序，尊卑有别，同样强调了持中守正的重要性。正如《师》卦六五爻的例子："田有禽。利执言，无咎。长子帅师，弟子舆尸，贞凶。"《象》曰："长子帅师，以中行也。弟子舆尸，使不当也。"六五爻是《师》卦的主爻，要当此帅军克敌的重任，这就要求主帅必须具有成熟的谋略和众皆认可的人望。五位虽然居中，但要符合持中守正的原则，处在领军之职的就必须是长子，而不能是弟子。长子在宗法制社会中具有更高的地位，长子帅师正当其位，而弟子帅军就显得名不正言不顺，没有社会的认可必然会失败。"位"作为《周易》符号系统中的重要概念，在符号对社会意识形态观念的建构中扮演着重要的角色。

三、《周易》符号系统下的文化意识形态的建构与实践

《周易》之"易"有三种含义，这在《周易正义》的卷首就有明确的解释。"易简，一也；变易，二也；不易，三也。"[①] 其中第二种和第三种解释看似彼此矛盾，却并行不悖，体现了《周易》符号系统阐释的巨大张力。《周易》中变易的是随着时空变化的意义，而不变的却是宇宙中的恒常性。"天尊地卑，乾坤定矣。卑高以陈，贵贱位矣……"[②] 在传统观念中，人法地，地法天，天法道，道法自然的理论，《周易》系统是事物变化规律的符号表述，即是对天道的传达，是对宇宙恒常性的言说。从这一点上讲，易道的规则犹如天道的规则，有其存在的自然合理性，同时也是千载不易的。然而，人道效仿天道而得出规律合理性，本身便是一种意识形态行为。人们正是在意识形态的这种无意

---

① （魏）王弼、（晋）韩康伯注，（唐）孔颖达正义：《周易正义》，（清）阮元校刻《十三经注疏》，上海：上海古籍出版社，1997年版，第7页。

② （魏）王弼、（晋）韩康伯注，（唐）孔颖达正义：《周易正义》，（清）阮元校刻《十三经注疏》，上海：上海古籍出版社，1997年版，第75~76页。

识中，才能变更他们同世界的"体验"关系，并取得被人们称作"意识"的这种特殊无意识形式。"古者包栖氏之王天下也，仰则观象于天，俯则观法于地，观鸟兽之文与地之宜，近取诸身，远取诸物，于是始作八卦，以通神明之德，以类万物之情。"① 此段文字讲述了伏羲画卦的源流和过程，八卦的符号是圣人通过对天道的仰观俯察得出来的，圣人是天道的申述者。天道的至高地位迫使人们相信圣人话语的崇高且不可非议。因此，后世的传统是厚古薄今。即使我们发现了经典中的明显漏洞，也仍须相信经典的神圣合理地位，用尽心力也要弥合漏洞，自圆其说，不能荒废经典。因此中国封建时期知识分子敢于非议圣人和经典的人寥寥无几。"易与天地准，故能弥纶天地之道。仰以观于天文，俯以察于地理，是故知幽明之故。"《周易》指导人们趋吉避凶，在自然和社会规律中强调变易与不易的道理，既让人们相信世事的变化不定，同时又迫使人们接受社会现实的合理性。

阿尔都塞认为，意识形态具有一种物质的存在。"因为它的观念就是它的物质的行为，这些行为嵌入物质的实践，这些实践受到物质的仪式的支配，而这些仪式本身又是由物质的意识形态机器来规定的——这个主体的观念就是从这些机器里产生出来的。"② 因此，没有不借助于意识形态而在意识形态中存在的实践。在封建社会中，儒家经典及其生发出的一系列文化措施构成了意识形态国家机器，并付诸实践，成为生活诸方面的形式规约——礼法。孔子教育自己的儿子学习《礼》，告诫"不知礼，无以立"。《周易》中也认为没有圣人仰观俯察，依据天道规则来制定社会的规则礼仪，那么人民将手足无措。在任何一种社会形式中都不可能脱离意识形态而存在，礼法便是封建社会中文化意识形态的一种实践。"为了培养人、改造人和使人们能够符合他们的生存条件的要求，任何社会都必须具有意识形态。"③ 意识形态国家机器确保了社会的运行，也维护了统治阶级的利益。只要它在一定的社会历史条件下还符合社会生产力的发展，则有其存在之基础。《周易》中《临》卦的《象》曰："泽上有

---

① （魏）王弼、（晋）韩康伯注，（唐）孔颖达正义：《周易正义》，（清）阮元校刻《十三经注疏》，上海：上海古籍出版社，1997 年版，第 86 页。

② （法）阿尔都塞：《哲学与政治：阿尔都塞读本》，长春：吉林人民出版社，2003 年版，第 359 页。

③ （法）阿尔都塞：《保卫马克思》，北京：商务印书馆，2010 年版，第 232 页。

地，临。君子以教思无穷，容保民无疆。"君子要从《临》卦中学习和效仿，悟出其卦的含义，思考如何来教导民众，容养万民。《颐》卦的《象》曰："天地养万物，圣人养贤以及万民。"同样是对尊贤养民观念的倡导，要实现这一观念就要充分利用意识形态机器，并与礼法实践结合。《大壮》卦的《象》曰："雷在天上，大壮。君子以非礼弗履。"强调礼法的重要性，直接提出君子为人处世不能脱离礼法的规约。《序卦传》说："有天地然后有万物，有万物然后有男女，有男女然后有夫妇，有夫妇然后有父子，有父子然后有君臣，有君臣然后有上下，有上下然后礼义有所错。"① 再次申明了天地之道对于自然万物与人世社会生活之间的关系：天地之道奠定了人类社会文化意识心态的合理性，意识形态国家机器又在实践中表现为礼法。而接受社会的文化意识形态并遵守礼法的规约和要求也使社会得以平稳有序地发展。

此外，意识形态还涉及主体的问题。阿尔都塞强调，没有不借助主体并为了这些主体而存在的意识形态。"所有意识形态都通过主体这个范畴发挥功能，把具体的个人呼唤或传唤为具体的主体。"② 这意味着所有的意识形态都有一个中心，以一个独一的"绝对主体"的名义占据一个中心的位置，并围绕这个中心，用双重镜像关系把无数个人传唤为主体。个人被传唤为主体，为的是使个人能够自由地服从"绝对主体"的诫命，从而"自由地"接受这种臣服的地位。也就是说，我们不自觉地把意识形态作为一种行为手段或一种工具使用，在这个过程中陷入了意识形态之中并为它所包围，但是我们还自以为是意识形态的无条件的主人。在《周易》中一系列思想逐渐融入"家国天下"的社会意识形态而被人们接受的同时，这些接受者也成为使用这种意识形态来规约和审视生活诸方面的主导者。这种意识形态作为社会文化元语言，对中国传统文化的发展有着深远的影响。

---

① （魏）王弼、（晋）韩康伯注，（唐）孔颖达正义：《周易正义》，（清）阮元校刻《十三经注疏》，上海：上海古籍出版社，1997 年版，第 96 页。

② （法）阿尔都塞：《哲学与政治：阿尔都塞读本》，长春：吉林人民出版社，2003 年版，第 364 页。

参考文献

艾柯 U，等，2005.诠释与过度诠释 [M].王宇根，译.北京：生活·读书·新知三联书店.

巴尔特 R，1999.符号学原理 [M].王东亮，译.北京：生活·读书·新知三联书店.

程颐，2011.周易程氏传 [M].王孝鱼，点校.北京：中华书局.

德·索绪尔 F，1980.普通语言学教程 [M].高名凯，译.北京：商务印书馆.

迪利 J，2011.符号学对哲学的冲击 [M].周劲松，译.成都：四川教育出版社.

迪利 J，2012.符号学基础 [M].张祖建，译.北京：中国人民大学出版社.

丁尔苏，2000.语言的符号性 [M].北京：外语教学与研究出版社.

丁尔苏，2011.符号学与跨文化研究 [M].上海：复旦大学出版社.

丁尔苏，2012.符号与意义 [M].南京：南京大学出版社.

冯友兰，2000.中国哲学史 [M].上海：华东师范大学出版社.

高亨，2010.周易大传今注 [M].北京：清华大学出版社.

高怀民，2007.先秦易学史 [M].桂林：广西师范大学出版社.

格雷马斯 A J，2005.论意义——符号学论文集 [M].吴泓缈，冯学俊，译.天津：百花文艺出版社.

格雷马斯 A J，2010.符号学与社会科学 [M].徐伟民，译.天津：百花文艺出版社.

龚鹏程，2005.文化符号学导论 [M].北京：北京大学出版社.

龚鹏程，2009.文化符号学：中国社会的肌理与文化法则 [M].上海：上海人民出版社.

苟志效，等，1995.中国古代符号思想纲要［M］.西安：三秦出版社.

哈贝马斯 J，2004.交往行为理论［M］.曹卫东，译.南京：译林出版社.

海德格尔 M，1986.存在与时间［M］.陈嘉映，王庆节，译.北京：生活·读书·新知三联书店.

胡塞尔 E G A，2004.纯粹现象学通论 纯粹现象和现象学哲学的观念Ⅰ［M］.李幼蒸，译.北京：中国人民大学出版社.

胡渭，1991.易图明辨［M］.成都：巴蜀书社.

胡煦，2008.周易函书［M］.程林，点校.北京：中华书局.

胡壮麟，2004.认知隐喻学［M］.北京：北京大学出版社.

黄奭，1993.易纬、诗纬、礼纬、乐纬［M］.上海：上海古籍出版社.

黄寿祺，张善文，1987.周易研究论文集［C］.北京：北京师范大学出版社.

黄寿祺，张善文，2001.周易译注［M］.上海：上海古籍出版社.

惠栋，1990.周易述［M］.上海：上海古籍出版社.

焦循，1960.易学三书［M］.台北：台北广文书局.

京房，1991.京氏易传［M］.陆绩，注.北京：中华书局.

卡西尔 F，1992.人论［M］.甘阳，译.上海：上海译文出版社.

科布利 P，2013.劳特利奇符号学指南［M］.周劲松，赵毅衡，译.南京：南京大学出版社.

李道平，1994.周易集解纂疏［M］.潘雨廷，点校.北京：中华书局.

李光地，2008.周易折中［M］.刘大钧，整理.成都：巴蜀书社.

李廉，1994.周易的思维与逻辑［M］.合肥：安徽人民出版社.

李先焜，2006.语言、符号与逻辑［M］.武汉：湖北人民出版社.

林忠军，2008.历代易学名著研究［M］.济南：齐鲁书社.

刘大钧，1986.周易概论［M］.济南：齐鲁书社.

刘大钧，2004.象数精解［M］.成都：巴蜀书社.

莫里斯 C，1989.指号、语言和行为［M］.罗兰，周易，译.上海：上海人民出版社.

皮尔斯 C S，2014.皮尔斯：论符号［M］.赵星植，译.成都：四川大学出版社.

钱锺书，1979.管锥编［M］.北京：中华书局.

钱锺书，1984.谈艺录［M］.北京：中华书局.

邵雍，2007.皇极经世书［M］.卫邵生，点校.郑州：中州古籍出版社.

托多洛夫 T，1989.俄苏形式主义文论选［C］.蔡鸿滨，译.北京：中国社会科学出版社.

王弼，2011.周易注［M］.楼宇烈，校释.北京：中华书局.

王弼，韩康伯，孔颖达，1997.周易正义［M］.上海：上海古籍出版社.

王夫之，1977.周易外传［M］.北京：中华书局.

吴兴明，2013.比较研究：诗意论与诗言意义论［M］.北京：北京大学出版社.

徐瑞，2013.《周易》符号学概论［M］.上海：上海科学技术文献出版社.

杨明明，2011.洛特曼符号学理论研究［M］.哈尔滨：黑龙江人民出版社.

于连 F，1998.迂回与进入［M］.杜小真，译.北京：生活·读书·新知三联书店.

张汉良，2012.文学的边界——语言符号的考察［M］.上海：复旦大学出版社.

张汉良，2013.符号与叙述：比较诗学的维度（*Sign and Discourse：Dimensions of Comparative Poetics*）［M］.上海：复旦大学出版社.

张惠言，2012.周易虞氏义［M］.北京：北京大学出版社.

张再林，2008.作为身体哲学的中国古代哲学［M］.北京：中国社会科学出版社.

赵毅衡，1998.当说者被说的时候——比较叙述学导论［M］.北京：中国人民大学出版社.

赵毅衡，2011.符号学：原理与推演［M］.南京：南京大学出版社.

赵毅衡，2013.广义叙述学［M］.成都：四川大学出版社.

赵毅衡，2017.哲学符号学：意义世界的形成［M］.成都：四川大学出版社.

朱伯崑，1993.周易知识通览［G］.济南：齐鲁书社.

朱伯崑，2005.易学哲学史［M］.北京：昆仑出版社.

朱熹，1987.周易本义［M］.上海：上海古籍出版社.

祝东，2014.先秦符号思想研究［M］.成都：四川大学出版社.

DERRIDA J，1973. Speech and phenomena and other essays on Husserl's theory of signs［M］.Evanston：Northwestern University Press.

DE SAUSSURE F，1969. Course in general linguistics［M］. New York：

MaGraw-Hill.

ECO U, 1984. Semiotics and the philosophy of language [M]. Bloomington: Indiana University Press.

ECO U, 2000. Kant and platypus [M]. Boston: Mariner Books.

LISZKA J, 1989. The semiotic of myth: a critical study of the symbol [M]. Bloomington: Indiana University Press.

LOTMAN Y M, 1990. Universe of the mind: a semiotic theory of culture [M]. London: I. B. Tauris & Co. Ltd Publishers.

MORRIS C, 1925. WILLIAM. Symbolism and reality [M]. Diss: University of Chicago.

PEIRCE C S, 1931—1958. Collected paper [M]. Cambridge (Mass.): The Belknap Press of Harvard University Press.

SEBEOK T A, 1991. A sign is just a sign [M]. Bloomington: Indiana University Press.

SEBEOK T A, 1994. Signs: an introduction to semiotics [M]. Toronto: University of Toronto Press.